Casamento e Património nas Relações Privadas Internacionais

Casamento e Património nas Relações Privadas Internacionais

2020

Helena Mota
Professora da Faculdade de Direito da Universidade do Porto
Investigadora do CIJE – Centro de Investigação Jurídico-Económica da Faculdade de Direito da Universidade do Porto

ALMEDINA

CASAMENTO E PATRIMÓNIO
NAS RELAÇÕES PRIVADAS INTERNACIONAIS

AUTORA
Helena Mota

EDITOR
EDIÇÕES ALMEDINA, S.A.
Rua Fernandes Tomás, n.ºs 76-80
3000-167 Coimbra
Tel.: 239 851 904 · Fax: 239 851 901
www.almedina.net · editora@almedina.net

Design de coleção: FBA.
Capa: Edições Almedina

PRÉ-IMPRESSÃO
EDIÇÕES ALMEDINA, SA

IMPRESSÃO E ACABAMENTO
DPS - DIGITAL PRINTING SERVICES, LDA
maio, 2020

DEPÓSITO LEGAL
469719/20

ALMEDINA | GRUPOALMEDINA

RESUMO:

Em 29 de Janeiro de 2019, entrou em vigor em Portugal o Regulamento (UE) 2016/1103, do Conselho, de 24 de Junho de 2016, que implementou a cooperação reforçada no domínio da lei aplicável, da competência, do reconhecimento e da execução de decisões em matéria de regimes matrimoniais. Com a entrada em vigor do novo regulamento europeu muitos aspectos da vida patrimonial das famílias internacionais mudará. Outros manter-se-ão. O propósito deste trabalho é, assim, contribuir para a clarificação dos problemas que são suscitados, ao nível patrimonial, pela realidade internacional das famílias, em particular das relações matrimoniais, antes e depois da entrada em vigor do novo Regulamento (UE) 2016/1103.

Este trabalho foi desenvolvido no âmbito do Projecto de Investigação "The shape of law to come/Efeitos económicos da família no sec. XXI" do CIJE – Centro de Investigação Jurídico-Económica, Unidade de Investigação & Desenvolvimento da Faculdade de Direito da Universidade do Porto e financiada pela FCT – Fundação para a Ciência e Tecnologia.

ABSTRACT:

On 29 January 2019, Council Regulation (EU) 2016/1103 of 24 June 2016 came into force in Portugal. The Regulation implemented an enhanced cooperation in the area of applicable law, jurisdiction, recognition and enforcement of decisions in matters of matrimonial property regimes. With the new European Regulation many aspects of the property life of international couples will change. Others will remain.

The purpose of this book is, thus, to contribute to the clarification of the problems thar arise, on the patrimony level, from the international reality of couples, before and after the entry into force of the new Regulation (EU) 2016/1103.

This work was developed within the scope of the Research Project" The shape of law to come / Family's property consequences in the sec. XXI "of CIJE – Center for Legal and Economic Research, Research & Development Unit of the Faculty of Law of the University of Porto and funded by FCT – Foundation for Science and Technology.

I. Introdução. O património das famílias internacionais: uma questão actual

Em 2017, cerca de 31,753 portugueses saíram de Portugal para irem viver no estrangeiro como emigrantes permanentes[1] e cerca de 49,298 como emigrantes temporários.[2]

Portugal é o país da União Europeia, em termos acumulados, com mais emigrantes em proporção da população residente, considerando os países com mais de um milhão de habitantes. Em 2015, os dados das Nações Unidas referiam que o número de emigrantes nascidos em Portugal superara os 2 milhões e 300 mil cidadãos, ou seja, cerca de 22% da população portuguesa vivia fora do país. Em termos mundiais, nesse mesmo ano, o nosso país era o 27.º com mais emigrantes e o 12.º em percentagem da população.

Reino Unido, França, Suíça e Alemanha, na Europa, e Angola e Moçambique, fora da Europa, foram, em 2016, os principais destinos do fluxo emigratório português, continuando a ser a França o país com o maior número de emigrantes nascidos em Portugal (600 mil, em 2013), seguido da Suíça, dos EUA, Canadá, Brasil, Reino Unido, Alemanha e Espanha.

[1] Por um período igual ou superior a um ano.

[2] Cfr., para os dados estatísticos relativos a Portugal indicados neste texto, Rui Pena Pires, Cláudia Pereira, Joana Azevedo, Inês Vidigal, Carlos Mota Veiga, *Emigração portuguesa. Relatórios estatístico 2017*, Lisboa, Observatório da Emigração e Rede Migra, CIES-IUL, ISCTE – IUL, 2017, ISBN 978-978-8048-27-3.

Estes dados, se já muito relevantes, são centrados em indicadores baseados na naturalidade – é emigrante quem reside num país diferente daquele em que nasceu; mas se considerarmos o critério da nacionalidade, abrangendo aqueles que já nasceram nos países de destino mas mantêm a nacionalidade portuguesa, e ainda os que a adquiriram pelo casamento com portugueses (sempre sem prejuízo da aquisição/manutenção da nacionalidade daquele país), os dados crescem impressivamente: só em França, os registos consulares apontam para 1 milhão e 284 mil portugueses residentes, considerando indicadores directos (portugueses emigrados) e indirectos (cônjuges e filhos de emigrantes portugueses).

Por outro lado, em Portugal o número de imigrantes, em 2015, era de 837 mil, cerca de 6% da população residente ou 8,1%, considerando os nascidos nas ex-colónias[3]. Os principais países de origem dos imigrantes em Portugal são o Brasil, Cabo Verde, a Roménia, a Ucrânia, o Reino Unido e a China.

Não há muitos dados disponíveis sobre os casamentos ou uniões de facto mistos ou transfronteiriços, i.e, entre portugueses residentes no estrangeiro, portugueses e estrangeiros residentes em Portugal ou no estrangeiro ou entre estrangeiros residentes em Portugal.

Pudemos, no entanto, verificar, no âmbito de um estudo sobre os divórcios ocorridos em Portugal entre cidadãos portugueses casados com cidadãos estrangeiros[4], que entre 2001 e 2011 houve um aumento de 55,7% de casamentos em que pelo menos um dos cônjuges é estrangeiro e um aumento de 71% em que ambos são estrangeiros.

No ano de 2017, celebraram-se em Portugal 33.634 casamentos, sendo 4.700 entre estrangeiros e portugueses e 1.258 entre estrangeiros, ou seja, em cerca de 17,7% dos casamentos celebrados em Portugal, um ou ambos os nubentes são estrangeiros. Em 2018, num total de 34.637 casamentos celebrados, 5.056 foram celebrados entre portugueses e

[3] Comparativamente, no Reino Unido há 8,543 imigrantes, cerca de 13% da população; na Alemanha, 12,006 ascendendo a 14,9% da população e na Suíça, com 2,439 imigrantes, a taxa de imigração ronda os 29% da população.

[4] Cfr. dados apresentados in Sofia Gaspar e outros, *Evolução e perfis dos divórcios em casais binacionais em Portugal (1995-2013)*, 1.ª ed., Observatórios das migrações, Estudos G1, ISBN 9789896850876.

estrangeiros e 1.379 entre estrangeiros.[5] Em 2011, 39% dos estrangeiros residentes em Portugal eram casados. Em 2015, 11% dos casamentos em Portugal eram de pessoas de nacionalidades diferentes.

A estatística, insuficiente que é, revela-nos, ainda assim, uma evidência: são muitos os cidadãos portugueses cujo estatuto jurídico pessoal é internacional e plurilocalizado, como são muitos os cidadãos estrangeiros residentes em Portugal nas mesmas circunstâncias. E é também empiricamente plausível, mesmo sem tratamento estatístico adequado, que a maioria destas pessoas seja titular de relações familiares: casam, vivem em união de facto, têm filhos. E que, enquanto família, adquirem bens e serviços, arrendam casa, contraem dívidas, recebem heranças, em suma, estabelecem todo o tipo de relações patrimoniais.

Na União Europeia, a livre circulação de bens, capitais, serviços e pessoas no espaço europeu[6], aliada ao fluxo migratório da segunda metade do séc. XX oriundo de Estados terceiros, fez igualmente aumentar o número de relações *conjugais* internacionais, fruto da celebração de casamento ou pela mera vivência em união de facto sujeita, ou não, a registo.

Em 2011 era calculada a existência de 16 milhões de "casais" internacionais na União Europeia. Dados anteriores, de 2007, revelavam que 13% dos 2,4 milhões de casamentos celebrados era dotado de elementos de internacionalidade em resultado da diferente nacionalidade dos membros do casal ou da sua residência fora do seu país de origem ou pela disseminação do seu património por vários Estados.

As dificuldades inerentes a este quadro *plurilocalizado* – necessidade de determinar a lei aplicável e a jurisdição competente, consequente apoio jurídico especializado, eventualidade de ocorrerem processos paralelos e demoras processuais associadas – materializavam-se em custos

[5] Cfr. o Portal do Instituto Nacional de Estatística em https://www.ine.pt/xportal/xmain?xpid=INE&xpgid=ine_indicadores&indOcorrCod=0008217&xlang=pt&contexto=bd&selTab=tab2.

[6] Cfr. a Directiva 2004/38/CE, do PE e do Conselho, de 29.04 2004, relativa ao direito de livre circulação e residência dos cidadãos da União e dos membros das suas famílias no território dos Estados Membros (*JOCE* L229/35 de 29.06.2004) transposta para o ordenamento português pela Lei n.º 37/2006, de 09.08.

financeiros adicionais mensurados em cerca de 1,1 mil milhões de Euros por ano[7].

A determinação do regime jurídico aplicável aos casais internacionais e ao seu património é particularmente difícil. Qual é o seu regime de bens: o determinado pela lei da sua residência actual ou da/s sua/s residência/s anteriores? Ou será o da sua nacionalidade comum ou da nacionalidade de cada um dos cônjuges? Ou antes o(s) previsto(s) no local ou locais da situação dos bens? Ou do local onde celebraram o seu casamento? E poderão, uma vez que mudaram de residência ou de nacionalidade, alterá-lo? Será válida e reconhecida a convenção nupcial que celebraram antes da mudança de residência ou nacionalidade? Serão diferentes as regras que se aplicarão à divisão do seu património após a dissolução do casamento, por morte ou divórcio, daquelas que vigoravam até aí e que foram estabelecidas antes da mudança de residência e/ou nacionalidade? E aos actos de alienação ou oneração do seu património? E são agora comuns as dívidas contraídas por um deles mesmo que fossem próprias à luz do regime de bens segundo o qual casaram?

Difícil será também saber quais os tribunais ou outros órgãos jurisdicionais (notários, conservadores de registo) competentes para apreciarem questões relativas ao seu património: os do local da residência? Outros? E poderão as decisões proferidas anteriormente serem reconhecidos e/ou executadas no país para onde emigraram?

Todas estas questões são resolvidas pelas regras de Direito Internacional Privado vigentes no ordenamento do foro. No caso português, resultavam, até Janeiro de 2019, da aplicação das regras de conflitos do Código Civil português e das regras sobre competência internacional e reconhecimento e execução de sentença previstas no Código de Processo Civil português e ainda das normas dos Códigos de Notariado, Registo Civil e Registo Predial portugueses.

Em 29 de Janeiro de 2019, entraram em vigor em Portugal os Regulamentos (UE) 2016/1103 e 2016/1104, do Conselho, de 24 de Junho de 2016, que implementaram a cooperação reforçada no domínio da lei

[7] Cfr. o *press-release* da Comissão de 16/3/2011: "*Clearer property rights for Europe's 16 million international couples – frequently asked questions*", in http://europa.eu/rapid/press-release_MEMO-11-175_en.htm (11.04.2017).

aplicável, da competência, do reconhecimento e da execução de decisões em matéria de regimes matrimoniais e de efeitos patrimoniais das parcerias registadas.

Com a entrada em vigor dos novos regulamentos europeus muitos aspectos da vida patrimonial das famílias internacionais mudará. Outros manter-se-ão.

O propósito deste trabalho é, assim, contribuir para a clarificação dos problemas que são suscitados, ao nível patrimonial, pela realidade internacional das famílias, em particular das relações matrimoniais, às quais estará circunscrito: lei aplicável, competência dos órgãos jurisdicionais, reconhecimento e execução de decisões estrangeiras, antes e depois da entrada em vigor do novo Regulamento (UE) 2016/1103 (doravante, Regulamento 2016/1103).

Pretendemos que o trabalho tenha utilidade para todos: profissionais, académicos, estudantes e para as famílias. Sem comprometer, por isso, o rigor científico no tratamento das questões, quisemos que tivesse uma abordagem prática e até didática: para isso, no início de cada capítulo colocámos algumas informações prévias sobre os dados normativos aplicáveis, ilustrámos as questões com "casos práticos" ou situações problemáticas mais frequentes e demos nota do seu tratamento por alguma jurisprudência mais relevante.

II. Efeitos patrimoniais do casamento no direito português e nos direitos estrangeiros: das diferenças substantivas aos problemas conflituais

As especificidades nacionais em matéria de regimes de bens e, em geral, de efeitos patrimoniais das relações conjugais quer ao nível substancial, quer ao nível conflitual, dificultam muito a resolução dos problemas suscitados pelas relações patrimoniais familiares transfronteiriças.

A Comissão Europeia havia-as constatado com o lançamento, em 2006, do Livro Verde[8] relativo à resolução dos conflitos de leis em matéria de regime matrimonial.

Os direitos nacionais dos Estados Membros divergem consideravelmente quanto à tipologia dos regimes de bens supletivos – regimes de comunhão de adquiridos, de comunhão geral, de separação de bens, de participação nos adquiridos e respectivas derivações – e às regras que os

[8] COM (2006) 400 final, in http://www.dgpj.mj.pt/sections/relacoes-internacionais/anexos/livro-verde-sobre-a-lei/downloadFile/attachedFile_f0/LivroVerde_Regime_Matrimonial.pdf?nocache=1199898748.2 (11.04.2017). O Livro Verde foi antecedido de estudo encomendado pela Comissão ao Consortium ASSER-UCL (2002) sobre os regimes matrimoniais dos casais vinculados pelo casamento e sobre o património dos casais não vinculados pelo casamento no direito internacional privado e no direito interno dos Estados-Membros da UE. Cfr. para o direito português, A. Frada de Sousa e Rita Lobo Xavier, "Study on matrimonial property regimes and the property of unmarried couples in private international law and internal law (National Report/Portugal)", Consortium Asser – UCL, 2003.

regem. E em termos conflituais a situação não é diferente: há sistemas territorialistas, aplicando a lei do lugar da situação dos bens, autonomistas que franqueam ao casal a escolha da lei aplicável, os personalistas que preferem a aplicação da lei da residência habitual ou a lei da nacionalidade[9].

O exaustivo conhecimento dos sistemas conflituais estrangeiros revela-se, com a entrada em vigor do Regulamento 2016/1103, de menor importância uma vez que nos Estados Membros participantes, como Portugal, estes sistemas serão substituídos pelas regras constantes da legislação uniforme europeia; mesmo sendo aplicada a lei de Estados Membros não participantes ou de Estados terceiros, a solução, adoptada pelo Regulamento, de referência material à lei estrangeira e consequente exclusão do reenvio (art. 32.º), torna praticamente desnecessário apurar do sistema conflitual da lei estrangeira aplicável.

No entanto, uma análise, ainda que sumária e perfunctória, destes sistemas revela a sua enorme diversidade e com isso fica também justificada a necessidade de uniformização, nesta matéria, das soluções conflituais, tudo sem prejuízo do carácter universal do Regulamento, o qual, aliado à exclusão do reenvio, comportará, algumas vezes, desarmonia jurídica internacional sempre que a lei aplicável não seja a de um Estado Membro participante.[10] Além disso, como veremos, o Regulamento tem uma aplicação temporal definida e limitada que não exclui a aplicação, ainda por muitos anos, dos sistemas conflituais internos dos Estados Membros participantes e das suas regras sobre o reenvio.[11]

Já do ponto de vista substantivo, o conhecimento das regras materiais sobre os efeitos patrimoniais do casamento dos ordenamentos estran-

[9] Sobre estes sistemas, cfr. HELENA MOTA, "Algumas considerações sobre a autonomia da vontade conflitual em matéria de efeitos patrimoniais do casamento", in *Estudos em homenagem ao Professor Doutor Jorge Ribeiro de Faria*, Coimbra, Coimbra Editora, 2003, pp. 305-330.

[10] Isto é, se a lei aplicável nos termos do Regulamento 2016/1103 é a lei de um Estado Membro participante desaparece a ameaça desta desarmonia pois a lei aplicável será a mesma em todos os Estados Membros participantes, por força do Regulamento; mas, como o Regulamento 2016/1103 tem aplicação universal, a lei aplicável pode ser a de um Estado Membro não participante ou a de um Estado terceiro, em ambos os casos com eventuais soluções conflituais distintas e que, por conseguinte, aplicarão lei(s) diferente(s), eventualidade que deixa de ter relevância para o Estado Membro participante do foro que, nos termos do art. 32.º, não poderá fazer o reenvio e tentar a harmonia jurídica internacional.

[11] Como desenvolveremos *infra* em III A).

geiros continuará a ser de capital importância, em especial se das regras do Regulamento 2016/1103 resultar, para o órgãos jurisdicional português competente, a aplicação de uma lei estrangeira, *vg* a lei nacional escolhida pelos cônjuges estrangeiros residentes em Portugal ou a lei da residência habitual dos cônjuges portugueses emigrantes, entre outras hipóteses.

Em primeiro lugar, podemos fazer uma distinção "macro" entre os sistemas de direito civil e os sistemas de *common law*, com particular relevância para Inglaterra e País de Gales, atendendo aos dados que apresentámos da emigração portuguesa nos últimos anos.

Nos sistemas civilistas existem regras mais ou menos detalhadas que disciplinam as relações patrimoniais entre os cônjuges e entre estes e terceiros, as quais podem (ou não) serem definidas pelos próprios cônjuges no exercício da sua autonomia privada e dentro dos limites previstos – regime primário, regimes de bens legais ou supletivos, regimes convencionados. Já nos sistemas de *common law* não há regulamentação directa dos efeitos económicos do casamento, ou seja, o casamento não altera o estatuto patrimonial dos cônjuges. Não há regime primário nem regimes de bens em sentido próprio, sem prejuízo de uma intervenção judicial em caso de dissolução do casamento por divórcio que, atendendo (ou não) aos eventuais acordos celebrados pelos cônjuges, poderá impor uma concreta e equitativa repartição do património por eles detido, assim como regras que destinem parte dos bens ao cônjuge sobrevivo quando a sucessão é intestada, no caso de dissolução do casamento por morte.

Nos sistemas civilistas, o regime primário do casamento é comumente composto por regras inderrogáveis que vão do estabelecimento genérico do dever comum dos cônjuges em suportar os encargos da vida doméstica, à legitimidade de ambos os cônjuges para a prática isolada de actos no âmbito destes encargos que os vinculam mutuamente (independentemente de ser concretizada por poderes de representação ou "mandato doméstico" ou pela comunicabilidade de dívidas assumidas com este propósito), à protecção da morada de família através da ilegitimidade de alienação ou oneração unilateral e/ou pelas atribuições preferenciais em caso de dissolução do casamento e ainda às regras sobre os deveres de informação acerca da situação financeira do casal.

No que concerne aos regimes de bens secundários ou em sentido estrito, e sem prejuízo das diferentes regras e limites impostos aos cônjuges para a livre conformação do seu regime de bens por convenção nupcial, existe sempre um regime de bens supletivo ou legal que se pode enquadrar em cinco grandes modelos[12], ainda que com modalidades distintas: comunhão de adquiridos[13], participação nos adquiridos[14], comunhão deferida de bens[15], separação de bens com distribuição por uma autoridade competente[16] e separação de bens[17].

[12] Adoptámos a classificação usada pela CEFL (*Commission on European Family Law*; www.ceflonline.nl), a Fundação criada em Setembro de 2001 com o objectivo de formular princípios para a harmonização do Direito da Família na Europa, neste caso, os "Princípios relativos às Relações Patrimoniais entre Cônjuges" (*Principles regarding the Property Relations between Spouses*) compilados em KATHARINA BOELE-WOELKI, FRÉDÉRIQUE FERRAND, CRISTINA GONZÁLEZ BEILFUSS, MAARIT JÄNTERÄ-JAREBORG, NIGEL LOWE, DIETER MARTINY, WALTER PINTENS, Cambridge-Antwerp-Portland, Intersentia, 2013. Assim, por regimes de *comunhão de bens* entendem-se todos os regimes que estabelecem um património colectivo dos cônjuges na vigência do casamento, incluindo os regimes de comunhão geral de bens e de comunhão de adquiridos; por regimes de *participação nos adquiridos* designam-se todos aqueles em que havendo separação patrimonial na vigência do casamento, vão implicar, na sua dissolução, uma repartição do património entre os cônjuges: aqui ficará incluída a "comunhão de bens acumulados (*community of accrued gains/ Zugewinnegemeinschaft*) do direito alemão; já os regimes de comunhão deferida implicam a comunicabilidade dos bens após a dissolução do casamento. Para visualização e classificação dos regimes supletivos e regime-tipo nos vários Estados Membros e alguns Estados terceiros, cfr. KATHARINA BOELE-WOELKI, FRÉDÉRIQUE FERRAND, CRISTINA GONZÁLEZ BEILFUSS, MAARIT JÄNTERÄ-JAREBORG, NIGEL LOWE, DIETER MARTINY, WALTER PINTENS, *Principles regarding the Property Relations between Spouses*, Cambridge-Antwerp-Portland, Intersentia, 2013, pp. 12 a 17 e LUCIA RUGGERI, IVANA KUNDA e SANDRA WINKLER, *Family Property and Succession in EU Member States: National Reportsonthe Collected Data*, Croatia, University of Rijeka, Faculty of Law, ISBN 978-953-8034-25-1, 2019 (PSEFS Project in www.euro-family.eu).

[13] Bélgica, Bulgária, República Checa, França, Hungria, Itália, Lituânia, Malta, Países Baixos (comunhão geral), Polónia, Portugal, Rússia, Eslováquia, Espanha.

[14] Alemanha, Suíça, Grécia.

[15] Dinamarca, Finlândia, Noruega, Suécia. Na comunhão deferida todos os bens dos cônjuges anteriores ou posteriores ao casamento e, salvo acordo em contrário no sentido de criar bens reservados, independentemente do título de aquisição gratuito ou oneroso, são próprios dos cônjuges na vigência do casamento e repartidos em partes iguais depois da dissolução do casamento. Cfr. PABLO QUINZÁ REDONDO, *Régimen económico matrimonial. Aspectos sustantivos y conflictuales*, Valência, Tirant lo Blanch, 1.ª ed., 2016, pp. 70 a 77.

[16] Ainda que com reservas quanto à consagração deste modelo de *common law*, presente em Inglaterra e País de Gales, Irlanda, e também na Escócia, como um verdeiro regime de bens.

[17] Áustria e direitos forais da Catalunha, Ilhas Baleares e Valência.

Todos os ordenamentos apresentam, mesmo na União Europeia,[18] particularidades e diferenças sensíveis que os órgãos de aplicação do direito precisam conhecer.

Na impossibilidade de fazer uma análise exaustiva, neste trabalho, de todos esses regimes, daremos nota de algumas soluções de ordenamentos jurídicos com especial importância para os portugueses residentes no estrangeiro: Suíça, Alemanha, França e Inglaterra e País de Gales, incidindo esta análise nos regimes primários, nos regimes de bens supletivos e nos sistemas conflituais.

A. Alguns exemplos: Suíça, Alemanha, França, Inglaterra e País de Gales

As regras do direito suíço que regem os efeitos patrimoniais do casamento e, em especial, o regime matrimonial primário são as constantes dos títulos V (arts. 159.º a 180.º) e VI (arts. 181.º a 251.º) do código civil suíço, e que determinam, respectivamente, a disciplina dos efeitos gerais do casamento e dos regimes matrimoniais.

Na matéria dos efeitos gerais do casamento, incluem-se regras de natureza e conteúdo patrimonial aplicáveis a todos os casamentos, independentemente do seu estatuto patrimonial concreto.

Desde logo, o art. 163.º prevê a obrigação comum dos cônjuges de prover ao sustento da família[19] [20]. Tal obrigação é, nos termos da lei,

[18] Os princípios da CEFL não são vinculativos, ainda que possam servir como modelo para alterações legislativas nacionais e a UE não tem competência, nos termos do TFUE, para uniformizar ou unificar as regras de direito da família, como é sublinhado em Katharina Boele-Woelki, Frédérique Ferrand, Cristina González Beilfuss, Maarit Jänterä-Jareborg, Nigel Lowe, Dieter Martiny, Walter Pintens, *Principles regarding the Property Relations between Spouses...*, p. 2.

[19] A cobertura de todas as necessidades de índole económico da família deve incluir não só a aquisição de bens e serviços, mas também o aforro que permita manter o nível de vida para além da idade de reforma. Assim, cfr. Pascal Pichonnaz, Alexandra Rumo-Jungo, *Droit patrimonial de la famille* (Symposium en droit de la famille 2004 – Université de Fribourg), Zurique, Schulthess, 2004, p. 149.

[20] A doutrina tem defendido a inclusão de alguns tipos de despesas como as fiscais, os prémios de seguros de reforma ou de vida e as despesas de recreio. Assim, Bente Braat, *Indépendance et interdépendance patrimoniales des époux dans le régime matrimonial légal des droits français, néerlandais et suisse*, Berna, Staempfli Editions, 2004, pp. 81-82.

cumprida na medida das possibilidades de cada um deles[21] e em moldes diversos: prestação pecuniária, exercício de trabalho doméstico, cuidado das crianças ou ajuda do cônjuge no exercício da profissão ou empresa do outro[22] e mantém-se mesmo durante a separação dos cônjuges até à dissolução do casamento. O art. 166.º admite a representação conjugal[23] para ocorrer às necessidades correntes da vida familiar durante a vida em comum e determina (n.º 3) a solidariedade no cumprimento das

[21] Se é incontestável que esta norma é aplicável a todos os casamentos, independentemente do regime de bens que vigore em concreto, é também de assinalar, como BENTE BRAAT, *Indépendance et interdépendance...*, pp. 86-87 e 93, que o modo de contribuição de cada cônjuge não depende só das suas possibilidades de facto, mas também do regime de bens em que estão casados. Na verdade, estando os bens comuns, nos regimes de comunhão, afectos com prioridade às necessidades comuns, os cônjuges contribuem em igual medida mesmo que aufiram rendimentos diferentes; ao contrário, nos regimes separatistas, incluindo neste conceito o regime legal suíço da participação nos adquiridos, os cônjuges contribuem proporcionalmente aos respectivos rendimentos próprios. Por esse motivo, também se provando uma participação excessiva por parte de um dos cônjuges, a indemnização a que alegadamente terá direito dependerá do regime de bens em que estejam casados.

[22] Nos termos do art. 164.º, n.º 1, o cumprimento deste dever, na modalidade de cuidado do lar, dos filhos e do auxílio do outro cônjuge na sua profissão, origina mesmo uma nova obrigação para o outro cônjuge de entregar com regularidade ao que a realiza um montante razoável, para seu uso pessoal, que este pode gerir e dispor livremente. Por outro lado, o art. 165.º, n.º 1, prevê a hipótese de esta contribuição se revelar desigual e proporcionalmente superior ao que era devido pelo cônjuge, situação em que o outro cônjuge ficará obrigado a indemnizar o seu consorte na medida do acréscimo patrimonial de que beneficiou.

[23] Como nota BENTE BRAAT, *Indépendance et interdépendance patrimoniales des époux...*, 2004, p. 48, ao contrário de outras legislações como a portuguesa, a francesa e a espanhola, o direito suíço não estabelece no regime primário qualquer comunicabilidade de dívidas para ocorrer às despesas domésticas nem afecta determinados bens do património conjugal ao pagamento dessas dívidas. A solidariedade conjugal que se detecta na maioria dos ordenamentos, quer pela participação de ambos os cônjuges nas despesas domésticas quer através da comunicabilidades das dívidas assumidas para fazer face a tais despesas, segue, no direito suíço, a solução da representação conjugal: os contratos celebrados por qualquer dos cônjuges para satisfazer as necessidades da família são celebrados em nome próprio e em representação do outro, vinculando-o, em regime de solidariedade, aos seus termos e pontual cumprimento nos termos do art. 166.º, n.º 3. No mesmosentido, cfr. PASCAL PICHONNAZ, ALEXANDRA RUMO-JUNGO, *Droit patrimonial de la famille* (Symposium en droit de la famille 2004 – Université de Fribourg), Zurique, Schulthess, 2004, p. 150 e PAUL PIOTET, *Le régime matrimonial suisse de la participation aux acquêts,* Berna, Ed. Staempfli, 1986, p. 25.

obrigações assumidas salvo se exceder os seus poderes representativos e esse excesso for reconhecível pelos terceiros com quem contrata[24].

Nos termos do art. 166.º, n.º 2, o direito de representação para suprir encargos não quotidianos ou normais necessita da autorização do outro cônjuge ou de autorização judicial, salvo caso de manifesta urgência e estando o outro cônjuge impossibilitado de a conceder por doença, ausência ou outra causa atendível.

O art. 169.º prevê a necessidade do consentimento conjugal para a celebração de actos de disposição sobre a morada de família: arrendamento, venda ou oneração[25]. Esta disposição é inovadora no seio do direito suíço (introduzida pela lei de 1988) e inspira-se no modelo francês. O objectivo do legislador é, neste direito como nos outros direitos continentais que adoptaram soluções idênticas, o de consagrar a igualdade dos cônjuges na escolha da morada de família.

Nos termos do art. 170.º cada cônjuge está obrigado a informar o outro sobre o estado patrimonial do lar, nomeadamente sobre os seus bens, rendimentos e dívidas. O próprio Tribunal poderá exigir do cônjuge ou mesmo de terceiro a prestação desse tipo de informações.

No direito suíço da família, a desnormatização das relações familiares não parece ser tão notória, e é dado espaço à intervenção judicial na regulação dos litígios e na sua prevenção. Assim, parte importante dos efeitos gerais do casamento está prevista nos arts. 172.º a 180.º, que constituem regras de "protecção da união conjugal". Estes preceitos têm em vista, em primeiro lugar, a reconciliação dos cônjuges e a reassumpção dos deveres conjugais pelo consorte inadimplente. Também podem ser actos preparatórios do divórcio; por esse motivo, o Tribunal compe-

[24] Para Bente Braat, *Indépendance et interdépendance patrimoniales des époux...*, p. 64, a protecção dos terceiros de boa fé, aqui vista aparentemente como boa fé ética, também serve de critério para o preenchimento do conceito de «necessidades familiares correntes» ou aquelas relativamente às quais pareça natural que o cônjuge procure satisfazer sozinho. A lei acautelou, no entanto, as situações em que as dívidas se tornam excessivas e subsistam dúvidas quanto à sua classificação. Por isso, o outro cônjuge pode sempre pedir a intervenção judicial para retirar o poder de representação ao cônjuge que o excede, nos termos do art. 174.º.

[25] Mas não sobre os móveis que constituem o seu recheio, ao contrário do que acontece em muitas outras legislações. O legislador suíço foi mais sensível, neste caso, à autonomia dos cônjuges do que à solidariedade entre eles. Assim, Bente Braat, *Indépendance et interdépendance patrimoniales des époux...*, Berna, Staempfli Editions, 2004, p. 132.

tente para decretar as medidas de protecção da união conjugal pode, nos termos do art. 174.º e 178.º, ordenar a limitação dos poderes de representação conjugal[26] e de disposição de bens, nomeadamente o livre movimento das contas bancárias.

Em caso de separação de facto, a intervenção judicial também terá lugar, nos termos do art. 176.º, a requerimento de um dos cônjuges no sentido de fixar as contribuições pecuniárias que lhe são devidas, tomar as medidas relativas à atribuição da morada de família e seu recheio, ordenar a separação de bens se as circunstâncias assim o justificarem. Os poderes judiciais podem alcançar eficácia externa, determinando uma cessão de créditos forçada do cônjuge faltoso em benefício do outro cônjuge.

Se a separação de facto for motivada por abandono do lar conjugal, o cônjuge faltoso só poderá exigir do outro a continuação do cumprimento do dever de sustento se provar que a sua pessoa, segurança material ou da família estavam seriamente ameaçados.

Por outro lado, algumas das limitações à autonomia dos cônjuges, como por exemplo a necessidade do consentimento do outro para a prática de actos de disposição sobre a morada de família, pode cessar se for o cônjuge não proprietário quem abandona o lar conjugal, salvo se nele permanecerem os filhos do casal, situação que impõe a aplicação indistinta da regra[27].

No regime de bens legal supletivo suíço[28] – a participação nos adquiridos –, prevista no art. 181.º, existem quatro diferentes massas de bens:

[26] Poderes esses que em princípio se mantêm durante a separação de facto. Ver, a exemplo, o caso de um contrato de seguro obrigatório celebrado por um dos cônjuges já separado de facto cujo prémio poderá ser exigido a qualquer dos cônjuges. Neste sentido, cfr. PASCAL PICHONNAZ, ALEXANDRA RUMO-JUNGO, *Droit patrimonial de la famille...*, p. 150.

[27] Cfr. BENTE BRAAT, *Indépendance et interdépendance patrimoniales des époux...*, p. 134.

[28] Para uma análise comparada entre o regime suíço da participação nos adquiridos e o mesmo regime, com regras distintas, previsto tipicamente no direito espanhol comum (e como regime supletivo na Catalunha), cfr. ESTHER ALGARRA PRATS, *El regimen economico-matrimonial de participación*, Alicante, La Ley, 2000. Cfr. sobre este regime e suas diferentes modalidades, DIETER MARTINY, "The participation in acquisitions regime", in Katharina Boele-Woelki, Nina Dethloff e Werner Gephart (eds), *Family Law and Culture in Europe. Developments, Challenges and Opportunities*, Cambridge-Antwerp-Portland, Intersentia, 2014, pp. 25 a 36.

os bens próprios de cada um dos cônjuges e os bens adquiridos igualmente por cada um deles.

Os bens adquiridos incluem os rendimentos do trabalho, as prestações sociais, as indemnizações por incapacidade laboral, os frutos do património próprio, os bens sub-rogados no lugar de bens comuns (art. 197.º); os bens próprios incluem bens para uso pessoal e exclusivo dos cônjuges, bens existentes à data da celebração do casamento, bens que advieram para o seu património posteriormente mas a título gratuito, outras indemnizações e os bens sub-rogados no lugar de bens próprios.

Os cônjuges podem, por acordo, excluir dos bens comuns os frutos dos bens próprios ou outros bens adquiridos para uso profissional ou empresarial.

Durante a vigência do regime vigora, na prática, uma separação de bens; na sua dissolução, e salvo acordo dos cônjuges em sentido diverso (art. 216.º), para além dos bens próprios, cada cônjuge tem um crédito, em valor, sobre metade do valor líquido dos bens adquiridos pelo outro, mas não participa no seu passivo (art. 215.º)[29].

O estatuto das pessoas casadas no regime da participação nos adquiridos, i.e os seus poderes de gestão e administração e respectivas limitações sobre o património conjugal é exactamente igual ao das pessoas casadas em separação de bens e as limitações quanto à morada de família e o direito a manter-se informado sobre a situação financeira conjugal (arts. 201.º e 247.º, respectivamente para cada um dos regimes menciondos) não decorrem especificamente destes, mas dos efeitos gerais do casamento previstos no art. 169.º.

Entre os próprios cônjuges as dívidas são exigíveis e executáveis mas nunca prescrevem; o facto de, nos termos do art. 203.º, n.º 2 não ser possível a execução da dívida quando a acção coloque o cônjuge devedor em difícil situação financeira, regra que também surge no regime de separação (art. 235.º, n.º 2) e na comunhão de bens (art. 250.º, n.º 2), não significa que tal limitação seja característica do regime mas, mais uma vez, decorre dos efeitos gerais do casamento, apesar da sua colocação sistemática[30].

[29] Cfr. Paul Piotet, *Le régime matrimonial suisse de la participation aux acquêts*, Berna, Ed. Staempfli, 1986, p. 17.

[30] Assim, Paul Piotet, *ibidem*, pp. 25-26.

Os cônjuges podem sempre, por convenção nupcial, anterior ou posterior ao casamento, escolher outro regime (e alterá-lo) nos termos do art. 182.º. Para além do regime supletivo, no direito suíço existem dois regimes típicos: a comunhão geral de bens (arts. 221.º e ss) e a separação de bens (arts. 247.º e ss).

O direito internacional privado suíço distingue conflitualmente entre as matérias relativas aos efeitos gerais do casamento (arts. 46.º a 50.º da IPRG ou *Lei federal suíça de direito internacional privado*) e aos regimes de bens (arts. 51.º a 57.º da IPRG).

Por efeitos do casamento (*Ehewirkungen*), compreendem-se todos aqueles efeitos que não afectam directamente o estatuto ou a situação jurídico-patrimonial dos cônjuges, mas que resultam, pela sua natureza, da união conjugal[31]. Isto significa que não sejam visados exclusivamente os efeitos pessoais do casamento – v.g. os deveres mútuos de cooperação, auxílio, informação e decisão conjunta – pois outras matérias com características patrimoniais ou que atingem interesses económicos e que assumem uma projecção externa à sociedade conjugal, estão incluídas na noção de efeitos do casamento. Matérias como a representação da relação conjugal na celebração de negócios jurídicos, o dever de sustento da família com eventuais repercussões para terceiros, o dever de informação sobre os valores do acervo patrimonial, a prescrição entre cônjuges, a exigibilidade diferida dos créditos e a proibição das execuções entre os cônjuges são subsumíveis ao conceito-quadro do art. 48.º.

Por sua vez, a matéria dos regimes matrimoniais de bens (*Ehegüterrecht*) prevista nos arts. 51.º a 58.º da IPRG inclui todas as normas reguladoras do património dos cônjuges, determinando a posição jurídica destes face aos valores patrimoniais no seu casamento.

Com o auxílio desta definição mais positiva da questão dos regimes de bens, é possível afirmar, então, que, para o direito de conflitos suíço, as normas de direito matrimonial aplicáveis a todos os casamentos, independentemente do concreto e específico regime matrimonial a que tais casamentos estão submetidos, e mesmo que tenham natureza patrimonial, subsumem-se ao conceito-quadro do art. 48.º.

[31] Cfr. A. Bucher, *Droit International Privé Suisse*, T. II: Personnes, Famille, Successions, Bale, Editions Helbing & Lichtenhahn, 1992, p. 151, e *Le couple en droit international privé*, Paris, L.G.D.J., 2004, p. 73.

Poder-se-á assim qualificar como uma questão de "relações entre cônjuges" as ilegitimidades conjugais e, em geral, a influência (restritiva) do casamento na capacidade jurídica e processual dos cônjuges prevista em benefício da união conjugal, seja nas disposições sobre a morada de família, nas vendas a prestações ou na prestação de garantia através de fiança.

A lei aplicável aos efeitos gerais do casamento é, nos termos do art. 48.º, §1, a lei do Estado do domicílio (comum) dos cônjuges; subsidiariamente, e não tendo os cônjuges domicílio no mesmo Estado, será aplicável, como estatui o §2, a lei do Estado do domicílio com o qual a causa estiver mais estreitamente conexa; por fim, o §3 do art. 48.º remete para a própria lei suíça, sempre que o tribunal suíço for competente nos termos do art. 47.º, isto é, quando um dos cônjuges, de nacionalidade suíça mas domiciliado no estrangeiro, requerer uma medida de protecção ao casamento.

A lei aplicável aos regimes matrimoniais nas relações privadas internacionais é, na Suíça, determinada através de uma escolha de lei (art. 52.º) ou por uma conexão objectiva (art. 54.º).

O art. 52.º permite que os cônjuges escolham o direito aplicável ao regime de bens do seu casamento, mas fá-lo em termos limitados. A escolha de lei pode incidir apenas sobre a lei do Estado do domicílio dos cônjuges ao tempo da celebração do casamento, a lei do Estado do domicílio comum logo após o casamento ou a lei de qualquer das nacionalidades de cada um dos cônjuges, mesmo em caso de plurinacionalidade.

O exercício da autonomia conflitual nesta matéria está condicionado material e formalmente pelo preceituado no art. 53.º. Esta é uma norma material de direito internacional privado que exige (mas se basta com) a redução a escrito do acordo de escolha de lei ou, pelo menos, que ela resulte tacitamente de um contrato nupcial (formalmente válido nos termos do art. 56.º) e que no contrato se faça referência expressa às normas materiais de um ordenamento jurídico escolhido. As restantes questões de validade da escolha feita regem-se pelo próprio direito escolhido aplicando, nomeadamente, as respectivas exigências sobre a inscrição no registo ou a observância de formalidades especiais.

Nos termos do art. 53.º, §2, a escolha de lei pode ser feita e modificada a todo o tempo, com efeitos retroactivos ao momento da celebração do casamento, salvo convenção dos cônjuges em contrário.

O art. 54.º, por seu lado, estabelece uma conexão objectiva que, mais uma vez, se centra na aplicação da lei do domicílio comum. Também aqui encontramos conexões subsidiárias, em cascata, começando pela lei do Estado do domicílio comum actual, lei do Estado do último domicílio comum, lei nacional comum e aplicação do regime de separação de bens do direito suíço.

O direito suíço prevê a mudança automática de lei (art. 55.º) salvo acordo dos cônjuges na manutenção do regime anterior ou se existir convenção nupcial, prevendo uma eficácia retroactiva da nova lei (e, materialmente, do novo regime de bens): diz o art. 55.º, 1.ª parte que "em caso de transferência de domicílio dos cônjuges de um Estado para outro, é aplicável o direito do novo domicílio que retroagirá ao dia da celebração do casamento (...)" salvo acordo dos cônjuges em contrário.

A eficácia retroactiva da mudança da lei aplicável pretende evitar, ou pelo menos atenuar, uma das patologias recorrentes do conflito móvel que é a sucessão de estatutos.

O legislador suíço sentiu necessidade de proteger os terceiros que estabelecem relações jurídicas com um ou ambos os cônjuges e que legitimamente ignoram qual a lei aplicável ao seu regime de bens e, nessa medida, a concreta garantia patrimonial do seu crédito.[32]

Assim, dado que o terceiro não pode ser tido como omnisciente relativamente ao concreto estatuto patrimonial dos cônjuges com quem contrata no plano internacional, nas relações entre eles vai ser aplicável uma só lei, a lei do domicílio do cônjuge que estabeleceu a relação jurídica com o terceiro, no momento do nascimento desta; qualquer mudança posterior de domicílio ou de lei será ignorada. É o que resulta do estatuído no art. 57.º §1: "Os efeitos do regime de bens nas relações jurídicas estabelecidas entre um cônjuge e um terceiro submetem-se à lei

[32] Cfr., no entanto, a posição de A. Bucher, *Le couple* ..., p. 99 e 100, que parece entender que a questão da propriedade deve estar exclusivamente submetida ao estatuto patrimonial do casamento e regulada independentemente da questão da protecção de terceiros, desde logo porque a inscrição no registo preclude a invocação da boa fé pelo terceiro, nos termos do art. 57.º, §2. Já B. Dutoit, *Commentaire de la loi fédérale du 18 décembre 1987*, Bâle, Helbing & Lichtenhahn, 4.ª ed., 2004, p. 190, parece defender a aplicação do art. 57.º à questão de saber se um bem pertence ao marido ou à mulher e se tal questão se colocar no momento em que nasce a relação jurídica entre o cônjuge e o terceiro, sem prejuízo de também reconhecer que a inscrição da propriedade no registo chamará a aplicação do 57.º, §2, e prejudicará a boa fé do terceiro.

do Estado no qual este cônjuge, na altura do estabelecimento da relação jurídica, tinha o seu domicílio". Nos termos do art. 57.º, §2, a aplicação desta lei, em derrogação das regras anteriores, só será possível se os terceiros ignorassem ou não devessem saber qual a lei que efectivamente regia o regime matrimonial do cônjuge no momento em que com ele contrataram.

Na medida em que o art. 57.º tem como objectivo a protecção dos terceiros de boa fé, da sua aplicação não poderá resultar o contrário daquilo que pretende. Donde se possa questionar se a lei que concretamente regula o regime de bens do cônjuge em questão proteger mais os interesses do terceiro do que a lei indicada pelo art. 57.º, será aplicada a primeira, no sentido de "oponibilidade" e defesa de terceiros.

Se a *dépeçage* dos efeitos do casamento em questões estritamente ligadas ao estatuto patrimonial dos cônjuges – regimes de bens, regimes matrimoniais, *Eheguterrecht* – e efeitos gerais – *Ehewirkungen* – suscita problemas de qualificação ao nível da delimitação e interpretação do conceito quadro, respectivamente dos arts. 52.º e 54.º, por um lado, e 48.º, por outro, é mais tarde, no momento da qualificação das normas materiais, especialmente as do direito estrangeiro chamado pelas regras de conflitos, que as questões de qualificação ganham particular relevo e dificuldade.

Ora, o art. 57.º vem resolver os conflitos de leis suscitados a propósito da aplicação de regras materiais que oferecem este tipo de dificuldades. Isto é, se surgirem dúvidas quanto à validade de um negócio celebrado por um dos cônjuges com um terceiro, nomeadamente porque ao cônjuge careciam poderes para se vincular sem o consentimento do outro cônjuge, é mister saber, para efeitos de lei aplicável – *in casu*, a conexão especial referida pelo art. 57.º (lei do domicílio do cônjuge contraente) ou a lei reguladora do regime de bens (lei escolhida ou outra) – se a matéria visada pela hipotética proibição é qualificada como questão própria do regime de bens (caso em que a protecção de terceiros deve tornar-se efectiva por aplicação do art. 57.º) ou, se pelo contrário, se trata de matéria subsumível ao art. 48.º e o concreto estatuto patrimonial dos cônjuges é plenamente oponível ao terceiro que com ele contratou.[33]

[33] No caso do direito internacional privado suíço, e como bem refere B. DUTOIT, *Commentaire de la loi fédérale du 18 décembre 1987...*, p. 190, o problema é minimizado porque a lei referida

Neste caso, e relativamente à aplicação de regras matrimoniais que belisquem os interesses de terceiros – as regras sobre a representação conjugal ou que estipulam a responsabilidade solidária entre cônjuges – é, por alguns autores, defendida a aplicação analógica do art. 57.º e da lei do domicílio do cônjuge que estabeleceu a relação jurídica com o terceiro.[34]

Já no direito alemão, o casamento e os seus efeitos e, em particular, os regimes matrimoniais estão regulados no quarto livro do código civil (BGB) que se ocupa do direito da família (§§ 1297 e ss). Para além da lei civil, também a Constituição Alemã (*Grundgesetz*) estabelece princípios que orientam a jurisprudência e o legislador na regulação das relações familiares e, nos termos do art. 6.º, a família e o casamento são especialmente protegidos pelo Estado[35]. No estudo do percurso histórico[36] da legislação do direito da família é visível a forte influência da lei fundamental nas opções políticas e legislativas tomadas.

O casamento produz no direito alemão inúmeros efeitos, alguns gerais de índole patrimonial, extrapatrimonial ou mista, e ainda os regimes matrimoniais.

Todos estes efeitos do casamento, e em especial os que apresentam uma natureza não exclusivamente pessoal, repercutem-se não só na esfera jurídica dos cônjuges, mas também na dos terceiros que com eles encetam relações jurídicas.

Ambos os cônjuges, por mútuo acordo, são responsáveis pela direcção da vida familiar e pelos seus encargos (§1356 e 1360 do BGB) e se cada um dos cônjuges tem legitimidade para praticar, isoladamente, quaisquer actos ou celebrar negócios que se destinem a satisfazer as necessidades da família, ambos os cônjuges serão titulares dos direitos e obrigações que deles resultem. O §1357 do BGB impõe algumas con-

pelo art. 57.º é quase sempre a mesma lei que é referida pelo art. 48.º, logo se o terceiro não pode ser protegido pela lei indicada pela conexão especial do art. 57.º, essa lei vai acabar por ser aplicada por via da regulamentação dos efeitos gerais do casamento.

[34] Neste sentido, cfr. B. Dutoit, *Commentaire de la loi fédérale du 18 décembre 198...*, p. 170, contrariado a ideia da qualificação como questão geral do casamento.

[35] Cfr. ainda as demais fontes legislativas do Direito da Família alemão em Dagmar Coester-Waltjen e Michael Coester, "Study on matrimonial property regimes and the property of unmarried couples in private international and internal law (National Report/ Germany)", *Consortium Asser – UCL*, 2003, p. 2.

[36] Para um resumo dessa evolução cfr. Frédérique Ferrand, *Droit privé allemand*, Paris, Dalloz, 1997, pp. 445-448.

dições: o acto praticado deve, desde logo, satisfazer de forma adequada as necessidades familiares, ou seja, estão incluídos somente actos que sejam praticados habitualmente por apenas um dos cônjuges e se refiram a necessidades quotidianas e ordinárias da família; se por exemplo, e sempre dependendo das condições de vida concretas dos cônjuges, é de incluir as despesas de arrendamento de uma casa de férias por um período limitado, já serão excluídas as aquisições de uma habitação, com ou sem recurso a empréstimo bancário, ou mesmo o arrendamento da morada de família.[37] As condições sócio-económicas da família, o seu estilo de vida, servirão de diapasão para aferir da adequação dos actos praticados à satisfação das necessidades, quer da família no seu colectivo, quer dos próprios cônjuges.

Em segundo lugar, o §1357 não é imperativo[38], permitindo aos cônjuges excluir esta solidariedade, acordando na inexistência de poderes representativos. Esta possibilidade – eventualmente avaliada, em todo o caso, pelo tribunal – só será eficaz nas relações internas; perante os terceiros, as limitações e a renúncia ao mandato doméstico só serão oponíveis se estes as conheciam ou elas eram públicas através do registo do regime matrimonial daquele casamento (§1412).

Por último, o §1357 e o seu regime não se aplicam aos cônjuges separados de facto.

Ainda com relevância para a interacção entre os cônjuges e os terceiros, surge o §1362 que estabelece uma presunção sobre a propriedade dos bens móveis, independentemente do regime de bens concretamente vigente no casamento. A comunhão de vida e a satisfação das necessidades da família geram um fluxo económico e patrimonial na vida do casamento que torna muito difícil para terceiros e mesmo para os próprios cônjuges conhecer e provar a titularidade dos direitos reais,

[37] Cfr. Frédérique Ferrand, *Droit privé allemand*, Paris, Dalloz, 1997, pp. 464-467.

[38] Esta característica distingue a solução alemã de outras leis que não admitem a intervenção da vontade na configuração do regime primário; permanece, em tese, a marca de generalidade, mas que se desvanece na análise das condições concretas e objectivas dos estatutos patrimoniais dos casamentos que poderão ser, assim, diversos. A falta de imperatividade, ainda que limitada, nos termos expostos, às relações internas e aos casos admitidos, faz, no entanto, questionar a inserção sistemático-valorativa da norma no regime matrimonial primário, com repercussões importantes no domínio da lei aplicável.

maxime a propriedade dos bens móveis dada a inexistência, em geral, de formalidades de registo.

Com o objectivo de fomentar o crédito à economia doméstica, a lei presume, em favor dos credores, que o cônjuge devedor é o proprietário dos móveis que estão na posse de qualquer dos cônjuges, excepto se os cônjuges estiverem separados de facto e os bens estiverem na posse do outro cônjuge ou se os bens se destinarem ao uso pessoal de um dos cônjuges, caso em que a sua propriedade depende desse destino e não da sua posse. A presunção inverte o ónus da prova e o cônjuge do devedor que quiser subtrair o bem de que é proprietário à garantia patrimonial do credor terá de provar a sua exclusiva propriedade sobre o bem em questão.

No domínio das relações internas, o dever de assistência ou sustento entre cônjuges, previsto no §1360 do BGB, é outros dos efeitos gerais do casamento. O direito alemão não limita o cumprimento do dever de assistência a uma prestação pecuniária, mas admite que ele se faça através do trabalho no lar e através do património de cada um dos cônjuges. Quando os cônjuges, ao abrigo do preceituado no §1356, tiverem atribuído exclusivamente a um deles o governo doméstico, o cumprimento da obrigação de alimentos por parte desse cônjuge far-se-á, exclusivamente também, através do trabalho prestado no lar[39]. A medida da prestação seguirá sempre um critério de equidade, proporcional aos rendimentos do trabalho ou do capital/propriedade dos cônjuges.

Nos termos do §1360b se um dos cônjuges contribuir mais do que lhe seria exigível para o sustento da família, presume-se que prescinde da compensação por esse desiquilibrio.

As necessidades familiares que devem ser suportadas pelos cônjuges não se limitam aos encargos próprios da vida do lar (electricidade, gás, água, alimentação) mas incluem as despesas de vestuário, educação e saúde de todos os membros da família e as suas necessidades pessoais, incluindo as de recreio.

[39] A letra do preceito indica que "em regra" será assim, não excluindo, portanto, a possibilidade de se exigir ao cônjuge que assumiu a gestão do lar, mas que aufere outros rendimentos, de contribuir doutra forma para o dever de assistência ou até que desempenhe qualquer profissão a fim de obter esse rendimentos. Neste sentido, cfr. WILFRIED SCHLÜTER, *BGB: Familienrecht*, 9. Auflage, Heidelberg, C.F. Müller, 2001, p. 47 e PETER GOTWALD, DIETER SCHWAB, EVA BÜTTNER, *Familiy & Succession law in Germany*, Munique, C.H. Beck, 2001, p. 54.

Ao contrário do que sucede na maioria dos outros ordenamentos jurídicos, o direito alemão não prevê qualquer protecção especial da morada de família na constância do casamento, nem limita os actos de disposição dos cônjuges que sobre a casa e o seu recheio incidam[40]. No entanto, os cônjuges podem estipular, na convenção nupcial, limites à alienação da morada de família, sempre que um dos cônjuges tenha pelo menos 85% na sua propriedade (§1365).[41] As dívidas assumidas por um dos cônjuges na constância do casamento são, em regra, da sua responsabilidade, e, para além dos estreitos limites do poder de representação dos cônjuges para cobrir despesas domésticas (§1357), só no regime da comunhão de bens encontramos dívidas comuns. É também neste regime que encontramos as poucas limitações à autonomia negocial dos cônjuges na constância do casamento (§§1423 a 1428).

O regime de bens supletivo do direito alemão é o da comunhão de bens ou ganhos acumulados (*Zugewinnegemeinschaft* ou *community of accrued gains*), uma modalidade específica do regime da participação nos adquiridos e está previsto nos §§1363 e ss do BGB. O regime da separação de bens (*Gütertrennung*, §1414) também pode ser aplicado supletivamente, sempre que os cônjuges excluam em convenção o regime legal ou o liquidem, sem escolher um outro regime.

No regime supletivo alemão, os bens, mesmo os adquiridos depois da celebração do casamento, não são comuns e cada cônjuge administra e dispõe livremente do seu património, salvo algumas restrições, quanto à disposição total, por um dos cônjuges, dos bens de que é proprietário (§1365) ou do recheio da casa de morada de família (§1369).

No entanto, no momento da dissolução do casamento por divórcio, para além do eventual direito a alimentos (§§1570 e ss), e regras relativas à atribuição da casa de morada de família (§§1568 e 1568b), há uma igualação dos patrimónios efectuada através de um cálculo do valor (líquido) dos bens acumulados na constância do casamento por cada cônjuge e, no caso de existir uma diferença entre eles, metade do excesso

[40] Há, no entanto, regras especiais que protegem a morada de família contra actos de violência perpetrados por membros da família, assim como orientações quanto ao seu destino em caso de divórcio ou separação que será decidido pelo tribunal (cfr. Dagmar Coester-Waltjen e Michael Coester, "Studyon matrimonial property regimes..., p. 5).

[41] Cfr. Dagmar Coester-Waltjen e Michael Coester, "Study on matrimonial property regimes..., pp. 5-6.

será atribuída ao cônjuge menos enriquecido, a pedido deste (§1363, 2), nesse momento ou, excepcionalmente, em momento anterior (§1385). Esta igualação é feita por regra em valor e excepcionalmente por adjudicação de bens (§1383). Os ganhos ou bens acumulados definem-se pela diferença por excesso entre o património final líquido de cada cônjuge e o património inicial líquido (§1373). No património inicial incluem-se os bens existentes à data da celebração do casamento e os adquiridos posteriormente a título gratuito, por sucessão ou doação (§1374); no património final podem ser incluídos alguns valores de que o cônjuge dispôs gratuitamente com o intuito de prejudicar o outro cônjuge ou sem motivo justificativo (§1375).[42]

Para além da separação de bens, a lei alemã estabelece como regime convencional típico o da comunhão de bens (*Gütergemeinschaft*, §§1415 e ss) cuja regulamentação é fornecida com detalhe. Na comunhão de bens existem três categorias de bens: os bens comuns (*Gesamtgut*), os bens próprios por natureza ou bens pessoais (*Sondergut*) e os bens próprios declarados ou a declarar (*Vorbehaltgut*). Existem regras quanto à administração, isolada ou conjunta, dessas massas de bens. No direito alemão, os cônjuges podem ainda escolher o regime opcional da comunhão de bens acumulados previsto no "Acordo de 4 de Fevereiro de 2010 entre a Alemanha e a França no regime matrimonial opcional da comunidade de bens acumulados".

As convenções nupciais, através das quais os cônjuges aderem a um dos regimes típicos ou introduzem alterações ao regime supletivo ou criam um novo regime, são celebradas antes ou durante a constância do casamento. Para preservar a livre formação da vontade e proteger os cônjuges de decisões precipitadas e erradas, a lei impõe formalidades acrescidas através da intervenção notarial que, segundo a tradição jurídica germânica, é interventiva nesta matéria.[43]

[42] Esta contabilização dos patrimónios iniciais e finais e igualação pela atribuição, ao cônjuge menos enriquecido, de metade da diferença encontrada, não será feita no caso de dissolução do casamento por morte; neste caso, e independentemente de terem existido ou não diferenças patrimoniais (ganhos acumulados) o §1371 estabelece uma atribuição ao cônjuge sobrevivo de ¼ suplementar de quota hereditária, regra que foi qualificada pelo TJUE no caso *Mahnkopf* como regra sucessória e não regra de regime de bens (cfr. *infra* no texto, III B).)

[43] Cfr. Dagmar Coester-Waltjen e Michael Coester, "Study on matrimonial property regimes...", *cit.*, p. 9.

Os cônjuges são livres de alterarem o regime matrimonial aplicado, quer pela modificação do contrato nupcial celebrado quer pela celebração, na constância do matrimónio, de um novo contrato (§1408).

Também as modificações ao regime de bens, e por maioria de razão, estão sujeitas a formalismos especiais, nomeadamente a intervenção notarial (§1410). O regime de bens, inicial ou alterado, deve ser registado para poder ser oponível a terceiros (§1412).

No direito internacional privado alemão, as regras de conflitos que se ocupam das matérias dos efeitos patrimoniais do casamento eram as constantes dos arts. 14.º, 15.º e 16.º da Lei de Introdução ao Código Civil alemão (EGBGB). Com as alterações a esta Lei introduzidas em 29.01.2019, em relação aos casamentos celebrados antes da entrada em vigor do Regulamento 2016/1103 ou que ficam fora do seu âmbito de aplicação, o sistema conflitual alemão, em matéria de efeitos patrimoniais do casamento, mudou substancialmente[44].

A lei competente para regular os efeitos gerais do casamento – todos os deveres e correspondentes direitos estritamente pessoais dos cônjuges, com excepção daqueles que recaiam sob a alçada de regras de conflitos especiais, como o nome (art. 10.º) ou a capacidade negocial (art. 7.º), e ainda, numa função claramente residual[45], as matérias do mandato doméstico previsto no §1357 do BGB e da presunção da propriedade dos bens móveis em favor do cônjuge devedor previsto no §1362 – era a indicada pelo art. 14.º que, utilizando uma conexão principal e várias conexões subsidiárias (uma "escala de Kegel"), determinava a aplicação da lei da nacionalidade comum dos cônjuges (ou da última nacionalidade comum se um deles ainda a possui) e, na falta desta, a lei da residência habitual comum ou da última residência habitual comum se um deles aí ainda residia; não tendo os cônjuges adoptado uma residência comum, o julgador teria de determinar o ordenamento jurídico com o qual os cônjuges apresentaram as ligações mais estreitas, de forma a aplicar a sua lei.

[44] BGBI 2018 I, S.2573.

[45] Cfr. D. HENRICH, *Internationales Familienrecht,* Francoforte, Verlagfür Standesamtswesen, 1989, p. 28, identifica as matérias compreendidas no âmbito do art. 14.º: §1353 BGB (dever de coabitação); §1357 BGB (representação doméstica); §1356 BGB (governo doméstico e liberdade de exercício de profissão); § 1359 (sanções especiais); §1362.º (presunção de propriedade do património conjugal móvel).

Com a reforma de 2019, e tentando uma harmonização com as regras europeias, todos os efeitos patrimoniais do casamento (regime primário e regimes de bens em sentido estrito), estarão submetidos à mesma lei que poderá ser a lei escolhida pelos cônjuges.

O papel da autonomia conflitual é, tal como no Regulamento 2016/1103, limitado, mas ainda assim mais amplo do que no sistema conflitual anterior no qual, no que aos efeitos gerais do casamento dizia respeito, apenas os cônjuges de nacionalidade diferente e residência habitual em diferentes Estados ou que, apesar de residirem no mesmo Estado, tivessem a nacionalidade desse Estado, poderiam fazer uso desta faculdade; a sua escolha só poderia recair sobre a lei nacional de qualquer um deles.

A nova redacção do art. 14.º permite aos cônjuges escolherema lei do Estado da residência habitual de ambos os cônjuges, no momentos da escolha; a lei do Estado da última residência habitual de ambos os cônjuges durante o casamento se um deles ainda aí reside ou, por último, a lei do Estado da nacionalidade de um deles, sem prejuízo, nos termos do art. 5.º, no caso de plurinacionalidade, a escolha só poder recair sobre a lei do Estado da nacionalidade com o qual o cônjuge tenha uma ligação mais estreita.

Se os cônjuges não exercerem a autonomia conflitual, a nova redacção do art. 14.º determina que a lei aplicável aos efeitos do casamento será a lei da residência habitual comum; na falta desta, a lei da última residência habitual comum desde que um dos cônjuges ainda aí resida; na falta desta, a lei do Estado da nacionalidade comum; por último, a lei mais próxima da vida conjugal.

Na falta de escolha de lei, o art. 15.º que versava sobre a lei aplicável ao regime de bens remetia para a consequência jurídica do art. 14.º, mas imobilizava as conexões ao tempo da celebração do casamento. Para além disso, o espaço da autonomia conflitual era aqui mais franco podendo os cônjuges optar também pela lei da residência habitual de qualquer um deles e pela *lex rei sitae* para cada bem imóvel. O art. 15.º foi revogado pela reforma de 2019.

A escolha de lei no âmbito dos regimes de bens pode ser feita através de uma convenção matrimonial, pela qual os cônjuges escolhem o regime de bens previsto numa determinada lei, ou através de um acordo escrito em que elegem uma lei que regerá o estatuto patrimonial do seu casamento. No direito internacional privado alemão de 2019, ambos os instrumentos deverão ser formalizados notarialmente quando celebrados na Alemanha; quando celebrados no estrangeiro, deverão acostar-se às regras formais previstas ou na lei do local da sua celebração ou na lei escolhida.

Nos termos do anterior art. 15.º, a lei escolhida pelas partes para reger o regime de bens podia ser alterada, também por vontade das partes[46]; a nova lei escolhida iria determinar a validade substancial da escolha feita (*i.e* se é ou não possível escolher o regime de bens *x* ou *y* da lei aplicável) e o modo de liquidação ou aplicação sucessiva dos regimes matrimoniais em questão.[47] Não cremos que essa possibilidade tivesse sido alterada.

Por sua vez, o art. 16.º EGBGB ocupava-se da protecção dos terceiros que contratem com os cônjuges. Nos seus termos, o cônjuge que residia habitualmente na Alemanha ou aí desenvolvia a sua actividade profissional só podia opor ao terceiro de boa fé os termos do seu regime matrimonial estrangeiro se procedeu previamente ao seu registo[48]. Também este art. 16.º foi revogado pela reforma de 2019.

Eram patentes duas importantes lacunas do direito internacional privado alemão no que concerne à protecção de terceiros no âmbito dos

[46] Cfr. Kurt Siehr, *Internationales privatrecht: deutsches und europäisches Kollisionrecht für Studium und Praxis*, Heidelberg, C. F. Müller, 2001, p. 18, admite a escolha de lei com retroactividade voluntária. A lei foi omissa quanto a este ponto e P. Kemp, *Grenzen der Rechtwahl im internationalem Ehegüter-und Erbrecht*, Bona, Carl Heymanns Verlag KG, 1999, pp. 87-88, dá nota da opinião partilhada por alguma doutrina no sentido da admissão da retroactividade. O Autor relembra, no entanto, que do ponto de vista dos interesses das partes e da natureza conflitual da escolha de lei – e da sua mudança – não se pode concluir sem mais que os cônjuges pretendem tal força retroactiva se eles não expressaram essa vontade. De facto, tal efeito iria afectar materialmente as suas relações jurídico-patrimoniais já estabelecidas quando aquilo que os cônjuges pretendem é a adopção de uma nova lei que lhes é mais próxima e com a qual se sentem mais ligados *daí em diante*.

[47] Relativamente ao problema da qualificação das normas sobre a modificação material do regime de bens acompanhada, ou não, da mudança de lei aplicável, Cfr. D. Henrich, *Internationales Familien recht...*, p. 38, parece não ter dúvidas quanto à sua patrimonialidade concluindo que os cônjuges devem poder, precisamente através da escolha de lei (art. 15.º), fugir de uma lei que não lhes permita mudar de regime de bens ou celebrar convenções matrimoniais.

[48] Cfr. Kurt Siehr, *Internationales privatrecht...*, p. 19, chama a atenção para o facto de o art. 16.º só proteger o tráfico jurídico interno e limitar-se a aplicar, nas relações internacionais, o art. 1412.º do BGB: salvo a inscrição no registo alemão do regime de bens estrangeiro legal ou convencional, só vale, face a terceiros de boa fé, o regime de bens legal alemão.

efeitos patrimoniais do casamento: por um lado, a clarificação quanto ao carácter retroactivo ou não da mudança de lei aplicável, em especial, quando resultasse do exercício da autonomia conflitual que, era permitida, ainda que em diferentes moldes, quer em matéria da definição dos regimes de bens em sentido estrito quer quanto a regras de regime primário do casamento, todas elas com repercussões eventuais relativamente a terceiros, e, em caso de ser aceite tal efeito retroactivo, como proteger os terceiros, nessa hipótese concreta, podendo equacionar-se, por exemplo a aplicação do art. 16.º; por outro lado, a protecção de terceiros prevista no art. 16.º parecia cingir-se à matéria dos regimes matrimoniais em clara ligação com o art. 15.º. Seria possível defender a sua aplicação analógica aos efeitos gerais do casamento na medida em que algumas das suas regras tangem igualmente com interesses e direitos de terceiros e podem resultar da aplicação de uma lei escolhida nos termos do art. 14.º da EGBGB? Com a revogação do art. 16.º, estas dúvidas não se dissipam uma vez que desaparece qualquer referência à protecção de terceiros.

No direito francês, os efeitos patrimoniais do casamento são regulados por dois grupos de proposições distintos, um que diz respeito aos regimes de bens (os arts. 1387.º a 1581.º constantes do Livro III, Título V, do *Code Civil* ou, simplesmente, *Code)* e o outro que, incidindo e modelando simultaneamente as relações pessoais entre os cônjuges, consta dos arts. 212.º a 226.º do Cap. VI, Título V, do Livro I; estas últimas regras desenvolvem as linhas mestras em que assenta o "regime primário do casamento"[49]: o dever de contribuir para os encargos da vida familiar, o pagamento das dívidas domésticas e o estatuto da morada de família.

As ideias comuns que subjazem às regras do regime primário do casamento são as da solidariedade familiar e da "presunção de poder" que reflectem para o exterior a comunhão de vida, por um lado, e a interdependência económica, por outro, realidades que subsistem apesar da progressiva autonomia patrimonial e profissional dos cônjuges.

[49] A utilização da expressão, apesar de comum, não é tida por alguns Autores como a mais feliz. Neste sentido, cfr. ANDRÉ COLOMER, *Droit Civil – Régimes matrimoniaux*, Paris, Litec, 11.ª ed., 2002, p. 38, que a considera fonte de equívocos – preferindo a alternativa «estatuto imperativo de base» – na medida em que pode incutir a ideia segundo a qual, por si só, este conjunto de regras constitui um regime de bens completo e suficiente, o que não acontece.

A contribuição de ambos os cônjuges para os encargos da vida familiar está prevista no art. 214.º que determina, na ausência de estipulação em contrário prevista na convenção matrimonial, o seu cumprimento na medida das possibilidades respectivas de cada cônjuge. Em caso de incumprimento por parte de um dos cônjuges, o outro poderá recorrer ao tribunal que fixará a medida da contribuição devida (art. 214.º, §2) e imporá medidas coercitivas, mais ou menos severas, que podem passar pelo pagamento directo por um terceiro devedor do cônjuge inadimplente.

Discute-se também sobre a correcta articulação desta norma com o dever pessoal de socorro previsto no art. 212.º e com a obrigação alimentar que ele exprime, mas entende-se, em geral, que há aqui uma diferença de grau e de natureza. O dever de socorro consome-se na garantia de um mínimo de sobrevivência e no caso de não existir outro meio de subsistência, sendo mais frequente num contexto de divórcio ou de separação[50]; nas situações normais, de estabilidade da vida conjugal, o dever de socorro é absorvido pelo dever de contribuir para os encargos da vida familiar, cuja forma normal de cumprimento é espontânea e regular e na proporção das possibilidades de cada cônjuge. Além disso, o art. 214.º refere-se à manutenção do estilo de vida acordado entre os cônjuges[51] e, nessa perspectiva, é ainda mais amplo do que a noção de encargos da vida do lar, também presente no art. 220.º, e que se refere à educação e sustento dos filhos e necessidades puramente alimentares dos próprios cônjuges.[52]

[50] Cfr. Henri Mazeud, *Leçons de droit civil,* 7.ª ed., Paris, Montchrestien, 1995, t. I, v. 3., pp. 500, 505 e 508: *«l'article 212... qui se distingue de l'obligation de l'article 214 en ci qu'il suppose l'existence d'un état de besoin».* Pode até suceder que o cônjuge que cumpre o seu dever de contribuir para os encargos domésticos, nos termos que foram entre ambos convencionados (art. 214.º), seja obrigado a efectuar uma contribuição adicional, dado o estado de necessidade do outro.

[51] Cfr. Henri Mazeud, *Leçons de Droit Civil...,* p. 505: *«l'article 214.º représente en définitive, pour le plus fortuné des époux, l'obligation d'assurer à son conjoint un niveau de vie égal ao sien».*

[52] Assim, Bernard Vareille, «Le régime primaire» *in* Michel Grimaldi (dir.), *Droit patrimonial de la famille,* Paris, Dalloz, 2001-2002, p. 10 a 79 (p. 22), André Colomer, *Droit Civil – Régimes matrimoniaux...,* pp. 66-67 e Jean Maury (Dir.), *Les régimes matrimoniaux,* Paris, Lamy, 1995, p. 24, que dá nota da posição contraditória da jurisprudência francesa nesta matéria ao ser, por um lado, particularmente generosa na fixação da medida destes

O art. 220.º, §1 prevê, por seu turno, a comunicabilidade das dívidas domésticas contraídas por qualquer dos cônjuges[53]. Este preceito vai mais além do anterior mandato doméstico[54] que apenas vinculava o marido às despesas da mulher e foi o resultado da interpretação jurisprudencial que, nos regimes de separação de bens, defendia a comunicabilidade destas dívidas[55].

encargos, admitindo no seu perímetro despesas de recreio, e negando, por outro, a inclusão do imposto sobre o rendimento.

[53] Para André Colomer, *Droit Civil – Régimes matrimoniaux...*, pp. 53-54, os arts. 214.º e 220.º estão intimamente relacionados na medida em que resolvem aspectos diferentes da mesma questão – os encargos da vida familiar – determinando uma solidariedade total entre os cônjuges, mesmo que optem por um regime separatista, ao serem responsáveis pela contribuição imediata para os encargos da vida doméstica e mediata pelas dívidas que deles resultem e, em relação aos terceiros, determinando a adjudicação dos bens comuns ao pagamento prioritário destas dívidas para os quais nenhum dos cônjuges necessita do consentimento do outro, o que aumentará o crédito familiar, como também salienta Jean Champion, *Régimes matrimoniaux et contrats de mariage*, Paris, Delmas, 10.ª ed., 2001, p. 10. Ver, no entanto, as fortes dúvidas colocadas por Bente Braat, *Indépendance et interdépendance patrimoniales....*, 2004, p. 53 e ss, relativamente ao putativo aumento do crédito familiar alcançado à custa da comunicabilidade das dívidas conjugais: para o Autor, as modernas facilidades na concessão de crédito e especialmente os novos meios de pagamento que se valem de um regime jurídico próprio, como é o caso dos cartões de crédito, tornam obsoleta esta ideia tradicional que faz do património conjugal, por esta via, a garantia mais significativa dos credores conduzindo à concessão de crédito. O Autor conclui mesmo que não há, excepto no direito suíço (e no direito alemão, acrescentaríamos) em que a lei ainda prevê um direito de representação conjugal, nada que justifique, para assegurar a solidariedade conjugal, ir mais além da contribuição equitativa dos cônjuges para os encargos domésticos: nem o crédito conjugal aumenta com a comunicabilidade das dívidas nem os credores conjugais devem ser mais protegidos – o proveito comum só deve intervir nas relações internas entre os cônjuges – do que os credores normais: a automática comunicabilidade de uma dívida «*pèse trop lourdement sur l'independence des époux*».

[54] Para uma visão das origens históricas da comunicabilidade das dívidas para ocorrrer aos encargos da vida doméstica, passando pelo mandato doméstico tácito e pelo poder legal de representação, cfr. André Colomer, *Droit Civil – Régimes matrimoniaux...*, pp. 55-57. Como veremos, na análise de outros direitos, há sistemas, como o suíço e o alemão, que mantêm a noção de representação conjugal, a partir da qual constroem a responsabilidade conjugal pelas dívidas domésticas. No direito francês, o mandato tácito conferido à mulher visava suprir a sua incapacidade e, por isso, desapareceu com ela. Em sua substituição, a lei de 1965 criou o sistema da solidariedade das dívidas domésticas presente no art. 220.º.

[55] Cfr. François Boulanger, *Droit civil de la famille. Aspects comparat if set internationaux*, I, Paris, Economica, 3.ª ed., 1997, p. 284: mais do que a comparticipação nas despesas domésticas é a aplicação deste preceito e do regime particular destas dívidas a todos os regimes de bens que mais bem testemunha a evidência de uma união de interesses gerada pelo casa-

Cada cônjuge tem legitimidade para celebrar, por si só, contratos que digam respeito ao sustento da casa e à educação dos filhos e as dívidas deles decorrentes são da responsabilidade comum e solidária de ambos os cônjuges, qualquer que seja o regime de bens do casamento[56]. Nos regimes de separação de bens (e no regime da participação nos adquiridos) o cônjuge do devedor que respondeu com bens próprios para além da sua quota-parte de responsabilidade terá direito de regresso imediato. Já nos regimes de comunhão, responderão os bens comuns ao mesmo tempo que os bens próprios de cada cônjuge, em regime de solidariedade, mas a dívida figurará no passivo da comunhão e o cônjuge que pagou em excesso só será compensado no momento da liquidação do regime de bens[57].

mento. Também não se pode esquecer, na interpretação e análise integrada das normas de direito matrimonial, o que resulta, na prática, da aplicação de outras normas com objectivos aparentemente distintos. Estamos a falar concretamente dos efeitos da criação de uma conta conjunta e da solidariedade passiva que ela gera, nas relações com o banco. Nos termos do art. 1200.º e ss. do código civil francês, o banco pode exigir solidariamente de qualquer dos cônjuges o pagamento do saldo devedor da sua conta conjunta e pagar-se do saldo das contas pessoais de cada um deles, independentemente da origem desse saldo, ou seja, ignorando se as dívidas resultam ou não de encargos domésticos nos limites estabelecidos para a solidariedade das dívidas do art. 220.º. Por isso, JEAN MAURY (DIR.), *Les Régimes Matrimoniaux,...*, p. 67, refere que o funcionamento de uma conta conjunta permite uma extensão da solidariedade das dívidas domésticas.

56 Cfr. HENRI MAZEUD, *Leçons de Droit Civil...*, p. 515: *«c'est donc tout le crédit du ménage que chaque époux a le pouvoir d'engager pour ses actes ménagers»*.

57 Sistema semelhante ao seguido entre nós e estatuído no art. 1697.º, n.º 1, do CC quanto ao direito de regresso de um dos cônjuges pelo pagamento de dívidas para além do seu limite de responsabilidade; há aqui, no entanto, diferenças sensíveis: no direito português a responsabilidade dos cônjuges por dívidas comuns no regime de separação de bens é sempre conjunta, logo a hipótese de direito de regresso imediato só se coloca quando o cônjuge pagou *voluntariamente* para além da sua quota-parte de responsabilidade; por outro lado, nos regimes de comunhão a responsabilidade solidária dos cônjuges é subsidiária em relação à convocação dos bens comuns e constitui a regra, mesmo que a comunicabilidade dessas dívidas esteja restrita a determinados regimes de bens, como é o caso das dívidas previstas no art. 1696.º, n.º 1, d), do CC que não se aplica aos regimes de separação e o preceituado no número 2 do mesmo artigo que é aplicável somente aos regimes de comunhão geral. Além disso, há, no direito português, uma enumeração das dívidas comuns; pelo contrário, nos regimes de comunhão do direito francês, onde os cônjuges têm amplos poderes de administração e disposição dos bens comuns móveis não sujeitos a registo (art. 1421.º) – no direito português esses poderes estão limitados às hipóteses contempladas no art. 1682.º do CC – por todas as dívidas contraídas na constância do casamento, qualquer que seja a sua causa,

O art. 220.º é imperativo, não sendo passível de renúncia, revogação ou alteração convencional.

A lei não enumera nem exemplifica as dívidas referidas no art. 220.º gerando alguma incerteza quanto à sua concretização e aplicação, especialmente em face das dívidas mais importantes, pontuais, ditas de "capital". Discute-se na jurisprudência e na doutrina se estarão incluídas, por exemplo, as contribuições para os planos complementares de reforma e de saúde, obrigatórios ou não, os empréstimos dentro ou fora dos limites quantitativos expressos no art. 220.º, §2, os investimentos em actividades comerciais, em residências secundárias, em despesas consideradas sumptuárias como o pagamento de um curso de férias para os filhos ou um automóvel para uso da família[58].

O art. 220.º, §2, estabelece um limite quantitativo excluindo da sua previsão as dívidas manifestamente excessivas, oferecendo alguns critérios ao julgador na sua apreciação como sendo o estilo ou nível de vida do casal, a utilidade ou inutilidade do contrato celebrado e a boa ou má fé do terceiro contraente.

Por outro lado, exclui do seu âmbito de aplicação e consequentemente do regime da solidariedade, as dívidas assumidas por um dos cônjuges, sem o consentimento do outro, em compras a prestações e por todos os empréstimos, salvo os que atinjam somas pequenas para prover a necessidades correntes da vida doméstica (art. 220.º, §3).

A presunção da solidariedade destas dívidas dura até ao trânsito em julgado da sentença de divórcio, o que significa que se mantém na separação de facto.[59] [60]

respondem apenas os bens comuns (art. 1413.º), com a única excepção das dívidas referidas no art. 220.º. Este sistema justifica o reparo de André Colomer, *Droit Civil – Régimes matrimoniaux...*, p. 58, quando diz que nos regimes de comunhão só a solidariedade no pagamento das dívidas constitui uma especificidade inovadora do art. 220.º. No mesmo sentido, cfr. François Terre e Philippe Simler, *Droit civil. Les régimes matrimoniaux*, Paris, Dalloz, 3.ª ed., 2001, pp. 72-73.

[58] Cfr. André Colomer, *Droit Civil – Régimes matrimoniaux...*, pp. 59-66, Jean Champion, *Régimes matrimoniaux et contrats de mariage*, Paris, Delmas, 10.ª ed., 2001, p. 56-59 e, em especial, Bernard Vareille, «Le régime primaire» *in* Michel Grimaldi (dir.), *Droit patrimonial de la famille...*, pp. 11 e 15.

[59] Hipótese especialmente relevante nos casos em que continua em dívida a renda da casa de morada de família entretanto abandonada por um dos cônjuges, como refere Jean Champion, *Régimes matrimoniaux et contrats de mariage, ...*, p. 57.

A casa de morada de família também merece um estatuto especial no direito matrimonial francês. É identificada com o último domicílio comum escolhido pelos cônjuges antes do casamento, sendo irrelevante, por exemplo, que os cônjuges estejam separados.

Desde logo, em matéria de arrendamento, o art. 1751.º determina que o direito ao arrendamento da casa de morada de família pertence a ambos os cônjuges, mesmo que o contrato tenha sido celebrado por um deles antes da celebração do matrimónio. Em consequência, nenhum dos cônjuges pode denunciar o contrato de arrendamento e ambos são responsáveis pelo pagamento das rendas.[61]

Uma das disposições de regime matrimonial primário com maior relevância prática[62] é a constante do art. 215.º, §3, em que se estabelece a proibição de, por um acto unilateral, os cônjuges disporem de direitos sobre a morada de família e sobre o seu recheio, relativamente ao qual, e face a terceiros de boa fé, não funcionará a presunção de legitimidade constante no art. 222.º.

Em primeiro lugar, delimitando negativamente a norma, poder-se-á dizer que tendo como objectivodirecto a salvaguarda do direito à habitação dos cônjuges e dos filhos, todos os actos de disposição que, em concreto, não desvirtuem esse direito, não estarão abrangidos pelo preceito.[63]

[60] Bernard Vareille, «Le régime primaire» *in* Michel Grimaldi (dir.)..., pp. 35-37, estabelece a diferença entre a protecção da morada de família concedida pelo art. 215.º, §3 e a obtida pelo regime jurídico do arrendamento.

[61] Cfr. Jean Champion, *Régimes matrimoniaux et contrats de mariage...*, p. 77, sobre uma decisão dos tribunais referente a um casal separado de facto em que o marido arrenda uma casa para a mulher e para o filho; numa primeira decisão, o tribunal entendeu não aplicar o art. 1751.º e a mulher foi condenada a indemnizar o marido pelas rendas pagas. Na instância superior, foi decidido, no entanto, que a hipótese cai no âmbito de aplicação do art. 214.º e as rendas estariam ainda a cargo do marido, na medida em que o casamento não fora dissolvido, e a mulher não tinha de o reembolsar.

[62] Para Jean Champion, *Régimes matrimoniaux et contrats de mariage...*, p. 76, a originalidade e a audácia desta norma residem precisamente no facto de se dirigir a todos os cônjuges, inclusivamente os casados em separação de bens.

[63] Cfr. François Boulanger, *Droit civil de la famille. Aspects comparatifs et internationaux*, I, Paris, Economica, 3.ª ed., 1997, p. 290 referindo-se, em concreto, a uma venda com reserva de usufruto em favor da viúva e Jean Maury (Dir.), *Les Régimes Matrimoniaux...*, p. 46, distinguindo esta hipótese de uma outra, dentro do âmbito da proibição do art. 215.º, §3, em que o comprador celebraria um contrato de arrendamento em favor da família.

O art. 215.º, §3, refere a proibição da disposição de direitos sobre a casa de morada de família, e entende-se com isso toda a cessão a título gratuito ou oneroso: defendendo os direitos de propriedade, arrendamento, usufruto, uso e habitação, o art. 215.º, §3, proíbe concretamente a venda, a promessa de venda (salvo se o acordo do outro cônjuge constituir mera condição suspensiva da venda), a constituição de hipoteca, a constituição de usufruto, a doação entre vivos, o comodato.[64]

A ilegitimidade conjugal[65] criada pelo art. 215.º, §3, não abrange os actos com efeitos *post mortem* e por isso em nada afecta a validade do testamento por meio do qual o cônjuge proprietário disponha de qualquer direito sobre a morada de família a um terceiro[66] e como o princípio que lhe subjaz é o da limitação da vontade, também não terá aplicação em caso de execução judicial do bem.

A sanção do art. 215.º, §3, é a da anulação do acto praticado sem o consentimento do outro cônjuge, a ser requerida por este no prazo de um ano a contar da data em que teve conhecimento do acto, mas sempre até um ano após a liquidação do regime de bens.

Nos termos do art. 222.º, §2, se a acção visar os móveis que constituem o recheio da morada de família, os terceiros de boa fé não beneficiarão da presunção constante do art. 222.º, §1, segundo a qual os cônjuges têm legitimidade para praticar actos de disposição sobre os móveis que detêm.

No direito francês, o regime supletivo é o da comunhão legal (arts. 1400.º a 1491.º do *Code – la communauté réduite aux acquêts* –; os regimes-tipo são a comunhão universal, a comunhão de móveis e adquiridos, a separação de bens e a participação nos adquiridos. Nos regimes de comunhão há um acervo de bens comuns (e, no caso da comunhão de

[64] Jean Maury (Dir.), *Les Régimes Matrimoniaux...*, pp. 46-47.

[65] No direito francês, o art. 215.º, §3, é caso único em matéria de ilegitimidades conjugais, ao contrário do que sucede noutros direitos, nomeadamente no português, em que são maiores as limitações à autonomia negocial dos cônjuges. No entanto, o seu regime tem que ser conjugado com o disposto no art. 220.º-1 que vem permitir a intervenção judicial nos casos de violação dos deveres conjugais e perigo para a família e que pode implicar a proibição da prática de actos de disposição sobre bens próprios ou comuns, móveis ou imóveis. Para Jean Maury (Dir.), *Les Régimes Matrimoniaux...*, p. 19, esta norma constitui até *«le garde-fou ultime»* contra os excessos de liberdade dos cônjuges.

[66] Bernard Vareille, «Le régime primaire» *in* Michel Grimaldi (dir.), *Droit patrimonial de la famille...*, p. 30.

adquiridos, um acervo de bens próprios referentes, grosso modo, aos bens anteriores ao casamento e aos bens recebidos por doação ou sucessão) que será partilhado na dissolução do casamento, mas não seguindo necessariamente a regra da metade, desde que o contrário resulte expressamente de um contrato nupcial. Nos regimes separatistas, inversamente, só existem bens próprios e administrados por cada cônjuge; na participação nos adquiridos, cada cônjuge tem a propriedade e exclusiva administração e livre disposição dos bens na constância do casamento, mas na sua dissolução cada um receberá uma compensação monetária por ter aumentado o seu património em valor inferior ao outro cônjuge e no valor de metade desse excesso (arts. 1569.º e ss).

Os cônjuges franco-alemães (ou franceses que vivam no estrangeiro ou estrangeiros que vivam em França) podem ainda optar pelo regime de comunhão de valores acumulados previsto no "Acordo de 4 de Fevereiro de 2010 entre a Alemanha e a França no regime matrimonial opcional da comunidade de bens acumulados".

No direito francês, a imutabilidade do regime de bens durante a constância do casamento continua a ser havida, e apesar da reforma de 1965 e de todas as alterações posteriores, como a regra que confere ao sistema os limites à liberdade dos cônjuges na definição do seu estatuto patrimonial; é ainda um princípio base caracterizador do regime[67] ainda que hoje se possa, com mais rigor, falar de uma mutabilidade atenuada[68] e até "administrativizada"[69].

Na verdade, os cônjuges podem alterar o seu regime de bens, legal ou convencional, mas a lei continua a condicionar essa alteração a alguns pressupostos, de conteúdo e de forma, nomeadamente estabelecendo como condição principal o respeito pelo interesse familiar,

[67] Neste sentido, cfr. JEAN MAURY (DIR.), *Les Régimes Matrimoniaux,* Paris, Lamy, 1995, Título 4 (Contrat de mariage et changement de regime matrimonial), cap. 2, §9-90.

[68] MARIE GORÉ, «La détermination du régime matrimonial» *in* MICHEL GRIMALDI (dir.), *Droit patrimonial de la famille,* Paris, Dalloz, 2001-2002, pp. 79-104 (p. 79).

[69] É BERNARD BEIGNIER, "Le changement de régime matrimonial depuis le 1 janvier 2007. Questions diverses. Eléments de réponses", *Droit de la famille,* Paris, Juris Classeur, n.º 4, Abril 2007, pp. 8-15, quem refere este fenómeno, a que chama de *"déjudiciarisation"*, da perda de influência do Tribunal na convenção de modificação do regime de bens que passa, com a nova redacção do art. 1397.º dada pela Lei de 23 de Junho de 2006, reformada pela Lei de 5 de Março de 2007, a ser quase exclusivamente controlada pelo notário que é, nas suas palavras, o *"juge des contrats"* e como tal, garante último da legalidade.

revelando que a estabilidade do estatuto patrimonial transcende os interesses particulares dos cônjuges e do seu património[70].

Antes da reforma operada pela Lei de 13 de Julho de 1965, os argumentos invocados para uma consagração completa e rígida do princípio da imutabilidade eram conhecidos e comuns a outros ordenamentos jurídicos, nomeadamente o português.

A convenção antenupcial, mais do que um contrato entre os próprios nubentes, era um pacto de família que, consequentemente, não poderia ser alterado apenas pela vontade dos cônjuges; além disso, depois de celebrado o casamento, temia-se que o ascendente de um dos cônjuges sobre o outro levasse à aceitação por este de modificações ao regime de bens que lhe fossem prejudiciais em benefício do seu consorte; finalmente, pretendia-se evitar que os terceiros que contratavam com os cônjuges e que viam no seu património uma garantia creditícia ficassem defraudados.

Alvo das também habituais críticas – um regime inalterável é impermeável, insensível às mudanças concretas da vida dos cônjuges e da sua situação financeira e profissional, revelando-se contrário aos seus interesses; os pactos de família tornaram-se, à luz das novas concepções sociais, inadmissíveis; os terceiros ficariam suficientemente salvaguardados com um adequado sistema de publicidade e controlo judicial – o princípio da imutabilidade do regime de bens sofreu uma importante atenuação com a reforma de 1965.

Com a lei de 65, o princípio da imutabilidade dos regimes de bens, apesar de enunciado no art. 1395.º, foi limitado, permitindo-se, nos termos do art. 1396.º, §3, a alteração, por via judicial, do regime em que os cônjuges estavam casados, a pedido de ambos, nos casos previstos na lei, ou por um deles no âmbito de uma acção de separação de bens ou ao abrigo de qualquer outra medida de protecção do casamento.

Dos casos previstos e admitidos de alterações convencionais, tratava o art. 1397.º dizendo que, dois anos após a aplicação de um regime de

[70] Assim, Bernard Beignier, "Le changement de régime matrimonial depuis le 1 janvier 2007..., p. 8, que defende estar o interesse da família ainda mais visível com o texto actual, na medida em que dá voz aos filhos de cada um dos cônjuges que, sendo maiores, poderão deduzir oposição ao acto notarial ou, tratando-se de menores, sujeitarem-no a controlo judicial através da homologação obrigatória. Em caso algum, como refere o Autor, elogiando a prudência do legislador, os filhos farão parte da convenção de modificação.

bens legal ou convencional, os cônjuges podiam acordar, no interesse actual ou futuro da família, a modificação total ou parcial[71] do regime, por acto notarial sujeito a homologação do Tribunal do seu domicílio.

Mais recentemente, as alterações introduzidas pelas Lei de 23 de Junho de 2006, reformada pela Lei de 5 de Março de 2007, modificaram o regime instituído pelo art. 1397.º.

Desde logo, porque a necessidade, em todos os casos, de uma intervenção judicial através de um acto de homologação passou a constituir excepção e não a regra. A homologação terá lugar só nos casos em que existam filhos menores do casal, e na defesa dos seus interesses, ou sempre que haja oposição ao acto de modificação, quer pelos credores[72], pelos filhos maiores ou por terceiros que tenham intervindo na convenção antenupcial.[73]

Por outro lado, a reforma de 2007 veio deixar ao critério do notário e das partes a realização da liquidação do regime anterior que só será feita se tal se revelar necessário.[74]

[71] Permanece, no entanto, a dúvida sobre a validade da mudança do estatuto de determinados bens em concreto. Neste sentido, cfr. Jean Champion, Régimes matrimoniaux..., p. 30.

[72] Como esclarece Bernard Beignier, "Le changement de régime matrimonial depuis le 1 janvier 2007. Questions diverses. Élements de réponses.", ..., *cit.*, p. 13, os credores poderão deduzir oposição à modificação do regime de bens se ela, em si mesmo e objectivamente, os prejudica; já a impugnação pauliana, nos termos gerais, servirá para os proteger de eventuais fraudes propiciadas pela modificação do regime operada pelos cônjuges.

[73] A nova convenção caducará, sem produzir qualquer efeito entre os próprios cônjuges, se estes não a submeterem à homologação judicial, nos casos revistos na lei. Neste sentido, cfr. Bernard Beignier, "Le changement de régime matrimonial depuis le 1 janvier 2007. Questions diverses. Élements de réponses.",..., *cit.*, p. 14.

[74] Cfr. Bernard Beignier, "Le changement de régime matrimonial depuis le 1 janvier 2007. Questions diverses. Élements de réponses.", ..., *cit.*, pp. 9-12. O Autor, com base nos trabalhos preparatórios e nos debates parlamentares de discussão do novo texto, extrai da sua *ratio legis* o critério para a realização da liquidação do regime anterior que será imperativa sempre que haja a passagem de um regime de comunhão para um regime de separação ou de participação nos adquiridos, liquidação que será completa e conduzirá à partilha, sob pena de se perder o efeito útil da modificação que é, nestes casos, maioritariamente motivada pela mudança da situação profissional dos cônjuges que, assumindo uma actividade de risco, tentarão proteger o património de um deles dos credores futuros. Nos casos inversos, os de ampliação da comunhão, a liquidação é facultativa mas continuará a ser útil para o cabal esclarecimento das partes quanto aos efeitos reais do acto no seu património, nomeadamente na identificação total do passivo que passará a ser comum e também na quantificação e avaliação dos acréscimos (e perdas) patrimoniais que advirão para cada cônjuge. O Autor chama

Finalmente, em 2019, pelo art. 8.º da Lei n.º 2019/222, de 23 de Março, foi abolida a moratória e é hoje possível a alteração do regime de bens a todo o tempo.

O art. 35.º da Lei n.º 85-1372, de 23.12.1985, revogou o art. 1595.º do Código Civil que proibia, salvo excepções contadas, a compra e venda entre cônjuges. Se a inaplicabilidade do preceito é pacífica nos regimes de separação de bens e de participação nos adquiridos, a doutrina hesita, no entanto, quanto à validade destas vendas nos regimes de comunhão em que o cônjuge adquirente não utilize apenas capitais próprios para adquirir bens próprios do outro mas, pelo contrário, faça uma venda de um bem comum ao outro que os paga com capitais próprios ou venda bens próprios por conta da comunhão, já que, em qualquer dos casos, poderá configurar-se uma alteração encapotada ao regime de bens ou ao estatuto concreto dos mesmos.[75]

De qualquer modo, e relativamente a terceiros, a validade das vendas e a sua sujeição ao regime geral da compra e venda, não as exime do regime das liberalidades entre cônjuges se configurarem uma doação indirecta.

A partir da entrada em vigor das Leis de 10.07.1982 e de 23.12.1985, as sociedades entre cônjuges são perfeitamente válidas sem restrições e apenas os arts. 1832.º-1, §2, e 1861.º, §4, acautelam as hipóteses de fraude estabelecendo condições que impeçam a derrogação das regras sobre as liberalidades entre cônjuges.

Nos termos do art. 218.º do código civil francês, o mandato entre cônjuges é válido desde que seja livremente revogável; por sua vez, o contrato de trabalho entre cônjuges é igualmente, após a entrada em vigor da Lei de 10.07.1982, válido desde que haja uma verdadeira subordinação e um salário contabilizado nos termos legais.

Em França, a lei aplicável aos regimes de bens resulta das soluções da Convenção da Haia de 1978 sobre a lei aplicável aos regimes matrimoniais.

a este tipo de operação uma *"liquidation-bilan"*, por oposição à *"liquidation-partage"*, que pode servir para esclarecer as partes mas não interfere na validação do acto.

[75] Assim, Jean Maury (Dir.), *Les Régimes Matrimoniaux*, Paris, Lamy, 1995, Título 4 (Contrat de mariage et changement de régime matrimonial), cap. 2, § 9-147.

A Convenção da Haia de 14 de Março de 1978[76] sobre a lei aplicável aos regimes matrimoniais entrou em vigor em 1 de Setembro de 1992, após a sua ratificação pela França, pelo Luxemburgo e pelos Países Baixos.

A Convenção da Haia exclui expressamente (art. 1.º) do seu campo de aplicação as obrigações alimentares, os direitos sucessórios do cônjuge sobrevivo e a capacidade dos cônjuges.

A autonomia conflitual consagrada pela Convenção da Haia é limitada. Nos termos do art. 3.º, as partes poderão escolher apenas a lei da nacionalidade de um dos esposados no momento da escolha ou a lei da residência habitual de um deles no mesmo momento ou ainda a lei do Estado onde um deles estabelecerá a sua primeira residência habitual após o casamento. Ademais, os esposados poderão submeter os bens imóveis ou parte deles à *lex rei sitae*.

A escolha de lei será, nos termos do art. 12.º e 13.º, reduzida a escrito e o acordo é formalmente válido se respeitar as prescrições quanto à forma quer da lei reguladora do regime de bens quer da *lex loci celebrationis*.

Na falta de escolha válida de lei, a Convenção apresenta uma conexão objectiva, aplicando a lei da primeira residência habitual após o casamento ou, não tendo os cônjuges adoptado, após o casamento, uma residência habitual comum num mesmo Estado, subsidiariamente, a lei da nacionalidade comum dos cônjuges (art. 4.º, §2, 3).

As outras hipóteses de aplicação a título principal da lei nacional comum (única e de aquisição independente do casamento – art. 15.º) constituem verdadeiras excepções à conexão principal e contemplam ou o interesse do Estado da nacionalidade comum em aplicar a sua lei interna tendo, para o efeito, que fazer uma declaração nesse sentido no momento da ratificação da Convenção[77] (art. 4.º, §2, 1) ou existindo

[76] Cfr. sobre a Convenção (texto em www.hcch.net), H. Péroz e E. Fongaro, *Droit international privé patrimonial de la famille*, 2.ª ed., Paris, Lexis Nexis, 2017, pp. 157-91, G. Droz, "Les nouvelles règles de conflit françaises en matière de régimes matrimoniaux", *RCDIP*, n.º 4, 1992, t. 81, pp. 631-935, M. Revillard, "Les changements de régimes matrimoniaux dans l'ordre international", *Travaux du Comité Français de DIP*, 1995-98, Paris, Pedone, 2000, pp. 265-295 y "Premier bilan d'application de la Convention de la Haye du 14 Mars 1978 sur la loi applicable aux régimes matrimoniaux", in *E pluribus unum – Liber amicorum Georges A. L. Droz*, Haia, Martinus Nijhoff Publishers, 1996, pp. 369 a 389.

[77] Como foi o caso da declaração feita pelos Países Baixos no art. 3.º da lei de aprovação à Convenção da Haia de 1978 sobre a lei aplicável aos regimes matrimoniais. Esta aplicação

uma harmonia internacional de julgados entre o Estado da nacionalidade comum dos cônjuges e o Estado da sua residência habitual (art. 4.º, § 2, a) e b)).

Por último, nos termos do art. 4.º, §3, se os cônjuges não têm nem residência habitual comum no mesmo Estado nem nacionalidade comum, será aplicável a lei do país com o qual o regime matrimonial apresentar a ligação mais estreita.

Se os cônjuges podem, nos termos da Convenção da Haia, exercer a sua autonomia conflitual e escolher, antes do casamento e dentro das limitações previstas no art. 3.º, a lei que irá reger o regime de bens do seu casamento, também vão poder, já na vigência do mesmo, escolher outra lei em detrimento quer da lei inicialmente escolhida quer da lei objectivamente aplicada. As condições de forma previstas nos arts. 12.º e 13.º relativamente à convenção matrimonial e à escolha de lei aí efectuada também se aplicam à autonomia conflitual exercida na constância do casamento e o naipe de leis possíveis a que esta escolha está condicionada é o mesmo.

A Convenção da Haia de 1978 ainda admite um outro tipo de mutabilidade conflitual: aquele que resulta, automaticamente, das diferentes concretizações no espaço e no tempo dos elementos de conexão objectivos.

De facto, o art. 7.º, não obstante começar por afirmar a permanência da competência da lei designada pela Convenção pelo menos até ao momento em que os cônjuges escolham uma outra e mesmo que haja uma qualquer mudança nos elementos de conexão decisivos como a residência habitual e a nacionalidade, vem admitir, no n.º 2, que, não existindo nem convenção matrimonial nem acordo de escolha de lei, a lei do regime matrimonial (a lei da primeira residência habitual ou a lei da nacionalidade, nos termos do art. 4.º) seja automaticamente substituída pela lei da nova residência. Tal sucederá quando a nova residência habitual dos cônjuges se situar no Estado da sua nacionalidade comum (ou, pelo menos, a partir do momento em que eles adquirirem essa nacionalidade), quando for estabelecida uma primeira residência conjugal (cuja

excepcional contém ainda outras excepções: cfr. H. Péroz e E. Fongaro, *Droit international privé patrimonial de la famille...., cit.*, p. 173.

ausência justificava a submissão do regime matrimonial à lei da nacionalidade, nos termos do art. 4.º, §2 §§3) e ainda quando a nova residência conjugal, não sendo a primeira, tenha sido adoptada logo após o casamento e se situe há mais de 10 anos num mesmo Estado.

Esta mudança automática e involuntária de regime, não é, no entanto retroactiva, salvo vontade contrária dos cônjuges, expressa nos termos do art. 13.º e sem prejuízo dos direitos dos terceiros eventualmente atingidos pela retroactividade voluntária. Ao contrário do que sucede quanto às alterações voluntárias de regime dado que o art. 6.º da Convenção estatui que a nova lei escolhida aplicar-se-á a todo o património dos cônjuges, presente ou futuro, o que provoca dúvidas sobre a eficácia retroactiva da nova lei.[78]

O Direito da Família no Reino Unido apresenta diferenças significativas entre os vários ordenamentos jurídicos: Inglaterra e País de Gales, Escócia e Irlanda do Norte.

Inglaterra e País de Gales constituem um sistema de *common law*, não codificado. A fonte legal é o precedente judicial criado pela interpretação e aplicação, pelos Tribunais Superiores, dos diversos *Acts* ou leis do Parlamento.

No âmbito do direito patrimonial da família, os mais relevantes são o *The Matrimonial Causes Act 1973* (divórcio e *finantial proceedings*), o *Married Women's Property Act 1882* (propriedade da mulher casada) e o *Family Law Act 1996.*

Na Inglaterra e País de Gales não existem regras sobre a propriedade dos bens conjugais nem regime de bens propriamente dito, primário ou secundário, e as dívidas não se comunicam entre os cônjuges. Em suma, por regra, o casamento não afecta a propriedade dos cônjuges sobre os seus bens e não produz efeitos patrimoniais.

Em caso de divórcio, o cenário muda radicalmente: o tribunal analisa a situação patrimonial da família e determina não só as obrigações de alimentos como pode também redistribuir os bens e atribuí-los a um ou outro dos cônjuges (independentemente de quem é o pripríetário, do momentos da sua aquisição, se foram adquiridos onerosamente ou recebidos por herança ou doação), vendê-los ou constituir um *trust.*

[78] Contra, E. Fongaro e H. Péroz, *Droit international privé patrimonial de la famille...., cit.*, p. 183.

Os próprios acordos nupciais ou pré-nupciais não são vinculativos.[79] [80] A decisão do tribunal não é previsível. No que diz respeito, por exemplo, à casa de morada de família, são admissíveis todo o tipo de decisões: atribuição da casa ao seu proprietário ou atribuição do uso e habitação ao outro cônjuge, se este fica com a guarda e residência dos filhos menores e até à maioridade destes, podendo nessa altura decidir que o ex-cônjuge aí permaneça ou que a casa deve ser vendida e dividido o seu valor[81].

Ainda que em decisões recentes (*Charman, White, Miller vs Miller e McFarlane vs McFarlane*) a repartição dos bens em parte iguais, ao jeito de uma comunhão deferida[82] de bens, seja a tendência, o critério dos tribunais ingleses será sempre o das necessidades *reais* das partes[83].

Do ponto de vista do direito internacional privado, a *common law* segue um princípio de aplicação da *lex fori* em questões de divórcio e sempre que se entenda que o litígio deva ser decidido num tribunal estrangeiro, o tribunal inglês declara-se *forum non conveniens*[84].

[79] Roberto Garetto, Frederico Pascucci e Elisa Sgubin, in Lucia Ruggeri, Ivana Kunda, Sandra Winkler (Eds), *Family Property and Succession in EU Member States. National Reports on the Collected Data,* University of Rijeka, Faculty of Law, ISBN 978-953-8034-25-1, pp. 678-708 (p. 428), 2019.

[80] Embora no *Radmacher v Granatinoo* Tribunal Supremo (2010) tenha acolhido os termos de um acordo pré-nupcial.

[81] Jo Miles e Jens M. Sherpe, "The future of family property in Europe", in Katharina Boele-Woelki, Jo Miles e Jens M. Sherpe (eds), *The Future of Family Property in Europe,* Cambridge-Antwerp-Portland, Intersentia, 2011, pp. 423-432 (p. 428).

[82] Jo Miles e Jens M. Sherpe, "The future of family property in Europe..., p. 427.

[83] Jo Miles e Jens M. Sherpe, "The future of family property in Europe"..., p. 427.

[84] *Ibidem,* p. 431.

III. O Direito Internacional Privado português aplicável aos efeitos patrimoniais dos casamentos internacionais

A. Casamentos celebrados e processos instaurados até 29.01.2019

Dados normativos: arts. 52.º, 53.º, 54.º do Código Civil; arts. 59.º, 62.º, 63.º, 70.º, 71.º, 72.º, 72.º A, 80.º, 90.º, 94.º, 978.º a 985.º, 1082.º, 1083.º, 1084.º, 1133.º, 1134.º, 1135.º do Código de Processo Civil, Lei n.º 23/2013, de 5 de Março (Regime Jurídico do Processo de Inventário), Lei n.º 117/2019, de 13 de Setembro (Regime do Inventário Notarial).

Jurisprudência: Ac. STJ de 12.09.2006, Ac. STJ de 03.10.1992, Ac. do STJ de 17.12.91, Ac. do STJ de 03.10.2002, Ac. do STJ de 06.11.2003, Ac.STJ de 30.04.2019

Casos práticos:

Caso 1. A, português, emigrante desde 1979 em França, vê chegada a idade da reforma e faz planos para regressar a Portugal. Decide vender a sua casa nos arredores de Paris ao seu vizinho B, também ele português, mas que estivera muitos anos emigrado na Suíça, país em que residia na altura do seu casamento, aos 65 anos, com C, francesa, de 32 anos, também ela residente, à época, na Suíça.

A escritura pública de venda da casa é celebrada em Junho de 2015 e perante as autoridades francesas competentes comparecerem os dois outorgantes, A e B.
Sucede que antes mesmo de mudarem para a casa nova, B e C desentendem-se e C pede o divórcio alegando que tem direito, na partilha, a metade do valor da casa que o marido comprara a A uma vez que estavam casados no regime de comunhão de bens da lei francesa, para além de ser esta a lei aplicável ao contrato de compra e venda; B contesta, alegando que, uma vez que casara com mais de 60 anos de idade, o seu casamento teria sido celebrado, imperativamente, no regime da separação de bens nos termos do art. 1720.º do Código Civil português. *Quid iuris?*

Caso 2. Em meados de 2015, Basílio, português, e Angela, alemã, decidem casar em Basileia, na Suíça, cidade onde ambos trabalham e vivem há alguns anos. O casamento é celebrado em Junho desse ano. Um ano depois, o casal muda-se para Hamburgo, na Alemanha, cidade natal de Angela, e instalam-se no apartamento onde esta vivia nos tempos de estudante. Em Dezembro, Angela, grávida de dois meses, começou a achar que o apartamento era demasiado pequeno para a futura família e decide vende-lo e comprar um novo, mais espaçoso. Basílio ficou indignado quando soube do sucedido pois achava que devia ter sido consultado, alegando que se tratava da morada de família e que quer a lei suíça quer a lei portuguesa não permitiam essa venda sem o seu consentimento; Angela, por seu turno, alega que nos termos da lei alemã, que considera aplicável, não há qualquer impedimento à venda da casa; Basílio insiste, argumentando que a protecção da morada de família é uma norma imperativa do direito português e que nunca pode ser afastada, estando em causa um cidadão nacional. *Quid iuris?*

i. Aplicação do Direito Internacional Privado português de fonte interna e de fonte europeia (remissão)

No âmbito dos efeitos patrimoniais do casamento nas relações privadas internacionais, os critérios de competência jurisdicional, de reconhecimento e execução de decisões estrangeiras e de lei aplicável são hoje definidos, consoante os casos, por regras de direito interno ou por regras de direito de fonte europeia estabelecidas nos termos do Regulamento 2016/1103.

No que à lei aplicável aos casamentos celebrados *antes* de 29.01.2019 diga respeito, permanecem em vigor as regras de conflitos do Código Civil[85]; relativamente às acções instauradas (e actos autênticos estabelecidos ou registados formalmente e às transacções judiciais homologadas ou concluídas) *antes* do dia 29.01.2019 permanecem aplicáveis as regras sobre competência internacional, reconhecimento e execução de decisões estrangeiras vigentes no Código de Processo Civil das quais trataremos neste capítulo, ainda que resumidamente, uma vez que deixarão, progressivamente, de ter aplicação.

Excepciona-se, no entanto, a possibilidade, relativamente à lei aplicável aos efeitos patrimoniais dos casamentos celebrados antes de 29.01.2019, de escolha de lei nos termos do Regulamento 2016/1103 (se feita em 29.01.2019 ou depois dessa data) e ainda o reconhecimento e execução de decisões (proferidas em 29.01.2019 ou após essa data), por órgãos jurisdicionais de Estados Membros, em acções ou processos instaurados antes daquela data, se e quando as regras de competência internacional previstas no Regulamento 2016/1103 tiverem sido cumpridas[86]. Nestes casos excepcionais de *antecipação* da aplicação de algumas regras do Regulamento 2016/1103 remetemos para o regime aplicável tratado *infra* em III.B.

[85] A redacção original do art. 69.º, n.º 3, do Regulamento 2016/1103 limitava a aplicação das disposições do Capítulo III (lei aplicável) aos casamentos celebrados *após* 29 de Janeiro de 2019 o que implicaria a manutenção das regras de conflitos do direito interno no caso de o casamento ter sido celebrado nesse dia; igualmente, o art. 69.º, n.º 2, limitava o reconhecimento e execução de decisões, nos termos do Capítulo IV, relativas a acções instauradas antes de 29 de Janeiro de 2019 que respeitassem as regras de competência do Capítulo II, ao seu proferimento *após* aquela data; a "Retificação do Regulamento (UE) 2016/1103 do Conselho, de 24 de junho de 2016, que implementa a cooperação reforçada no domínio da competência, da lei aplicável, do reconhecimento e da execução de decisões em matéria de regimes matrimoniais", publicada no Jornal Oficial da União Europeia (*L 183 de 8 de julho de 2016*), alterou essa redacção. No caso do n.º 3 do art. 69.º, para *em 29 de janeiro de 2019 ou após essa data* o que significa que somente os casamentos celebrados *até* essa data permanecem regulados conflitualmente pelas normas de direito internacional privado interno, sem prejuízo, quanto a estes da escolha de lei feita, nos termos do Capítulo III, em 29.01.2019 ou depois; no caso do art. 69.º, n.º 2, a alteração foi para *nessa data ou* (após essa data), o que significa que também as decisões proferidas em 29 de Janeiro de 2019 ou depois poderão ser reconhecidas, naqueles termos, mesmo tendo a acção sido instaurada antes.

[86] O art. 69.º, n.º 2, do Regulamento 2016/1103 usa a expressão "sejam conformes" o que significará que devem ser coincidentes.

É ainda de sublinhar que o regime aplicável ao reconhecimento e execução de decisões estrangeiras previsto no Regulamento 2016/1103 e que é assim estendido às acções já propostas antes de 29.01.2019, se respeitadas as condições previstas no seu art. 69.º, n.º 2, só se refere a decisões proferidas por órgãos jurisdicionais de Estados Membros[87], o que significa que relativamente a decisões proferidas por órgãos jurisdicionais de outros Estados e independentemente da data da instauração da acção, o seu reconhecimento e execução dependerá sempre da aplicação das regras do Código de Processo Civil.

a) Competência jurisdicional

As regras de competência internacional[88] – "a atribuição de poderes funcionais ao conjunto dos tribunais do Estado com respeito a situações transnacionais, i.e, que apresentam conexões juridicamente relevantes com mais de um Estado" – [89]dos tribunais portugueses[90] ou de outras

[87] Aqui, na acepção de Estados Membros participantes; por "outros Estados" entendemos aqui quer Estados terceiros quer Estados Membros não participantes no Regulamento 201671103. Para mais desenvolvimentos sobre a questão, *nota 160.*

[88] Cujo desrespeito acarreta as consequências previstas nos arts. 96.º e ss, do C.P.C., i.e, a incompetência absoluta do tribunal. Pelo que ficou exposto no texto, a partir de 29.01.2019 e no que às acções instauradas nessa/a partir dessa data diga respeito, estas regras do direito interno terão reduzida importância. Por isso nos limitámos no texto a uma breve exposição. Não obstante, é de referir que tanto as normas sobre competência internacional internas quer as de direito europeu obedecem aos mesmo princípios gerais nesta matéria, assim nomeados por Luís de Lima Pinheiro, *Direito Internacional Privado,* volume III – tomo I. Competência internacional, 3.ª ed. refundida, Lisboa, AAFDL, 2019, pp. 26 e ss: proximidade relativamente às provas e às partes, eficácia prática da decisão, distribuição harmoniosa de competência, autonomia da vontade, direito de acesso à justiça, certeza e previsibilidade.

[89] Luís de Lima Pinheiro, *Direito Internacional Privado,* volume III – tomo I. Competência internacional, 3.ª ed. refundida, Lisboa, AAFDL, 2019, p. 21.

[90] Como sublinha Luís de Lima Pinheiro, *Direito Internacional Privado,* volume III..., p. 25, "as normas de competência internacional de fonte interna só definem a esfera de competência dos tribunais do foro; nesse sentido são normas unilaterais". No mesmo sentido, Rui Moura Ramos, "O direito processual civil internacional nas recentes codificações portuguesa e brasileira", *BFD,* 93/2 (2017), pp. 557-610 (p. 579). Como veremos, o mesmo não acontece com os instrumentos de direito comunitário, *in casu,* o Regulamento 2016/1103, que definem a competência (ou os seus critérios) dos órgãos jurisdicionais dos Estados Membros (participantes).

autoridades com competência material sobre estas questões[91] em matéria de efeitos patrimoniais do casamento pode ser suscitada em contextos diversos e perante diferentes tipos de decisões.

De facto, a apreciação dos efeitos patrimoniais do casamento (*máxime* a determinação quer do regime de bens *stricto sensu* quer primário) tanto pode surgir no âmbito de um pedido de liquidação e partilha de bens comuns após a dissolução do casamento por morte ou divórcio ou após a separação, como numa acção de responsabilidade por dívidas ou na mera apreciação de um contrato de alienação, arrendamento ou constituição de hipoteca de bens do(s) cônjuge(s) ou outros actos de administração praticados sobre os mesmos bens, como, simplesmente, na necessidade de registar o regime de bens em Portugal.

[91] A competência de outras autoridades portuguesas, *máxime* conservadores do registo civil e notários, em matéria de regimes de bens em situações internacionais, resulta das regras dos Códigos de Registo Civil e Predial, do Código do Notariado e do Código de Processo Civil. A título de exemplo, a convenção antenupcial e qualquer modificação ao regime de bens legal ou convencionado estão sujeitos a registo obrigatório (art. 1.º, e), do C.R.C.) *ainda que respeitem a estrangeiros*, sendo que, quanto a estes, a obrigatoriedade do registo só exista quando estes factos ocorram em território português (art. 1.º, n.º 2, do C.R.C). Na efectivação do registo, e tratando-se de uma situação internacional, o Conservador terá de determinar a lei aplicável ao regime de bens. Nos termos do art. 70.º do Código de Registo Civil, os registos da convenção antenupcial, da alteração ao regime de bens e da separação de pessoas e bens e sua reconciliação ou da simples separação judicial de bens são feitos por averbamento ao assento de casamento. Por outro lado, o Código de Registo Predial (art. 44.º, n.º 1, a)) determina que todos os actos notariais que contenham factos sujeitos a registo (*vg* os factos jurídicos que determinem a constituição, reconhecimento, aquisição ou modificação dos direitos de propriedade, usufruto, uso e habitação, superfície ou servidão: art. 2.º, n.º 1, a) do Código de Registo Predial) devem conter, nos termos do art. 93.º, n.º 1, e), a menção ao regime de bens do titular, a qual, nas situações internacionais, dependerá da lei aplicável; por sua vez, o art. 47.º, n.º 1, a), do Código do Notariado estabelece que o instrumento destinado a titular actos de registo deve conter o regime de bens se a pessoa a quem o acto respeita for casado tornando-se necessário, uma vez mais, aplicar o direito internacional privado do qual dependerá a lei aplicável e o regime de bens em concreto. Por sua vez, o processo de inventário para partilhar bens comuns do casal pode ser da competência dos notários nos termos do art. 1082.º, d), e art. 1083.º, n.º 2, do C.P.C. Também no processo de inventário para a partilha da herança ou relacionamento dos bens que dela fazem parte pode suscitar-se o problema da determinação do regime de bens e a competência para este processo pode também caber aos cartórios notariais, nos termos dos arts. 1082.º, a) e b), e art. 1083.º, n.º 2, do C.P.C.

Nos termos do Código de Processo Civil, a competência internacional dos tribunais portugueses em matéria cível depende das conexões (em sentido amplo) indicadas nos arts. 62.º, 63.º e 94.º.[92]

No direito interno, os critérios alternativos de que depende a competência dos tribunais portugueses são, assim, a *coincidência*, a *causalidade*,a *autonomia da vontade*e, subsidiariamente, a *necessidade*.[93] A estes acresce, imperativamente, a *exclusividade*.

Assim, nos termos do art. 62.º, a), os tribunais portugueses são internacionalmente competentes para conhecerem de situações plurilocalizadas quando os critérios de competência territorial interna (*vg* arts. 70.º "foro da situação dos bens"; art. 71.º "foro do cumprimento da obrigação"; art. 72.º "foro do divórcio ou separação"; art. 72.º A "foro sucessório"; art. 80.º, "foro residual") se concretizarem em relação a Portugal, i.e, "se o elemento de conexão utilizado na norma de competência territorial apontar para um lugar situado no território português os tribunais portugueses são internacionalmente competentes"[94].

Concretizando, no que diz respeito às questões suscitadas pelos efeitos patrimoniais do casamento:

[92] O art. 59.º do C.P.C. ressalva a aplicação dos regulamentos europeus e outros instrumentos internacionais o que já resultaria dos termos gerais, o que, como sublinha Rui Moura Ramos ("O direito processual civil internacional nas recentes codificações portuguesa e brasileira", *BFD*, 93/2 (2017), pp. 557-610 (p. 564)) não só é meramente narrativo como pode ser até equívoco como de uma aplicação alternativa se tratasse; como vimos no texto, a aplicação das regras do Regulamento 2016/1103 vem substituir as regras internas de competência e prevê sistemas de reconhecimento em relação a decisões proferidas por órgãos jurisdicionais dos Estados Membros participantes com um alcance ainda mais lato. Outro exemplo de norma narrativa com sentido equívoco é a do art. 63.º a), *in fine*, quando se refere ao arrendamento de imóveis para uso pessoal temporário por um período máximo de seis meses e à competência nesta matéria dos tribunais do Estado Membro onde o requerido tiver domicílio, no que resultaria de uma atribuição de competência a tribunais estrangeiros "ignorando o carácter necessariamente unilateral das regras internas de competência internacional directa, o que manifestamente se lhe encontra vedado (assim, Rui Moura Ramos, "O direito processual civil internacional nas recentes codificações portuguesa e brasileira...", p. 579; no mesmo sentido, Maria João Matias Fernandes, "International jurisdiction under the 2013 Portuguese Civil Procedure Law", *YBPIL*, vol. 16 (2014-2015), pp. 457-468 (p. 463)).

[93] Cfr. Luís de Lima Pinheiro, *Direito Internacional Privado*, volume III..., pp. 336 e ss, Rui Moura Ramos, "O direito processual civil internacional nas recentes codificações portuguesa e brasileira...", pp. 566 e ss.

[94] Luís de Lima Pinheiro, *Direito Internacional Privado*, volume III..., p. 337.

a) Se a determinação do regime de bens for suscitada no âmbito de um processo de divórcio internacional, para o qual, nos termos do art. 72.º, for competente o tribunal do domicílio ou residência do Autor e este(s) se situa(m) em Portugal, o tribunal português é internacionalmente competente.[95]

b) Se for discutida a comunicabilidade de uma dívida conjugal da qual depende a lei aplicável ao regime de bens (primário ou em sentido estrito) é competente o tribunal português do lugar do domicílio do réu; se este for pessoa colectiva ou se o domicílio do réu e do credor se situarem na área metropolitana de Lisboa ou Porto, o credor pode optar pelo tribunal do lugar em que a obrigação deveria ser cumprida (art. 71.º).[96]

c) Se houver necessidade de determinar o regime de bens na partilha dos bens comuns após a dissolução do casamento por morte, o tribunal competente é o do lugar da abertura da sucessão (art. 72.ºA, n.º 1) pelo que serão internacionalmente competentes os tribunais portugueses se a sucessão for aberta em Portugal[97]. A abertura da sucessão dá-se no lugar do domicílio do falecido (art. 2031.º do CC) mas dispõe o art. 72.ºA, n.º 2,[98] que se o falecido não tiver, à data da morte,

[95] Relativamente aos processos de divórcio instaurados a partir de Março de 2005 são aplicáveis as regras de competência do Regulamento Bruxelas II *bis* (Reg. (CE) n.º 2201/2003, do Conselho, de 27.11.2003, hoje revogado pelo Regulamento (UE) n.º 2019/1111, do Conselho, de 25.06.2019.

[96] Relativamente às acções contratuais instauradas a partir de 10.01.2015 aplicam-se as regras de competência do Regulamento Bruxelas I*bis* (Reg.(UE) n.º 1215/2012, do PE e do Conselho, de 12 de Dezembro de 2012.

[97] Às sucessões abertas após 17 de Agosto de 2015 aplicam-se os critérios de competência internacional constantes dos arts. 4.º a 19.º do Regulamento ((UE) n.º 650/2012, do Parlamento Europeu e do Conselho, de 4 de Julho de 2012.

[98] Aditado pela Lei n.º 117/2019, de 13.09, que entrou em vigor a 01.01.2020. Antes desta data, aplicava-se o art. 3.º, n.ºs 1 e 5, da Lei n.º 23/2013, de 5 de Março (Regime Jurídico do Processo de Inventário), que havia revogado o art. 77.º do C.P.C. de 1961 (por sua vez já alterado pela Lei n.º 29/2009, de 29.06), nos termos do qual são competentes para o processo de inventário os cartórios notariais sediados no município do lugar da abertura da sucessão e, aberta a sucessão fora de Portugal, só haveria competência internacional para a habilitação (e já não para o inventário) e apenas quanto aos cartórios do município da situação dos imóveis em Portugal ou, na falta destes, da maioria dos móveis situados em Portugal ou ainda o cartório do domicílio em Portugal do habilitando. Estas regras, apesar da sua revogação pela Lei 117/2019, manter-se-iam aplicáveis, nos termos do art. 11.º, n.º 2, aos processos de inventário pendentes a 01.01.2020 em cartórios notariais. No entanto, como já referimos, no que

residência habitual em Portugal é competente o tribunal da sua última residência habitual em Portugal; em último caso (art. 72.º A, n.º 3), se o falecido tiver nacionalidade portuguesa, e houver bens situados em Portugal será competente o tribunal da situação dos bens imóveis (situando-se estes em circunscrições diferentes, o da maioria desses bens) ou, não havendo imóveis, o tribunal de Lisboa. Sendo o processo de inventário e a habilitação de herdeiros da competência dos cartórios notariais[99], qualquer cartório sediado em Portugal e escolhido pelos interessados será internacionalmente competente, nos termos do art. 1.º, n.º 2, do Regime do Inventário Notarial, desde que exista uma conexão relevante com a partilha estabelecida em função, nomeadamente, do local da abertura da sucessão, da situação da maior parte dos imóveis ou do estabelecimento comercialque integram a herança ou da residência da maioria dos interessados directos na partilha.[100]

d) Sendo a partilha feita em processo de inventário subsequente ao divórcio, separação, declaração de nulidade ou anulabilidade do casamento, e estando pendente o processo em cartório notarial à data da entrada em vigor do Regime do Inventário Notarial (01.01.2020), e tendo sido feito o pedido antes de 29.01.2019, continua a aplicar-se o art. 3.º, n.º 6, do Regime Jurídico do Processo de Inventário, nos termos do

diz respeito à competência internacional dos órgão jurisdicionais portugueses em matéria sucessória (incluindo os cartórios notariais e as Conservatórias do Registo civil, nos termos da informação sobre autoridades competentes constante de https://e-justice.europa.eu/content_succession-380-pt-pt.do?member=1 (consultada a 19.01.2020) o efeito útil destas alterações perdem-se pela aplicação, às sucessões abertas depois de 17 de Agosto de 2015, das regras de competência internacional do Regulamento sobre as Sucessões Internacionais (Regulamento n.º 650/2012).

[99] A competência é concorrente e opcional, nos termos do art. 1083.º, n.º 2, do C.P.C. *ex vi* art. 1.º, n.º 2, do Regime do Inventário Notarial (Lei n.º 117/2019, de 13.09) à excepção dos casos previstos no art. 1083.º, n.º 1, do CPC (na redacção dada pela Lei n.º 117/2019, de 13.09).

[100] Relativamente aos processos de inventário que, na data da entrada em vigor da Lei n.º 117/2019, de 13.09, estejam pendentes nos cartórios notariais e aí prossigam a respetiva tramitação, continua a aplicar-se o Regime Jurídico do Processo de Inventário, aprovado pela Lei n.º 23/2013, de 5 de Março, com as adaptações desta nova lei. Assim, nos termos do art. 3.º, n.º 1 e 5, deste Regime, a competência internacional dos cartórios notariais resulta somente de a sucessão ser aberta em Portugal, admitindo-se que são também competentes para a habilitação de herdeiros quando o falecido tiver bens situados em Portugal e, na sua falta, quando o habilitando tenha domicílio em Portugal.

qual será competente o cartório notarial sediado no município do lugar da casa de morada de família situada em Portugal ou, na falta desta, no da situação dos imóveis ou, na falta destes, no lugar da maior parte dos móveis em todos os casos situados em Portugal[101].

e) Tratando-se de um pedido de anulação ou declaração de nulidade de contrato (fundado, por exemplo, em ilegitimidade conjugal (*vg* art. 1687.º do CC) pode ser seguido o critério geral (e residual)[102] de atribuição de competência territorial que será o do domicílio em Portugal do réu nos termos do art. 80.º do C.P.C..[103]

Também nos termos do art. 62.º, b), é ainda internacionalmente competente o tribunal português (definido segundo os critérios da competência territorial especial que vimos ou, em todo o caso, segundo o critérios geral previsto nos números 1, 2 e 3, do art. 80.º) se o facto que deu origem à acção ocorreu ou foi praticado em Portugal[104] (por exemplo, o contrato de compra e venda celebrado por um dos cônjuges sem o consentimento do outro cônjuge foi celebrado em Portugal).

Se, em todo o caso, existir um pacto de jurisdição escrito ou confirmado por escrito com expressa designação da jurisdição em favor do tribunal português[105] relativamente a situações internacionais e ainda que não tenham conexão com Portugal, o tribunal português presume-se com competência exclusiva na matéria (art. 94.º) salvo se as partes lhe atribuírem competência alternativa. Neste caso, é ainda necessário que a atribuição da competência ao tribunal português decorra de um

[101] Cfr. Luís de Lima Pinheiro, *Direito Internacional Privado*, volume III..., p. 342.

[102] Rui Moura Ramos, "O direito processual civil internacional nas recentes codificações portuguesa e brasileira...", p. 567, nota 23.

[103] Relativamente às acções contratuais instauradas a partir de 10.01.2015 aplicam-se as regras de competência do Regulamento Bruxelas I*bis* (Reg.(UE) n.º 1215/2012, do PE e do Conselho, de 12 de Dezembro de 2012.

[104] Os AA defendem uma interpretação restritiva no sentido de os factos que integram a causa de pedir e que se verificaram em Portugal exprimam uma conexão suficientemente forte com Portugal. Cfr. Luís de Lima Pinheiro, *Direito Internacional Privado*, volume III..., p. 349.

[105] Tratando-se de um pacto de jurisdição em favor de um tribunal estrangeiro não poderá tratar-se de uma situação em que há competência exclusiva dos tribunais portugueses (art. 94.º, n.º 3, d), e art. 63.º); a escolha de foro estrangeiro estará também condicionada à aceitação pela lei do tribunal designado. No texto consideramos a hipótese de escolha do próprio foro português.

interesse sério das partes ou de uma delas e não traga graves inconvenientes para a outra parte e diga respeito a direitos disponíveis.

Por fim, segundo o art. 62.º, c), e para evitar situações de denegação de justiça, se a eficácia da decisão só for alcançada por meio de uma acção intentada em Portugal ou se não for exigível ao Autor intentá-la em país estrangeiro e, em todo o caso, o objecto do litígio tenha com Portugal uma conexão poderosa (real ou pessoal), o tribunal português é internacionalmente competente.

A questão dos regimes de bens pode ainda surgir incidentalmente numa acção de insolvência de pessoa domiciliada em Portugal ou numa acção em que se discutem os direitos reais sobre imóvel em Portugal: nestes casos a competência do tribunal português é *exclusiva* (art. 63.º do Código de Processo Civil) não se reconhecendo qualquer decisão, no âmbito em que se circunscreve a acção, a uma decisão jurisdicional estrangeira proferidas por tribunais que se reputaram competentes à luz das suas regras internas.[106]

b) Reconhecimento e execução de decisões

No Código de Processo Civil português (arts. 978.º a 985.º), foi consagrado um sistema de controlo prévio que faz depender a eficácia, no foro, das sentenças judicias estrangeiras, de um juízo por parte das autoridades judiciárias portuguesas, denominado "revisão e confirmação", que exige a introdução de uma acção própria, destinada a obter a confirmação do julgado estrangeiro: tal acção constitui a condição para a

[106] A competência internacional exclusiva dos tribunais do foro para acção executiva, i.e a circunstância de os tribunais de um Estado apenas serem competentes para a realização de actos de coercção material no seu próprio território e apenas eles o serem (i.e. "são em princípio exclusivamente competentes para a acção executiva os tribunais do Estado onde devam ser praticados os actos de execução", decorre de um princípio de Direito Internacional Público geral: assim, Luís de Lima Pinheiro, *Direito Internacional Privado*, volume III – tomo I. Competência internacional, 3.ª ed. Refundida, Lisboa, AAFDL, 2019, p. 22. Neste sentido, essa exclusividade aplica-se igualmente aos móveis (também Maria João Matias Fernandes, "International jurisdiction under the 2013 Portuguese Civil Procedure Law...", p. 465), não se compreendendo a restrição da d), salvo para incluir na exclusividade os meros actos que autorizam ou ordenam a realização de uma determinada medida de execução em relação a imóveis (assim, Rui Moura Ramos, "O direito processual civil internacional nas recentes codificações portuguesa e brasileira..., p. 584.)

produção no Estado do foro dos respectivos efeitos de acordo com a lei do Estado de origem.[107]

A eficácia produzida pela acção de revisão e confirmação não depende da nacionalidade das partes (art. 978.º, n.º 1) e a acção não é necessária quando a decisão seja invocada em processo pendente em tribunais portugueses como simples meio de prova (art. 978.º, n.º 1).[108]

Nos termos do art. 980.º do C.P.C., são requisitos da confirmação: a inexistência de dúvidas sobre a autenticidade do documento em que a decisão foi vertida e a sua compreensão; o trânsito em julgado da sentença no país de origem; que tenha sido proferida por tribunal competente e cuja competência[109] não fora alcançada por fraude à lei; que não verse sobre matéria da competência exclusiva dos tribunais portugueses; que o réu tenha sido regularmente (nos termos da lei do país do tribunal de origem) citado para a acção e que no processo tenham sido respeitados os princípios do contraditório e igualdade das partes[110] e, por último, que o reconhecimento não conduza a um resultado que viole a reserva de OPI do Estado português.

A invocação da OPI numa situação a reconhecer (se for esse o caso, i.e, se do reconhecimento não houver a constituição de um estado, como pode suceder em matéria de filiação) conhece as restrições habituais da atenuação do seu efeito, o que de algum modo vem a ser contrariado pela solução do art. 983.º, n.º 2, que apresenta, como fundamento de impugnação do pedido de revisão e confirmação (e apara além da falta dos requisitos referidos do art. 980.º ou dos especiais previstos nas alíneas a), c) e g), do art. 696.º do C.P.C.), a circunstância de o resul-

[107] Cfr. Rui Moura Ramos, "O direito processual civil internacional nas recentes codificações portuguesa e brasileira...", p. 591.

[108] Sobre a interpretação e possível alargamento a outras situações desta norma, defendida pela doutrina portuguesa maioritária, cfr. Rui Moura Ramos, "O direito processual civil internacional nas recentes codificações portuguesa e brasileira...", p. 594 e nota 111.

[109] Competência esta que decorre do seu próprio sistema e regras de competência internacional (unilateralidade atenuada), à excepção dos casos em que o tribunal português se reputa exclusivamente ou em que haja atribuição de competência a jurisdições exorbitantes. Assim, Rui Moura Ramos, "O direito processual civil internacional nas recentes codificações portuguesa e brasileira...", p. 602.

[110] Ou seja, a ordem pública processual, o *due process of law* (assim, Rui Moura Ramos, "O direito processual civil internacional nas recentes codificações portuguesa e brasileira...", p. 604).

tadoda acção poder ter sido mais favorável se à pessoa singular ou colectiva portuguesa, o tribunal estrangeiro tivesse aplicado o direito material português que era aplicável nos termos das regras de conflitos portuguesas.

Ao contrário do que sucede no âmbito do Regulamento 2016/1103 (art. 17.º), no direito português e nos termos do art. 580.º, n.º 3, do C.P.C., a litispendência é irrelevante tratando-se de pendência de causa perante jurisdição estrangeira. No entanto, em sede de revisão e confirmação de sentença estrangeira, o art. 978.º, d), determina a *conditio iuris* de não se convocar a excepção de litispendência (ou caso julgado) com fundamento em causa afecta a tribunal português *excepto se foi o tribunal estrangeiro que preveniu a jusrisdição.* Por outras palavras, a sentença estrangeira não pode ser confirmada se houver repetição da causa em tribunal estrangeiro; nesse sentido a litispendência estrangeira tem relevância no direito português em sede de reconhecimento de sentenças estrangeiras.[111]

No que respeita à execução de sentenças estrangeiras, o art. 706.º do CPC sujeita-as a revisão e confirmação, apenas isentando os títulos exarados em país estrangeiro.

c) *Lei aplicável*

1. *Regime primário e regime de bens em sentido estrito*

No direito comum[112], a lei aplicável aos efeitos patrimoniais dos casamentos internacionais resulta das soluções dos arts. 52.º, 53.º e 54.º do Código Civil.

[111] Assim concluindo, Rui Moura Ramos, "O direito processual civil internacional nas recentes codificações portuguesa e brasileira...", p. 588.

[112] No plano do direito convencional, a matéria dos efeitos do casamento foi regulada pela Convenção da Haia de 17.7.1905 (cfr. o referido texto em António Ferrer Correia e F. A. Ferreira Pinto, *Direito internacional privado:leis e projectos de leis: convenções internacionais*, Coimbra, Almedina, 1988, pp. 303 e ss; sobre a Convenção, cfr. ainda Álvaro Machado Vilela, *Tratado elementar teórico e prático de Direito Internacional Privado*, Livro II – Aplicações, Coimbra, Coimbra Editora, 1922, pp. 486-532), concernente aos conflitos de leis relativos aos efeitos do casamento sobre os direitos e deveres dos cônjuges nas suas relações pessoais e sobre os bens dos cônjuges e fazem dela parte Portugal, a Itália e a Roménia apesar da evidente inconstitucionalidade das suas soluções que determinam a aplicação ao regime de bens da lei nacional do maridoao tempo do casamento. No sentido de que a Convenção

O art. 52.º do CC determina a lei aplicável às "relações entre os cônjuges", i.e. as relações pessoais e patrimoniais entre os cônjuges, excepto a substância e os efeitos da convenção antenupcial e os regimes de bens, legais ou convencionais, questão que é regulada pelo art. 53.º.[113]

Pertencem assim ao âmbito de aplicação da lei designada pelo art. 52.º todas as regras que regulam as relações patrimoniais entre os cônjuges desde que *não* estejam dependentes de um determinado regime de bens ou que limitem a liberdade de estipulação de regimes de bens (*v.g.* arts. 1718.º, 1720.º, 1699.º, n.º 2), para as quais já será competente a lei designada pelo art. 53.º.

deveria ser denunciada pelas mesmas razões, cfr. Luís de Lima Pinheiro, *Direito Internacional Privado,* vol. II. Direito de Conflitos. Parte Especial, 4.ª ed., Coimbra, Almedina, 2015, p. 651 e Rui Moura Ramos *in* Coelho, Pereira e Oliveira, Guilherme de, *Curso de Direito da Família,* Vol. I. Introdução. Direito Matrimonial, 5.ª ed., Coimbra, IUC, 2016, p. 844. No que diz respeito à obrigação de alimentos entre cônjuges (questão não tratada neste texto), aplica-se em Portugal a Convenção da Haia de 2.10.1973 sobre a lei aplicável às obrigações alimentares, a Convenção da Haia de 2.10.1973 sobre o reconhecimento e execução de decisões relativas a obrigações alimentares e ainda o Regulamento (CE) n.º 4/2009, do Conselho, de 18 de Dezembro de 2008, relativo à competência, à lei aplicável, ao reconhecimento e à execução de decisões e à cooperação em matéria de obrigações alimentares que só não prevalecerá sobre as Convenções referidas no que diz respeito à sua aplicação nas relações com Estados terceiros a elas vinculados. Sobre estes instrumentos, cfr. Rui Moura Ramos *in* Coelho, Pereira e Oliveira, Guilherme de, *Curso de Direito da Família,* Vol. I. Introdução. Direito Matrimonial, 5.ª ed., Coimbra, IUC, 2016, pp. 844-852 e "As Obrigações Alimentares no Direito Internacional Privado da União Europeia" in *Estudos de Direito Internacional Privado da União Europeia,* Coimbra, IUC, 2016, pp. 145-183 e extensa bibliografia aí citada.

[113] Cfr. Pires de Lima e Antunes Varela, *Código civil anotado,* vol.I, Coimbra, Coimbra Editora, 4.ª ed., 1987, p. 86, João Baptista Machado, *Lições de direito internacional privado,* Coimbra, Almedina, 3.ª ed., 1992, pp. 409-10, Rui Moura Ramos *in* Coelho, Pereira e Oliveira, Guilherme de, *Curso de Direito da Família,* Vol. I. Introdução. Direito Matrimonial, 5.ª ed., Coimbra, IUC, 2016, p. 837, Luís de Lima Pinheiro, *Direito Internacional Privado,* vol. II. Direito de Conflitos. Parte Especial., 4.ª ed., Coimbra, Almedina, 2015, p. 654, António Marques dos Santos, *Direito Internacional Privado: sumários,* Lisboa, AAFDL, 1987, p. 299, José CunhalSendim, "Notas sobre o princípio da conexão mais estreita no Direito Internacional Privado Matrimonial Português", *Direito e Justiça,* pp. 136 e ss., António Frada de Sousa e Maria Rita Lobo Xavier, – *Study on matrimonial property regimes and the property of unmarried couples in private international and internal law (National Report/Portugal),* Consortium Asser – UCL, 2003, p. 45 e Rui Moura Ramos, *Direito internacional privado: relatório sobre o programa, conteúdos e métodos de ensino da disciplina,* Coimbra, 2000, pp. 39-40.

No conceito-quadro do art. 52.º incluimos, assim, as matérias sobre a administração de bens, os poderes de disposição sobre os bens – nomeadamente as regras que estabelecem, nesse domínio, ilegitimidades conjugais ou a necessidade do consentimento mútuo conjugal –, as regras sobre as dívidas conjugais, as regras sobre a imprescritibilidade das dívidas entre os cônjuges, desde que, em qualquer caso, tais regras não dependam directa ou indirectamente de um determinado regime de bens específico, legal ou convencional.

Isto significa que relativamente aos cônjuges portugueses, por exemplo, e dado que o art. 52.º manda aplicar a lei nacional comum, as relações patrimoniais entre eles serão, em princípio, reguladas por muitas[114] das regras estabelecidas nos arts. 1672.º a 1716.º do Código Civil.

A diferença ao nível da estatuição dos arts. 52.º e 53.º[115] e da conexão presente nas duas regras de conflitos, prende-se essencialmente, pelo menos no que às primeiras conexões (nacionalidade e residência habitual comuns) diz respeito, com o seu carácter fixo, no caso do art. 53.º e da lei reguladora dos regimes de bens, ou móvel, no caso do art. 52.º. No primeiro caso, a imobilização da determinação da nacionalidade comum dos cônjuges ou da sua residência habitual comum, ao tempo da celebração do casamento, evidencia uma preocupação com as expectativas das partes e com a estabilidade do seu estatuto patrimonial que casa bem com matérias de pendor convencional como as que definem um concreto regime de bens, seja ele um regime escolhido pelas partes seja porque a este regime aderiram enquanto regime supletivo; no âmbito do conceito-quadro do art. 52.º, situar-se-iam, residualmente, as regras de

[114] Mas não todas, como demonstraremos *infra*.

[115] A bidimensionalidade das regras de direito internacional privado em matéria de efeitos patrimoniais do casamento não está isenta de dúvidas e dificuldades de interpretação e delimitação como expusemos, alongadamente, em Helena Mota, *Os efeitos patrimoniais do casamento em direito internacional privado – em especial, o regime matrimonial primário*, Coimbra, WoltersKluwer-Coimbra Editora, 2012, "A lei aplicável à modificação do regime de bens. Anotação ao Acórdão do STJ de 12.09.2006.", in *RFDUP*, ano VIII, Coimbra, Coimbra Editora, 2011, pp. 303-314 e no "Texto que serviu de base à apresentação oral da tese de doutoramento com o título Os efeitos patrimoniais do casamento em direito internacional privado – em especial, o regime matrimonial primário, em provas públicas realizadas na FDUP no dia 15 de Outubro de 2010", *in RFDUP*, ano IX, Coimbra, Coimbra Editora, 2012 (pp. 513-522). No texto resumiremos alguns desses problemas.

regime primário do casamento, para o qual a vontade dos cônjuges não pode concorrer e às quais calharia bem uma conexão pessoal móvel[116].

Mas a questão está longe de ser simples.

No direito português, por exemplo, encontramos muitas regras – sobre a administração dos bens conjugais, que criam verdadeiras ilegitimidades conjugais limitando os cônjuges nos seus poderes de disposição (*v.g.* alienação, oneração, constituição de direitos pessoais de gozo, sobre bens próprios ou comuns), ou sobre a comunicabilidade de certas dívidas assumidas pelos cônjuges –, as quais, não estando limitadas *directamente*, na letra da sua previsão, à aplicação num ou noutro regime de bens (e que, portanto, segundo o critério delimitador enunciado, de generalidade e imperatividade, seriam normas de regime primário), acabam por estar na sua dependência porque se referem a bens próprios ou bens comuns e, para a identificação destes, já é necessária a prévia definição do regime de bens.

Parece inquestionável que estas soluções jurídicas devem ser conhecidas e avaliadas pelos cônjuges na programação do regime económico do seu casamento e os poderes que elas garantem ou subtraem devem ser repensados, ao mesmo tempo que definem, através do regime de bens, a titularidade dos mesmos.

Veja-se, a título de exemplo, o art. 1678.º, n.º 2, c), do CC: o poder de administração exclusivo aí garantido a um dos cônjuges só se efectivará no regime de comunhão de geral de bens ou numa comunhão atípica pois, nos restantes regimes, os bens aí referidos são próprios e não comuns; assim como nas hipóteses dos arts. 1691.º, n.º 1, e), e 1693.º, n.º 2, em que a comunicabilidade das dívidas sobre doações, heranças ou legados só abrangerá os bens que se tornarão comuns pelo regime de bens adoptado pelos cônjuges; em qualquer caso, à decisão dos cônjuges sobre qual será o seu regime de bens não é indiferente a aplicação destas regras e a sua previsão poderá condicionar a escolha mais bem informada deste.

[116] Assim, João Baptista Machado, *Lições de direito internacional privado*, Coimbra, Almedina, 3.ª ed., 1992, pp. 408, Rui Moura Ramos *in* Coelho, Pereira e Oliveira, Guilherme de, *Curso de Direito da Família*, Vol. I. Introdução. Direito Matrimonial, 5.ª ed., Coimbra, IUC, 2016, p. 838, Luís de Lima Pinheiro, *Direito Internacional Privado*, vol. II. Direito de Conflitos. Parte Especial., 4.ª ed., Coimbra, Almedina, 2015, p. 655.

Assim, o critério de delimitação entre a previsão do art. 52.º e a do art. 53.º é um pouco mais complexo e passa pela distinção entre, por um lado, as normas materiais pertinentes à definição dos direitos dos cônjuges sobre o seu património e sobre a sua organização (normas que resolvem, nos ordenamentos a que pertencem, a questão jurídica enunciada no art. 53.º) e, por outro lado, as que não estão nem dependentes de qualquer regime de bens e são relativamente neutras para o seu funcionamento, organização e planeamento (art. 52.º).

Concretizando: no âmbito do art. 53.º cabem: a) regras que definem a titularidade dos bens e o seu destino após a dissolução do casamento, independentemente das normas sucessórias; b) normas sobre gestão, administração e poderes de disposição dos bens e sobre as dívidas aplicáveis a determinado casamento *dependendo do específico regime de bens;* c) normas que estabeleçam o regime da responsabilidade dos bens de cada cônjuge (conjunção ou solidariedade); d) normas que concorrem efectivamente para a conformação desse regime.

Resulta deste critério que regras do direito matrimonial português haverá que sendo gerais e imperativas devem ser reconduzidas ao art. 53.º – *seria* o caso do princípio da imutabilidade (art. 1714.º) na medida em que da imodificabilidade de um regime poderá depender a opção, em concreto, dos cônjuges por este ou aquele regime; no entanto, como veremos, o art. 54.º desmente este critério de qualificação ao reconduzir expressamente a questão da modificação dos regimes de bens para o âmbito do art. 52.º, o que nos parece criticável[117]; será também o caso da existência de um acervo determinado de bens incomunicáveis (art. 1733.º) dos quais depende não só o estado concreto do património conjugal, mas também a informação sobre a decisão de optar poor qualquer regime matrimonial, típico ou atípico.

[117] Críticas que tivemos oportunidade de expor com mais desenvolvimentos em Helena Mota, *Os efeitos patrimoniais do casamento em direito internacional privado – em especial, o regime matrimonial primário*, Coimbra, Wolters Kluwer – Coimbra Editora, 2012. Também colocando dúvidas a esta solução, do ponto de vista político-jurídico, atendendo às legítimas expectativas dos cônjuges formadas no momento da celebração do casamento, relativamente à mutabilidade ou imutabilidade dos regimes de bens, cfr. Luís de Lima Pinheiro, *Direito Internacional Privado*, vol. II. Direito de Conflitos. Parte Especial., 4.ª ed., Coimbra, Almedina, 2015, p. 657.

Preceitos como o art. 1691.º, n.º 1, d), norma imperativa que regula um efeito patrimonial do casamento, está incluída no âmbito da lei aplicável pelo art. 53.º uma vez que diz respeito a um particular regime de bens – a comunhão geral de bens.

Regras como a do art. 1720.º ou do art. 1699.º, n.º 2, pese o seu carácter imperativo, não oferecem dúvidas sobre a sua inclusão no âmbito do art. 53.º, uma vez que determinam em concreto o regime de bens dos que casam com mais de 60 anos ou que celebram um casamento urgente ou limitam a possibilidade, para os cônjuges com filhos não comuns (aqui numa interpretação restritiva), de estipularem o regime de comunhão geral de bens ou a comunicabilidade dos bens próprios na comunhão de adquiridos.

Já no regime matrimonial primário, e no âmbito de aplicação do art. 52.º do CC, este sim de carácter residual, caberiam todas as outras normas de direito matrimonial com feição patrimonial e as que se destinem, a título principal, a regular as relações patrimoniais entre os cônjuges, dotadas sempre de generalidade e imperatividade, não dependendo nem *directa* nem *indirectamente* da prévia definição do regime de bens concretamente aplicável: as normas sobre a administração de bens (arts. 1678.º, n.º 2, d), 1679.º, 1680.º, 1681.º), sobre ilegitimidades conjugais (arts. 1682.º, n.º 2 e n.º 3, a), 1682.º-A n.º 2 (sem prejuízo quanto a esta da sua possível qualificação como norma de aplicação imediata), 1682.º-B, 1683.º, n.º 1, 1684.º), as dívidas conjugais (arts. 1690.º, 1691.º, n.º 1 a), b), c), 1692.º, a) e b), 1693.º, n.º 1), a regra sobre a prescrição entre cônjuges (art. 318.º, a)).

Donde a questão jurídica enunciada no art. 52.º do CC ser a de saber qual o regime dos efeitos pessoais do casamento e dos efeitos patrimoniais que não estejam dependentes de um qualquer regime de bens – o chamado regime matrimonial primário –, na medida em que apenas este tipo de efeitos apresenta alguma coerência lógica apreciável, alguma univocidade nas suas características e funções que lhes permitam receber, acolher, uma determinada conexão – a lei pessoal móvel. Mas o mesmo não acontece com determinados efeitos patrimoniais imperativos que são indissociáveis de um concreto regime de bens ou que, de todo o modo, lhes garantem o seu contorno e definem o seu conteúdo, porque a sua aplicação depende da prévia definição desse regime e está, portanto, ligada à vontade dos cônjuges e às suas expectativas.

Estes necessitam de uma outra conexão como, no caso do art. 53.º, a conexão pessoal imobilizada. No direito português, podemos tomar como exemplos das normas referidas o art. 1733.º, o art. 1720.º, o art. 1691.º, n.º 2, o art. 1694.º, o art. 1697.º, o art. 1682.º-A, n.º 1: todas elas respondem à questão enunciada no art. 53.º e convém-lhes uma conexão que respeita a vontade das partes.

Dispõe então o art. 52.º do Código Civil que:

> *"1. Salvo o disposto no artigo seguinte, as relações entre os cônjuges são reguladas pela lei nacional comum.*
> *2. Não tendo os cônjuges a mesma nacionalidade, é aplicável a lei da sua residência habitual comum, e, na falta desta, a lei do país com o qual a vida familiar se ache mais estreitamente conexa."*

O art. 52.º, n.º 1, determina, então, para o círculo de matérias referidas no seu conceito-quadro, ou melhor, para as questões jurídicas aí enunciadas, a aplicação, em primeira linha, da lei nacional[118] [119] comum.

Se os cônjuges possuírem duas nacionalidades comuns (por hipótese A e B, luso-brasileiros) o conflito positivo de nacionalidades terá de ser resolvido por recurso aos arts. 27.º e 28.º da Lei da Nacionalidade. Neste caso, nos termos do art. 27.º, seria aplicável a lei portuguesa; se, no entanto, A é luso-brasileiro e B tem apenas a nacionalidade brasileira poder-se-ia duvidar da existência de uma nacionalidade comum (a brasileira) se, perante o conflito de nacionalidades, fosse prévia a sua resolução, nos termos do art. 27.º da Lei da Nacionalidade, em favor da

[118] Sobre os problemas da aplicação desta conexão decorrentes dos conflitos positivos de nacionalidades, destacamos, entre nós, RUI MOURA RAMOS, *Do direito português da nacionalidade,* Coimbra, Coimbra Editora, 1992 e ANTÓNIO MARQUES DOS SANTOS, *Estudos de direito da nacionalidade,* Coimbra, Almedina, 1998 e, no domínio da anterior Lei da Nacionalidade, ISABEL DE MAGALHÃES COLLAÇO, *Direito Internacional Privado: problemas especiais de interpretação e aplicação da norma de conflitos – A conexão,* polic., Lisboa, AAFDL, 1968.

[119] Sobre o estatuto pessoal e a opção entre a aplicação da lei da nacionalidade e da residência habitual, cfr., entre nós, NUNO ASCENÇÃO SILVA, "Do estatuto pessoal – unidade e dispersão (Algumas notas a propósito da comemoração dos 35 anos do Código Civil)", in *Comemorações dos 35 anos do Código Civil e dos 25 anos da Reforma de 1977,* Coimbra, Coimbra Editora, vol. 1, 2004, pp. 549-649, ANTÓNIO MARQUES DOS SANTOS, "Quem manda mais – a residência ou a nacionalidade?" in *Estudos de Direito Internacional Privado e de Direito Público,* Coimbra, Almedina, 2004, pp. 79-93, DÁRIO MOURA VICENTE, "Lei pessoal das pessoas singulares" in *Direito Internacional Privado: Ensaios,* vol. I, Coimbra, Almedina, 2002, pp. 61-85.

nacionalidade portuguesa de A, no que resultaria o recurso à lei da residência habitual comum dos cônjuges (art. 52.º, n.º 2, 1.ª parte) uma vez que A e B não teriam nacionalidade comum. Pensamos que esta solução seria, no entanto, contrária ao espírito da regra de conflitos que dá prioridade à nacionalidade, numa escala subsidiária, em detrimento da residência habitual e entendemos que há, no caso, uma nacionalidade comum, que é a brasileira, sendo esta a lei reguladora dos efeitos patrimoniais do casamento referidos no art. 52.º do CC.

Na falta de lei nacional comum, o n.º 2 do art. 52.º determina a aplicação da lei da residência habitual comum.

O conceito de residência habitual, não estando definido legalmente, tem relevo jurídico (art. 82.º) mas no nosso ordenamento corresponde ao uma noção de facto inspirada numa ideia de "base de vida" ou "centro de vida" e de "estabilidade" ou "efectividade", critérios densificadores da factualidade apurada no caso concreto.[120]

[120] Assim vemos JOÃO CASTRO MENDES, *Teoria Geral do Direito Civil*, Lisboa, AAFDL, 1997, p. 204, que define residência como o "sítio preparado para servir de base de vida a uma pessoa singular". Nos mesmos termos a qualifica LUÍS CARVALHO FERNANDES, *Teoria Geral do Direito Civil*, 1.º vol, Lisboa, UCP, 3.ª ed., pp. 380-382 dizendo que a residência é o "local onde a pessoa tem a sua existência organizada e que, como tal, lhe serve de base de vida". Tal como na definição do domicílio, nos termos do art. 82.º do CC, também na aplicação das regras de conflitos, nomeadamente o art. 52.º e 53.º, é útil a distinção entre residência habitual e ocasional. A mesma ideia de estabilidade está presente quando se torna necessário afirmar a existência de mais do que uma residência habitual e averiguar se alguma delas deixa de ser habitual (apesar de alternativa) para ser meramente ocasional. Vemos a esse propósito o parecer de INOCÊNCIO GALVÃO TELLES, "Resolução do contrato de arrendamento/ Residência permanente, residências alternadas e residência ocasional", *CJ*, XIV (1989) 2, 31-35: "se uma dessas residência (alternadas) passa a ser "ocasional", ou seja, se só é utilizada ocasionalmente, de tempos a tempos, por exemplo em alguns fins-de-semana ou em férias escolares, deixou de haver residências alternadas – quando uma pessoa tem uma pluralidade de residências mas cada uma delas permanente e habitual: centro doméstico, onde habita estavelmente, embora não exclusivamente –." A questão era pertinente na apreciação da factualidade que esteve na base do Ac. STJ de 12.09.2006 (*http://www.dgsi.pt/*) mas o Tribunal entendeu que não era possível concretizar o elemento de conexão e aplicou a lei pessoal do marido (art. 52.º, n.º 2, versão de 1966). Nos autos, o casal de nacionalidade alemã e portuguesa residia na Alemanha ao tempo da alteração do regime de bens cuja validade era questionada, mas mantinham uma residência em Portugal, razão pela qual o tribunal recorrido (tal como a 1.ª instância e depois o Supremo) considerou que "a factualidade apurada não é inequívoca no que tange à residência habitual do casal na data em que convencionam a alteração do regime de bens".

Já a última parte do n.º 2 do art. 52.º resulta das alterações ao Código Civil introduzidas pela Reforma de 77 que modificou a redacção dos arts. 52.º e 53.º, eliminado a aplicação da lei nacional do marido e substituindo-a, no primeiro caso, pela lei do país com o qual a vida familiar se ache mais estreitamente conexa e, no segundo caso, com a lei da primeira residência conjugal.

Os arts. 52.º e 53.º foram alterados na Reforma de 1977 para adequação à Constituição da República Portuguesa de 1976. Apesar da concepção clássica das regras de conflitos como formais e neutras do ponto de vista axiológico e material, não deixava de constituir violação do princípio da igualdade no casamento, postulado no art. 36.º da Constituição, a aplicação desta lei uma vez que não é uma solução igual e equidistante às partes e é aplicável a lei que defende as expectativas somente do marido, que apenas ele conhece e que só ele poderá mudar.

No caso do art. 52.º, a alteração fez-se em favor da "lei do país com o qual a vida familiar se ache mais estreitamente conexa" consubstanciando uma tendência em DIP de flexibilização das regras de conflitos e que conheceu inúmeras variantes.[121]

De facto, a introdução, no DIP matrimonial português de um conceito indeterminado como o presente no art. 52.º, n.º 2 (que também será aplicável *ex vi* art. 54.º, n.º 1, à modificação dos regimes de bens) foi, por um lado, pioneira e, por outro, alvo de críticas.[122]

No caso da solução do art. 52.º, n.º 2, ela surge subsidiariamente, orientando o órgão de aplicação do direito na escolha da lei aplicável, mas só depois de constatar a impossibilidade de concretização das duas

[121] Seguindo a lição de Marques dos Santos (*Direito Internacional Privado: lições*, Lisboa, AAFDL, 2001, p. 198), as correcções ao método conflitual podem revelar-se de duas formas distintas: a mera flexibilização do método conflitual, um aperfeiçoamento do sistema dentro do próprio sistema, ou uma verdadeira alternativa metodológica. Neste segundo caso, envereda-se por uma via substancialista, dirigida por critérios não formais e comprometida com os resultados concretos da aplicação das leis às situações privadas internacionais: aí encontramos as normas materiais de DIP e as normas de aplicação imediata. No primeiro, a regra de conflitos dotada de todas as suas características estruturais e funcionais continua a ter como primado a ideia de *localização.*

[122] Cfr. António Ferrer Correia,"DireitoInternacional Privado Matrimonial (Direito Português)" *in Temas de Direito Comercial e Direito Internacional Privado*, Coimbra, Almedina, 1989, pp. 357 e ss., em especial a p. 361, e "A revisão do Código Civil e o DIP" *in Estudos vários de Direito...*, p. 293.

primeiras conexões indicadas na norma: a lei da nacionalidade comum e a lei da residência habitual comum. Esta especificidade[123] conduziu a interpretações várias, entre as quais se destaca a sua qualificação como uma cláusula de excepção implícita[124].

A concretização no tempo destas conexões móveis suscita um problema de conflito móvel e de sucessão de estatutos que resultaria da aplicação da lei da (nova) nacionalidade ou da (nova) residência habitual no quadro da mesma regra de conflitos, ou seja, independentemente de a regra de conflitos ter sido alterada ou não. Caberá então ao intérprete resolvê-lo, determinando a coordenada temporal de concretização do elemento de conexão que corresponderá ao momento da verificação dos factos (constitutivos, modificativos, extintivos) das situações que estejam em causa[125].

[123] A distinção é feita por António Ferrer Correia ("DireitoInternacional Privado Matrimonial (Direito Português)" *in Temas de Direito Comercial e Direito Internacional Privado...*, pp. 358-360), confrontando-a com outras manifestações do mesmo princípio em que também se recorre a semelhante conceito indeterminado.

[124] Neste sentido, cfr. José Cunhal Sendim, "Notas sobre o princípio da conexão mais estreita...", pp. 349 e ss. O Autor defende a existência de uma cláusula de excepção implícita que é um mecanismo rigorosamente excepcional que só intervém quando se demonstra, no caso concreto, que a conexão que traduz a ligação com a vida familiar é "*mais estreita que a ligação estreita* pressuposta nas conexões *lex patriae comunis* e *lex domicilii comunis* (n.º 1 e n.º 2 do art. 52.º). A sua tese passa pela interpretação restritiva do art. 52.º fundamentada na existência de uma lacuna teleológica que tem de ser colmatada e que consiste na não consideração dos casos em que os pontos de contacto dos factos em apreciação e os ordenamentos jurídicos da nacionalidade comum ou da residência habitual comum são muito ténues e a permissão de recurso, nessas situações, à conexão referida na parte final do art. 52.º, apesar de a concretização dos primeiros elementos ser possível. O Autor admite, no entanto, que este mecanismo de colmatação de lacunas não é possível nas matérias patrimoniais onde a segurança e previsibilidade são valores incontornáveis, o que questionará da sua admissibilidade em matérias situadas no âmbito do art. 52.º mas com natureza patrimonial, como é o caso das regras de regime matrimonial primário. Admitindo também o poder reconhecido, pelo art. 52.º, n.º 2, *in fine*, ao juiz de concretizar o princípio geral da conexão mais estreita mesmo no caso de existir uma nacionalidade ou residência habitual comum dos cônjuges, cfr. Rui Moura Ramos *in* Coelho, Pereira e Oliveira, Guilherme de, *Curso de Direito da Família,...*, *cit.*, p. 842. Em sentido contrário, por não encontrar apoio no texto da lei, cfr. Luís de Lima Pinheiro, *Direito Internacional Privado*, vol. II..., *cit.*, p. 653, nota 1588.

[125] Assim, Luís de Lima Pinheiro, *Direito Internacional Privado*, vol. II..., *cit.*, p. 653. Cfr. ainda Isabel Magalhães Collaço, *Lições de Direito Internacional Privado*, 1.ª parte do Volume II (Curso Jurídico de 1966-67), Lisboa, AAFDL, 1984, p. 63 e Ferrer Correia, *Lições de Direito Internacional Privado*, I, Coimbra, Almedina, 2000, p. 193 e ss: "O conflito móvel é con-

Assim, embora o art. 52.º do CC português determine a aplicação da lei nacional dos cônjuges aos efeitos pessoais ou ao regime matrimonial primário do seu casamento, podendo aqueles quedarem-se ao abrigo de lei diferente se mudarem de nacionalidade, nada impede o próprio intérprete e aplicador do direito de considerar um momento relevante, na constância do casamento, para concretizar o elemento de conexão – o momento da venda sem consentimento da casa de morada de família, por exemplo – e essa lei pode ser (ainda) a mesma que era aplicável ao tempo da celebração do casamento, embora diferente da actual[126].

Dispõe, por seu turno, o art. 53.º que:

> *"1. A substância e efeitos das convenções antenupciais e do regime de bens, legal ou convencional, são definidas pela lei nacional dos nubentes ao tempo da celebração do casamento.*
>
> *2. Não tendo os nubentes a mesma nacionalidade é aplicável a lei da sua residência habitual comum à data do casamento e, se esta faltar também, a lei da primeira residência conjugal.*

ceitualmente um conflito de leis no espaço e não um conflito de leis no tempo. Não se trata... de um fenómeno de dinâmica legislativa, mas da "movimentação" de uma relação jurídica através de espaços em que imperam diferente soberanias e diferentes sistemas de direito privado. A opção a tomar (....) é (...) entre duas leis ambas vigentes em Estados distintos". Sobre os problemas de aplicação no tempo das regras de conflitos no âmbito dos efeitos patrimoniais do casamento, em especial, os provocados pelas alterações da Reforma de 77 e pelo novo quadro constitucional de 1976, cfr. Helena Mota, "A aplicação no tempo da regra de conflitos sobre o regime de bens e o controlo da sua (in)constitucionalidade. Breve reflexão a propósito de alguma jurisprudência recente" in *Estudos em memória do Prof. Doutor António Marques dos Santos,* I, Coimbra, Almedina, 2005, pp. 239-262 e "A Constituição e o Direito Internacional Privado da família nas jurisprudências portuguesa e espanhola. Diferenças e semelhanças" *in Para Jorge Leite. Escritos Jurídicos.,* [João Reis, Leal Amado, Liberal Fernandes, Regina Redinha (coord.)], vol. II, Coimbra, Coimbra Editora, 2014, pp. 443-467.

[126] Cfr. Ferrer Correia, *Lições de Direito Internacional Privado,* I, Coimbra, Almedina, 2000, pp. 194-8: "quando o legislador não o soluciona directamente (art. 29.º do CC), o problema do conflito móvel deve resolver-se em face de cada norma de conflitos singular...tendo em conta as razões que estão na base da escolha do elemento de conexão que ela indica... (no âmbito do estatuto pessoal – matrimonial – dado o carácter voluntário de adesão a uma nova comunidade nacional (mudança de nacionalidade ou de domicílio) deve entender-se que a actual lei pessoal é aplicável à constituição de relações novas (relações entre os cônjuges – art. 52.º). Também Isabel Magalhães Collaço, *Lições...,* p. 65, defende, apesar de não concretizar, que "o tratamento (desta questão) caberá melhor no quadro da teoria especial de interpretação e aplicação da norma de conflitos, a respeito do elemento de conexão, ou ainda a propósito de cada norma de conflitos que recorrer a um elemento de conexão de conteúdo variável.

3. Se for estrangeira a lei aplicável e um dos nubentes tiver a sua residência habitual em território português, pode ser convencionado um dos regimes admitidos neste código".

Deste modo e como já foi justificado, o art. 53.º manda aplicar à substância e efeitos das convenções antenupciais e aos regimes de bens, legais ou convencionais, a lei da nacionalidade comum dos cônjuges *ao tempo do casamento* e, na falta desta, o n.º 2 remete para a lei da residência habitual comum *à mesma data* e, se esta faltar também, para a lei da *primeira residência conjugal.*[127]

A parte final do art. 53.º, n.º 2, foi objecto de alteração na Reforma de 77, substituindo-se a aplicação da lei nacional do marido ao tempo da celebração do casamento pela lei da primeira residência conjugal[128]

[127] A imobilização no tempo da conexão do art. 53.º é consensualmente entendida (cfr. nota 116) como uma forma de proteger, nesta matéria de índole exclusivamente patrimonial, as legítimas expectativas das partes que não podem ser surpreendidas com uma lei com a qual não podiam legitimamente contar. Mas a questão não é tão linear quanto possa parecer, e virá, como veremos *infra* nota 230 a ser discutida no Direito Internacional Privado da União Europeia: à evidência de que a sucessão de estatutos pode surpreender as partes e prejudicar as expectativas criadas (sobre qual é o estatuto patrimonial do seu casamento, especialmente se existiu convenção antenupcial e o regime de bens, nos limites da lei imperativamente aplicada, foi "construído" pelos próprios cônjuges), opõe-se a ideia segundo a qual a imobilização não permite às partes adaptarem a sua situação patrimonial às novas condições de vida que vão adquirindo através da mudança de nacionalidade ou de residência habitual, especialmente num sistema, como o interno, avesso à ideia de autonomia conflitual no seio das relações familiares internacionais.

[128] Assim, Pires de Lima e Antunes Varela, *Código Civil Anotado,* I, Coimbra, Coimbra Editora, p. 89: "se os cônjuges forem um francês e uma alemã, com residência habitual em países diferentes, mas que viveram acidentalmente no México quando casaram, a lei definidora do seu regime de bens...será a lei mexicana". Pensamos que esta residência conjugal terá, em qualquer caso, de tratar-se de uma residência em que o casal tenha organizado a sua vida, ainda que ocasionalmente, e não um mero "paradeiro" temporário como o destino da lua de mel (assim, Luís de Lima Pinheiro, *Direito Internacional Privado,* vol. II...., *cit.*, p. 654). Para Rui Moura Ramos *in* Coelho, Pereira e Oliveira, Guilherme de, *Curso de Direito da Família,...,* cit., p. 840, o legislador implicitamente assumiu que uma residência conjugal viria a ser estabelecida. Tal assumpção permite admitir uma residência projectada nas situações limite em que o casamento, por exemplo, termina muito prematuramente não chegando a haver residência em comum: imagine-se o caso de o casamento se dissolver por morte antes de os cônjuges adoptarem uma residência conjugal. Não parece razoável que o lugar da lua-de-mel possa ser considerado "residência conjugal" para efeitos desta norma. Terá de aplicar-se a residência conjugal projectada. Ou, no limite, o lugar da celebração do casamento.

que se tratando de uma conexão imóvel impede igualmente a sucessão de estatutos.

O n.º 3 do art. 53.º do Código Civil apresenta uma solução que é interpretada por alguns autores[129] como uma manifestação da autonomia conflitual, ainda que limitada: quando, por força dos n.ºs 1 e 2 do art. 53.º, for aplicável uma lei estrangeira e um dos nubentes tiver residência habitual em Portugal, podem as partes convencionar um dos regimes previstos no direito material português. Assim, a escolha está limitada não só à lei portuguesa como, materialmente, a um dos regimes-tipo dos arts. 1721.º a 1736.º do Código Civil. Além disso, esta possibilidade está circunscrita à eventualidade de um dos nubentes ter residência habitual em Portugal.

Para afirmar tal visão autonomista do art. 53.º, n.º 3, do CC, teremos de aceitar que esta escolha se faz apesar ou contra a lei considerada competente pela mesma regra de conflitos. Isto é, se a lei estrangeira contiver normas imperativas que proíbam, por hipótese, o regime da comunhão de bens, os cônjuges poderão, ainda assim, escolher este regime. Então, a escolha de lei fundar-se-á na própria regra de conflitos (art. 53.º, n.º 3) quando a lei aplicável é a que resulta do art. 53.º, n.ºs 1

Apesar da naturalidade com que foi aceite a aplicação da lei da primeira residência conjugal, na jurisprudência a solução veio a suscitar dúvidas quanto ao carácter definitivo ou meramente acidental dessa residência. Esta questão poderia ter sido tratada na decisão do STJ de 3.10.1992, como aliás pretendia a requerente, na medida em que a factualidade (cônjuges de nacionalidade diferentes que casam em Portugal e aí vivem durante duas semanas para logo se mudarem para a Alemanha onde residirão habitualmente até à data do divórcio) assim o reclamava, mas ficou prejudicada dada a opção do Tribunal pela versão anterior do art. 53.º, n.º 2 que mandava aplicar, em vez da primeira residência conjugal, a lei pessoal do marido.

[129] Cfr. Rui Moura Ramos, *Da lei aplicável ao contrato de trabalho internacional*, Coimbra, Almedina, 1990, pp. 845-847, e Rui Moura Ramos *in* Coelho, Pereira e Oliveira, Guilherme de, *Curso de Direito da Família,...*, cit., pp. 840-841, e António Marques dos Santos, "Algumas considerações sobre a autonomia da vontade no Direito Internacional privado em Portugal e no Brasil", *inEstudos em homenagemà Professora Doutora Isabel Magalhães Collaço...*. p. 396. Em sentido oposto e segundo o "entendimento de Isabel Magalhães Collaço", cfr. Luís de Lima Pinheiro, *Direito Internacional Privado*, vol. II...., p. 656, que excepciona, no entanto, e no que diz respeito às normas injuntivas da lei estrangeira competente, a proibição nessa lei de uma remissão genérica a outra lei (como acontece no art. 1718.º do CC), no caso, a portuguesa. Segundo o Autor, é no estreito domínio desta faculdade que se encontra a utilidade da norma.

e 2. Chegar-se-á ao mesmo resultado se a lei estrangeira desconhecer o regime de bens da lei portuguesa.

Passando à aplicação destas regras de conflitos às hipóteses práticas, no caso 1,

A, português, emigrante desde 1979 em França, vê chegada a idade da reforma e faz planos para regressar a Portugal. Decide vender a sua casa nos arredores de Paris ao seu vizinho B, também ele português, mas que estivera muitos anos emigrado na Suíça, país em que residia na altura do seu casamento, aos 65 anos, com C, francesa, de 32 anos, também ela residente, à época, na Suíça.

A escritura pública de venda da casa é celebrada em Junho de 2015 e perante as autoridades francesas competentes comparecerem os dois outorgantes, A e B.

A venda da casa de A a B era regulada, enquanto contrato, nos seus aspectos substanciais e formais, pela lei francesa (aplicação do art. 4.º, n.º 1, c), art. 11.º, 12.º, do Regulamento Roma I (âmbito de aplicação temporal, territorial e material: arts. 28.º, 29.º, 2.º § e 1.º, n.º 1 e 2 *a contrario*).

No entanto, a questão controvertida é a de saber se apesar de B ser o contraente, o bem é comum de B e C e necessita de ser partilhado:

Sucede que antes mesmo de mudarem para a casa nova, B e C desentendem-se e C pede o divórcio alegando que tem direito, na partilha, a metade do valor da casa que o marido comprara a A uma vez que estavam casados no regime de comunhão de bens da lei francesa, para além de ser esta a lei aplicável ao contrato de compra e venda; B contesta, alegando que, uma vez que casara com mais de 60 anos de idade, o seu casamento teria sido celebrado, imperativamente, no regime da separação de bens nos termos do art. 1720.º do Código Civil português.

E tal questão é qualificável como de efeitos patrimoniais do casamento (art. 15.º do CC) e, de qualquer modo, excluída do âmbito de aplicação material do Reg. Roma I (art. 1.º, n.º 2, b) e c). Estava também excluída do âmbito de aplicação material do Regulamento do Divórcio Internacional (Regulamento n.º 1259/2010, do Conselho, de 20.12 nos termos do art. 1.º, n.º 2, e)).

Neste caso, apesar de a norma do direito português (art. 1720.º) ser uma norma imperativa, a sua função é a determinar o concreto regime de bens aplicável ao casamento de B e C; por isso é aplicável o art. 53.º do CC e não o art. 52.º.

Nos termos do art. 53.º, n.º 2, é aplicável a lei da residência habitual comum à data do casamento, *in casu*, a lei suíça (conexão subsidiária imobilizada). Assim, não conhecendo o regime de bens suíço qualquer limitação à estipulação do regime de comunhão geral de bens, C teria razão.

No caso 2,

Em meados de 2015, Basílio, português, e Angela, alemã, decidem casar em Basileia, na Suíça, cidade onde ambos trabalham e vivem há alguns anos. O casamento é celebrado em Junho desse ano. Um ano depois, o casal muda-se para Hamburgo, na Alemanha, cidade natal de Angela, e instalam-se no apartamento onde esta vivia nos tempos de estudante. Em Dezembro, Angela, grávida de dois meses, começou a achar que o apartamento era demasiado pequeno para a futura família e decide vende-lo e comprar um novo, mais espaçoso. Basílio ficou indignado quando soube do sucedido pois achava que devia ter sido consultado, alegando que se tratava da morada de família e que tanto a lei portuguesa quanto a lei suíça não permitia essa venda sem o seu consentimento; Angela, por seu turno, alega que nos termos da lei alemã, que considera aplicável, não há qualquer impedimento à venda da casa; Basílio insiste, argumentando que a protecção da morada de família é uma norma imperativa do direito português e que nunca pode ser afastada, estando em causa um cidadão nacional.

O pedido de anulação da venda fundamenta-se na ilegitimidade conjugal prevista no art. 1682.º-A, n.º 2, do CC que é uma norma de regime matrimonial primário subsumível, nos termos do art. 15.º, ao art. 52.º do CC que regula as relações entre os cônjuges, i.e, os efeitos pessoais e patrimoniais do casamento que não dependem de um concreto regime de bens.

O art. 52.º determina, como lei competente para regular esta questão jurídica, e na falta de nacionalidade comum dos cônjuges, a lei da residência habitual comum dos cônjuges. Na falta de determinação do legislador, o intérprete definirá o momento relevante para a concretização do elemento de conexão o que, neste caso, será o momento da venda/propositura da acção (sucessão de estatutos), que é, *in casu*, a lei alemã e não a lei suíça como alega A.[130]

[130] Nos casos apresentados não foi considerado o problema do reenvio eventualmente suscitado pelas eventuais diferenças dos sistemas conflituais dos ordenamentos em presença. Assim, se por mera hipótese académica, no caso 1 a lei suíça (L2) remetesse com devolução simples para outra lei (L3) que , por sua vez, remetia a competência para a lei suíça, L2

O argumento de A não procede já que o art. 1682.ºA, n.º 2, só seria aplicado como norma de aplicação imediata se a situação estivesse no âmbito espacial nela definido, isto é, se a casa de morada de família se situasse em Portugal, o que não se verifica. Também não seria de recorrer à reserva de ordem pública internacional do Estado português (art. 22.º do CC) porque a norma em questão é apenas de ordem pública interna.

2. *Modificação do regime de bens*

O art. 54.º visa permitir a mudança material do regime de bens[131] se a lei aplicável assim o consentir.
Estabelece o art. 54.º que:

"1. Aos cônjuges é permitido modificar o regime de bens, legal ou convencional, se a tal forem autorizados pela lei competente nos termos do art. 52.º.
2. A nova convenção em caso nenhum terá efeito retroactivo em prejuízo de terceiro."

O facto de o art. 54.º permitir a mudança de regime de bens, se tal for autorizada pela lei indicada no art. 52.º - a qual, não estando imobilizada, acompanhará essa evolução: a lei da nacionalidade/residência

não aplicaria esta terceira lei, não estando verificado um dos pressupostos do qual o art. 17.º, n.º 1, faz depender para admitir o reenvio sob a forma de transmissão de competências. Não havendo reenvio nos termos do art. 17.º, n.º 1, aplica-se a regra geral da referência material à lei estrangeira (art. 16.º) e será o direito suíço o aplicável e que no caso não encontraria obstáculos à estipulação da comunhão geral de bens. Já no caso 2, e ainda por mera hipótese académica, se a regra de conflitos alemã remetesse a competência para regular a mesma matéria (relações entre os cônjuges) para a lei do primeiro domicílio conjugal que foi em Basileia, ou seja, para a lei suíça, fazendo-lhe uma referência material e esta remetesse a mesma questão para a lei alemã como *lex rei sitae* mas adoptasse um sistema de devolução simples, nos termos do art. 17.º, n.º 1, do CC, só haverá reenvio sob a forma de transmissão de competências se L2 aplicasse uma L*n* e esta se achasse directa ou indirectamente competente, o que aconteceria neste caso: 1.º a lei alemã, através do seu sistema de reenvio, aplica a lei suíça; 2.º porque L3, a lei suíça, remetendo para L2 com devolução simples considera-se indirectamente competente. O art. 17.º, n.º 2, deixava passar o reenvio, uma vez que a residência habitual não se situava em Portugal e a lei da residência habitual, alemã, não insistia na aplicação da lei nacional.

[131] Não será apenas a modificação do regime de bens que fica dependente da lei designada pelo art. 52.º. João Baptista Machado (*Lições de direito internacional privado...*, p. 411) afirma claramente que o disposto no art. 54.º implica a subordinação àquela lei de todas as questões conexas com o princípio da imutabilidade: contrato de doação, de venda e de sociedade entre cônjuges.

habitual comum/lei mais estritamente conexa com a vida familiar aplicável já não terá de ser, como para o art. 53.º, aquela que correspondia à data do casamento mas a contemporânea da nova convenção – não implica uma mudança total no estatuto patrimonial dos cônjuges, pois a mudança far-se-á (ainda) no seio da lei aplicável à data do casamento. É que lei da nova residência habitual comum (no caso de cônjuges de diferente nacionalidade) poderá autorizar aquilo que a anterior não autorizava – a mudança material de regime de bens – mas não altera a lei que é aplicável a esse regime de bens.

Assim, se o casal italo-alemão residente em Portugal à data do casamento for residir para a Alemanha poderá mudar o seu regime de bens (porque a lei alemã, lei da residência habitual comum actual assim o autoriza) mas esse regime será sempre um dos previstos na lei portuguesa (lei aplicável aos regimes de bens) ou *autorizado* pela lei portuguesa. Donde se os cônjuges tiverem mais de 60 anos não poderão, por exemplo, escolher a comunhão geral de bens, porque a lei portuguesa (que permanece aplicável ao regime de bens) não o permite nos termos do art. 1720.º, ao contrário do que provavelmente fará a lei alemã que, nesta sede, é chamada apenas para autorizar a mudança material de regime.

No direito dos conflitos português de fonte interna não existe plena autonomia conflitual e poder-se-ia pensar que o art. 54.º pretende, por outra via, o mesmo objectivo: determinar que a lei "actual" (da *nova* nacionalidade comum ou da *recente* residência habitual comum) permita uma mudança que a lei anteriormente aplicável vedaria; no entanto, a solução do art. 54.º é interpretada como a solução pontual não para este problema mas para um outro que é o da qualificação da questão da mutabilidade dos regimes de bens conferindo-lhe uma natureza institucional propositadamente para além das expectativas das partes.

A solução do art. 54.º do Código Civil parece-nos criticável[132] uma vez que ao reconduzir a questão da modificação dos regimes de bens

[132] Como o fizemos em HELENA MOTA, *Os efeitos patrimoniais do casamento em direito internacional privado – em especial, o regime matrimonial primário*, Coimbra, Wolters Kluwer – Coimbra Editora, 2012, "A lei aplicável à modificação do regime de bens. Anotação ao Acórdão do STJ de 12.09.2006.", in *RFDUP*, ano VIII, Coimbra, Coimbra Editora, 2011, pp. 303-314 e no "Texto que serviu de base à apresentação oral da tese de doutoramento com o título Os efeitos patrimoniais do casamento em direito internacional privado – em especial, o regime matrimonial primário, em provas públicas realizadas na FDUP no dia 15 de Outubro de 2010", *in*

RFDUP, ano IX, Coimbra, Coimbra Editora, 2012 (pp. 513-522). Reproduzimos aqui algumas ideias vertidas nestes textos.

A interpretação autónoma da previsão da regra de conflitos, consagrada no art. 15.º do CC, implica uma independência do direito de conflitos e das suas soluções em face dos quadros, das normas e das instituições e até dos valores do direito material do foro (cfr. FERRER CORREIA, "O princípio da autonomia do direito internacional privado no sistema jurídico português", in *Temas de Direito Comercial e Direito Internacional Privado*, Coimbra, Almedina, 1989, pp. 450-467). Por exemplo, se cabe à *lex fori* interpretar a regra de conflitos, nomeadamente o seu conceito-quadro, que é preenchido por conceitos jurídicos carecidos de densificação, ela fá-lo-á segundo o direito formal do foro e não de acordo com o seu direito material. Donde a hipótese de uma regra de conflitos ser composta por conteúdos jurídicos (normas, institutos...) "às(aos) quais convenha o tipo de conexão dessa mesma regra de conflitos" (FERRER CORREIA, *Lições de Direito Internacional Privado...*, p. 206). Por outras palavras, a *ratio* (natureza, características, função, motivação, objectivos, interesses...) da norma material a subsumir é compatível e até reclama aquele tipo de conexão. Mesmo que tal norma não exista no foro. Mesmo que seja um instituto desconhecido no foro ou principalmente se isso acontecer.

Assim, a abertura do DIP às instituições de desconhecidas do foro ou nele não admitidas, opção reveladora por excelência da autonomia deste ramo de direito, é consagrada não só no art. 15.º do CC em sede do método de qualificação vigente no nosso ordenamento jurídico, mas também em algumas regras de conflitos que expressam os mesmo princípios, nas soluções concretas que apresentam: é o caso do art. 64.º c), do art. 30.º, do art. 63.º, n.º 1 e dos n.ºs 1 e 4 do revogado art. 59.º (FERRER CORREIA, "O princípio da autonomia do direito internacional privado no sistema jurídico português..., p. 465).

Pelo menos aparentemente. Se analisarmos com rigor o art. 64.º c), por exemplo, verificamos que ao remeter para a lei pessoal do *de cujus*, à data da celebração do acto, a apreciação da validade dos testamentos de mão comum, apesar de o direito interno os considerar nulos, não se está verdadeiramente a defender a autonomia do DIP nos termos de um reconhecimento de uma instituição estrangeira proibida entre nós, mas sim, e em primeira linha, a resolver um problema de qualificação que opõe neste caso "forma" a "substância", optando claramente pela segunda. A opção foi tomada com esteio na *ratio* da proibição dos testamentos de mão comum, aliás comum aos ordenamentos que a aplicam: defesa da livre formação da vontade de testar e da livre revogação do testamento. Tais funções e objectivos tangem com a substância do negócio pois quando a submissão a determinada forma pretende proteger a vontade (inicial) só o faz contra a ligeireza com que eventualmente ela é manifestada. Do ponto de vista do DIP, a solução correcta é adjudicar a matéria da (in)admissibilidade do testamento de mão comum ao estatuto pessoal dos testadores. Ora, o que se conclui do art. 64.º c) vale, por idênticas razões, para o disposto no art. 54.º, no qual também se resolve um problema especial de qualificação e que, no caso, opõe a qualificação pessoal (efeitos gerais do casamento) à da lei dos regimes de bens, patrimonial. Merece por isso determo-nos na análise que a doutrina faz daquela norma de conflitos e o alcance que dela retira. Ferrer Correia destaca a importância da solução do art. 64.º c) na medida em que, "não fora esta a

opção do nosso legislador e o problema teria de equacionar-se e resolver-se no quadro do art. 15.º" O que, admite, conduziria à mesma solução, não retirando utilidade à norma (art. 64.º, n.º 1 c)) porque "o problema (da qualificação) é por ela resolvido sem que fique margem para dúvidas" (ANTÓNIO FERRER CORREIA, "O princípio da autonomia do direito internacional privado...", p. 469, nota 41).
A primeira perplexidade que sentimos perante esta afirmação decorre, precisamente, do facto de não compreendermos a desnecessidade de recorrer ao art. 15.º do CC. E isto porque, de acordo com o método de qualificação por ele proposto, uma regra de conflitos, mesmo que tenha por objectivo resolver um problema de qualificação (ou *delimitação*?) ao indicar a lei aplicável a determinada questão jurídica parcial (como é o caso do art. 64.º c) mas também do art. 54.º, n.º 1 do CC), não pode caracterizar, sem mais, as normas materiais estrangeiras eventualmente aplicáveis. Pelo menos sem as caracterizar *lege causae*, omitindo o segundo momento do método da qualificação. Em face de um conflito de leis, pode dizer-se, por exemplo, que a inadmissibilidade dos testamentos de mão comum (ou a imutabilidade dos regimes de bens, *mutatis mutandis*), por desempenhar esta e aquela função e ter aqueloutro objectivo, é bem servida por uma conexão do tipo pessoal e por isso a adjudicação da norma que preveja tal restrição ao estatuto pessoal (aqui regulador da substância do negócio) é correcta; mas já não se pode dizer certamente o mesmo, pelas razões opostas, da norma material que admite os testamentos de mão comum (ou, *mutatis mutandis*, a mutabilidade dos regimes matrimoniais).
Ou seja, quando se diz que o art. 64.º c), do CC *resolve um problema de qualificação* deve entender-se, do nosso ponto de vista, que apenas resolve um problema de *delimitação*, i.e., de interpretação do conceito-quadro do art. 62.º, nele incluindo, ao abrigo da lei pessoal do *de cujus*, apesar de imobilizada ao tempo da declaração, o problema da validade dos testamentos de mão comum e excluindo essa matéria da competência da lei designada, por exemplo, pelo art. 65.º do CC, a lei do lugar da celebração do negócio mais apta a resolver questões de forma das disposições testamentárias; mas tal não pode excluir que, eventualmente, a norma material de um ordenamento jurídico estrangeiro que admita esta modalidade de testar possa ser caracterizada, no seu próprio contexto legislativo, como uma norma reguladora da forma do testamento à qual não convenha a conexão pessoal, gerando, com isso, eventuais conflitos de qualificação, o que de resto o art. 15.º do CC não resolve nem pretende resolver.
O mesmo se passa com o art. 54.º do CC: a lei aplicável aos regimes de bens (que pode ser diferente da lei indicada pelo art. 52.º, dada a imobilização do elemento de conexão no art. 53.º) admite, por hipótese, a modificação desses regimes de bens; esta norma, quer pela solução apresentada quer pelos objectivos a cumprir no seio do ordenamento a que pertence, apenas pretende organizar e regular os regimes de bens do casamento e é assim caracterizada *lege causae*. Ora, apesar de o art. 54.º afirmar que a admissibilidade ou não da alteração dos regimes de bens deve ser decidida pela lei indicada no art. 52.º, parece-nos que isto só pode querer significar que a norma material, potencialmente aplicável à questão por pertencer a uma lei espacialmente conexionada com a situação *sub iudice*, ao recusar a validade destas modificações o faz porque comunga de interesses institucionais, de defesa dos interesses dos cônjuges e de terceiros, num quadro de estabilidade patrimonial familiar que só é bem

para o âmbito do art. 52.º, que apresenta uma conexão móvel (podendo desvirtuar as expectativas das partes), qualifica o problema com o lastro de um sistema de imutabilidade – não excluindo, a meu ver, uma possível aplicação da lei designada pelo art. 53.º se da interpretação dessa lei estrangeira, nos termos do art. 15.º do CC, "pelo seu conteúdo e pela função que tem nessa lei" resultar tratar-se de uma questão pertinente à organização do estatuto patrimonial do casamento e não institucional – e olvida que a possibilidade (ou não) de modificar o regime de bens é (ainda) um aspecto ou dado essencial para a previsão (ou escolha) pelos cônjuges do regime de bens do seu casamento.

servido por uma conexão do tipo pessoal; a questão, para os ordenamentos que apresentam esta solução, está para além do regime de bens, dos aspectos puramente patrimoniais do casamento: é uma questão de natureza pessoal. E parece-nos óbvio também que poderão não ser estes os valores que subjazem à solução contrária que franqueia, sem obstáculo, a mudança dos regimes de bens. Daqui resultará, por exemplo, que se a lei indicada pelo art. 52.º e a lei indicada pelo art. 53.º estiverem ambas em contacto com a situação e adoptar a primeira – a lei da residência habitual comum dos cônjuges de nacionalidade distinta – o princípio da imutabilidade e a segunda – a lei da residência habitual dos mesmos cônjuges à data do casamento – permitir a livre alteração, por vontade das partes, do regime de bens, estaremos perante um conflito positivo de qualificações e o art. 54.º, quando bem lido, nada terá resolvido. Tal como sucede quanto ao art. 64.º c), não é possível determinar definitivamente, em qualquer caso, e sem a caracterização *lege causae* da norma material aplicanda, a qualificação pessoal de uma norma que permita ali os testamentos de mão comum, aqui as modificações às convenções antenupciais e regimes de bens legais. Pelo menos por razões idênticas. Logo, o art. 54.º e o art. 64.º c), do CC "resolvem" a questão da qualificação apenas fornecendo o critério de delimitação dos arts. 53.º vs. 52.º e 62.º vs. 65.º e resolvem concretamente o problema da subsunção dos art. 1714.º e 2181.º do CC, respectivamente, e das normas materiais de ordenamentos estrangeiros caracterizadas nos seus próprios contextos jurídicos da mesma forma. Mas não podem, sem a leitura no respectivo contexto, fazer o mesmo para as normas materiais que admitam quer a mutabilidade dos regimes de bens, quer a possibilidade de fazer testamentos de mão comum se dessa leitura resultar, precisamente, a insuficiência ou inadequação do critério de qualificação proposto. De tudo isto resulta também que não seja possível, do nosso ponto de vista, "prescindir" do art. 15.º do CC ou evitar o conflito de qualificações. Por isso, uma interpretação do art. 54.º do CC no sentido de uma resolução definitiva do problema da qualificação das modificações dos regimes de bens, eliminando o possível conflito de qualificações, está a admitir que ele faz uma qualificação *lege fori* das normas materiais da lei reguladora dos regimes de bens.

Acresce, como já referimos, que mesmo a questão de delimitação é resolvida pelo art. 54.º de maneira criticável uma vez que a (i)mutabilidade dos regimes de bens é ainda uma aspecto essencial na programação e escolha pelos cônjuges do seu regime e, por isso, é uma questão que deve estar na *dependência* da lei aplicável aos regimes de bens.

É, aliás, interessante notar que no direito francês, anterior à entrada em vigor da Convenção da Haia de 1978, e na esteira do acórdão *Zelcer*[133], a mudança de regime matrimonial na constância do casamento era qualificada como um problema atinente aos regimes de bens em sentido estrito e não como questão a ser resolvida pela lei dos efeitos gerais do casamento. E questionava-se como proceder em face de uma lei que proibia essa mudança. Como vimos, a Convenção da Haia de 1978, estranhamente, não menciona o problema nem inclui expressamente a modificação material de regime no seu âmbito de aplicação material, apenas permitindo a mudança de lei aplicável aos regimes durante o casamento, não resolvendo a velha questão de saber como proceder se existisse uma legislação que não permitisse (como a portuguesa, nos termos do art. 1714.º) tal alteração ou a condicionasse a intervenção judicial. Alguns autores[134] entendem que a mudança de lei permitida nos termos do art. 6.º da Convenção atinge o mesmo resultado: os cônjuges alteram a lei aplicável ao regime de bens e adoptam, tacitamente e sem constrangimentos legais, o regime supletivo da nova lei, entendimento que de resto pode ser "exportado" para o âmbito do Regulamento 1103/2016, no seu art. 24.º.

3. *Protecção de terceiros*

Na hipótese em que a lei designada pelo art. 52.º *ex vi* art. 54.º autorizar a mudança de regime haverá sucessão de estatutos, ou não, dependendo se à mesma é dada eficácia retroactiva; neste último caso poderá haver prejuízo para terceiros que confiavam no estatuto patrimonial dos cônjuges anterior à mudança de regime.

Os terceiros, em especial os credores, não estabelecem relações jurídicas de natureza patrimonial (contratual, mas não só) com pessoas casadas da mesma forma que o fazem em relação a pessoas não ligadas pelo vínculo matrimonial.

As limitações à autonomia negocial dos cônjuges provocam situações particulares de risco acrescido de invalidade dos negócios celebrados; por outro lado, os credores poderão ver a sua garantia patrimonial aumentada por uma responsabilização comum e às vezes solidária do côn-

[133] *Cour de Cassation*, 04.06.1935, cfr. Bertrand Ancel e Yves Lequette, *Les grands arrêts de la jurisprudence française de droit international privé*, Paris, Dalloz, 4.ª ed., 2001, p. 132.

[134] H. Péroze E. Fongaro, *Droit international privé patrimonial de la famille...., cit.*, p. 152.

juge com o qual não contrataram; em todo o caso, a determinação dos bens que efectivamente poderão servir de garantia resulta dos regimes de bens em sentido estrito (o que é património comum e o que é próprio) e das normas sobre administração dos bens ou da assumpção das dívidas no casamento.[135]

[135] Fazendo uma breve resenha das regras gerais de administração dos bens: no direito matrimonial português, o art. 1678.º do CC enuncia-as relativamente aos bens móveis ou imóveis do casal: os bens próprios são administrados pelo proprietário e os bens comuns são administrados por ambos os cônjuges, sem prejuízo do disposto no art. 1678.º, n.º 2 que enumera os casos de administração isolada sobre bens comuns ou próprios do outro cônjuge. Assim, um dos cônjuges pode administrar em exclusivo os bens próprios do outro se se tratarem de bens utilizados exclusivamente pelo cônjuge não proprietário como instrumento de trabalho (art. 1678.º, n.º 2, e)); se houver impossibilidade de administração pelo cônjuge proprietário (art. 1678.º, n.º 2, f)); se este lhe conferir mandato (art. 1678.º, n.º 2, g)) ou ser-lhe adjudicada a administração exclusiva dos bens comuns, tanto nos casos indicados, como nos referidos no art. 1678.º, n.º 2, a), b), c), d). Na administração conjunta os cônjuges podem, sozinhos, praticar actos de administração ordinária; os actos de administração extraordinária têm de ser praticados conjuntamente ou por um dos cônjuges com o consentimento do outro (art. 1678.º, n.º 3). A administração de bens comuns, apesar de não obrigar à apresentação de contas, terá que ser feita criteriosamente, sob pena de o cônjuge não administrador requerer a separação judicial dos bens, nos termos do art. 1767.º. A má administração dos bens comuns é um dos casos previstos na lei como fundamento para a separação judicial de bens, ao lado de outros como a ausência, a falência ou insolvência, ou a citação no âmbito de processo executivo por dívida da responsabilidade de um dos cônjuges em que se nomeiam bens comuns do casal e que constituem excepções à referida imutabilidade do regime de bens (art. 1715.º) mas sem a possibilidade de lhe ser dada eficácia retroactiva.

No direito português, o casamento gera ilegitimidades conjugais estabelecidas com o propósito genérico de proteger os interesses da família. Porque assim é, as ilegitimidades conjugais não configuram situações de verdadeira incapacidade, enquanto ausência de uma qualidade absoluta de um dos cônjuges que seja necessário proteger, mas antes a mera necessidade, em face de interesses alheios, do consentimento de outrem para a prática desses actos de conteúdo patrimonial que, na constância do matrimónio, os cônjuges não podem praticar isoladamente. As ilegitimidades conjugais referem-se a poderes de disposição e oneração dos bens. Assim, a legitimidade dos cônjuges para alienar e/ou onerar bens móveis que não consubstanciem actos de mera administração está restrita a quem tem a administração exclusiva do bem (próprio, comum ou próprio do outro, nos termos do art. 1678.º, n.º 1 e 2 e art. 1682.º, n.º 3)) e a sua propriedade, salvo se estes bens são utilizados conjuntamente pelos cônjuges como instrumento comum de trabalho ou na vida do lar (art. 1682.º, n.º 2, a)), caso em que estão totalmente impedidos de alienar ou onerar os referidos bens sem o consentimento do outro cônjuge.

Por outro lado, a legitimidade dos cônjuges para alienar e/ou onerar bens imóveis comuns ou próprios ou para dispor de direitos sobre bens imóveis está prevista nos arts. 1682.º-A, 1682.º-B, 1683.º e 1685.º do CC, e difere consoante o regime de bens do casamento. Assim, nos regimes de comunhão de bens (geral ou de adquiridos), carece do consentimento de ambos os cônjuges a alienação, oneração, arrendamento e constituição de outros direitos pessoais de gozo sobre imóveis próprios ou comuns e sobre o estabelecimento comercial. Para proteger a morada de família, o legislador estendeu a proibição a todos os regimes de bens: nos termos do art. 1682.º-A, n.º 2, a alienação e a oneração da casa de morada de família carece sempre do consentimento de ambos os cônjuges, tal como as disposições sobre o direito ao arrendamento da casa de morada de família (arts. 1682.º-B). Carece igualmente de consentimento de ambos os cônjuges, nos regimes de comunhão de bens, o repúdio de herança ou legado (1683.º, n.º 2). Os actos praticados sem legitimidade são anuláveis (art. 1687.º) e a anulabilidade deve ser arguida pelo cônjuge que não deu o consentimento ou o seu herdeiro nos seis meses subsequentes ao conhecimento do acto e dentro dos três anos após a sua prática. A anulabilidade é sanável mediante confirmação, podendo esta ser tácita. Assim, o facto de o cônjuge que não deu o consentimento para o acto ter recebido o preço dos bens alienados pode constituir confirmação tácita do negócio por esse mesmo cônjuge. Apesar da invalidade dos negócios feridos de ilegitimidade conjugal, a lei protege o adquirente de boa fé de móveis não sujeitos a registo, nos termos do art. 1687.º, n.º 3.

No casamento, a solidariedade económica entre os cônjuges e a presunção de que todos os actos são praticados por um dos cônjuges com o conhecimento e a anuência do outro determinam a comunicabilidade de determinadas dívidas. O princípio geral em matéria de dívidas conjugais é o de que cada um dos cônjuges tem legitimidade para contrair dívidas sem o consentimento do outro. Para apurar a responsabilidade pelas dívidas deve-se atender à data do facto que lhes deu origem: a data da conclusão do contrato, a data da prática do facto ilícito, etc. (art. 1690.º). São da responsabilidade de ambos os cônjuges, independentemente do regime de bens do casamento, as dívidas contraídas por ambos ou por um deles com o consentimento do outro, antes ou depois do casamento (art. 1691.º, n.º 1, al. *a)*); as dívidas contraídas para ocorrer aos encargos da vida familiar, antes ou depois do casamento (v.g. a renda da casa, as despesas com vestuário, alimentação, medicamentos: art. 1691.º, n.º 1, al. *b)*); as dívidas contraídas depois do casamento pelo cônjuge administrador, em proveito comum do casal (cabendo aqui a satisfação de necessidades materiais mas também intelectuais, espirituais ou morais), nos limites dos seus poderes de administração (art. 1691.º, n.º 1, al. *c)*). Para além destas, são ainda comuns nos regimes de comunhão as dívidas contraídas depois do casamento no exercício do comércio, salvo se se provar que não foram contraídas em proveito comum (art. 1691.º, n.º 1, al. *d)*), no regime de comunhão geral de bens são as dívidas contraídas antes do casamento em proveito comum do casal (art. 1691.º, n.º 2); são ainda comuns as dívidas que oneram doações/heranças ou legados quando estes são comuns (art. 1691.º, n.º 1, al. *e)*, e art. 1693.º, n.º 2), as dívidas que oneram bens comuns e as dívidas que oneram rendimentos comuns de bens próprios (1694.º, n.º 1 e n.º 2 *in fine*). Serão da exclusiva responsabilidade do cônjuge que as contraiu as dívidas provenientes de crimes ou outros factos imputáveis a um dos cônjuges (art. 1692.º *b)*). São também próprias as dívidas que oneram doações, heranças ou legados quando os respectivos bens sejam próprios (art. 1693.º, n.º 1 salvo o disposto no n.º 2) e as dívidas que oneram bens próprios de qualquer dos cônjuges (art. 1694.º, n.º 2 salvo a parte final). A existência de patrimónios separados

Não é por isso de estranhar que o legislador português tenha sido tão rigoroso na delimitação da data a partir da qual se produzem os efeitos do divórcio (e a consequente cessação, nos termos do art. 1788.º, das relações patrimoniais entre os cônjuges) estabelecendo que se para os cônjuges essa data poderá retroagir ao momento da propositura da acção (ou até, a requerimento de qualquer dos cônjuges, à data do fim da coabitação provada no processo[136]) para os terceiros os efeitos do divórcio só se produzem após o registo da sentença (art. 1789.º, n.º 3).[137]

no casamento implica a sua adjudicação ao pagamento de dívidas de determinada natureza. Assim, e nos termos dos arts. 1695.º e 1696.º, os bens comuns estão prioritariamente adstritos ao pagamento das dívidas comuns e só na sua falta ou insuficiência responderão, solidariamente, os bens próprios de cada cônjuge, salvo se vigorar o regime de separação de bens, caso em que a obrigação subsidiária é conjunta (art. 1695.º, n.º 2). Já perante dívidas da exclusiva responsabilidade de um dos cônjuges respondem os bens próprios do devedor, podendo os credores atacar, a título subsidiário (ou em primeira linha nos casos referidos no n.º 2 do art. 1696.º), a meação deste no património comum. Sobre os efeitos patrimoniais do casamento no direito português cfr. por todos, Pereira Coelho e Guilherme de Oliveira, *Curso de Direito da Família,* Vol. I. Introdução. Direito Matrimonial, 5.ª ed., Coimbra, IUC, 2016.

[136] Tem sido defendido pela doutrina a aplicação desta regra às relações patrimoniais entre os cônjuges (cfr. Pereira Coelho e Guilherme de Oliveira, *Curso de Direito da Família,* Vol. I, ..., cit. p. 748). Mas é também defendido que a separação de facto em si mesma não é suficiente para, por exemplo, ilidir a presunção de proveito comum das dívidas da responsabilidade de ambos os cônjuges previstas no art. 1691.º, d) (cfr. Pereira Coelho e Guilherme de Oliveira, *Curso de Direito da Família,* Vol. I, ..., cit. p. 748) uma vez que o cônjuge comerciante que contrai a dívida no exercício do comércio pode usar os lucros da sua actividade para pagar uma pensão de alimentos; sendo assim parece um pouco contraditório que os efeitos do divórcio ao nível patrimonial operem desde a data da separação de facto uma vez que apesar da falta de coabitação os cônjuges acabam por manter uma relacionamento na dimensão patrimonial.

[137] Se A deixa de pagar a renda do seu estabelecimento comercial em Janeiro de 2018 e B interpõe uma acção de divórcio em Março desse ano e o divórcio é decretado por sentença que vem a transitar em julgado em Junho, B pode alegar que os efeitos do divórcio retrotraem à data da propositura da acção (Março) e só é responsável pelo pagamento das rendas vencidas de Janeiro a Março, pois cessando as relações patrimoniais entre os cônjuges, a dívida assumida por A deixa de ser comum nos termos do art. 1691.º, d). No entanto, para terceiros (na hipótese, o senhorio), os efeitos só se produzem a partir do registo da sentença efectuado em Setembro do mesmo ano mantendo-se até essa data o regime de comunicabilidade das dívidas conjugais, *in casu,* o art. 1691.º, d). Sendo a dívida comum na sua totalidade, o senhorio pode penhorar bens comuns ou, solidariamente, bens próprios de A ou de B nos termos do art. 1695.º. A B só restará pedir, na partilha, a compensação de créditos (do património comum se foram somente penhorados bens comuns ou directamente a A se foram penho-

E também a montante, na exigência do registo da convenção antenupcial para a produção de efeitos em relação a terceiros (art. 1711.º e arts. 190.º e 191.º do C.R.C.) – ainda que do ponto de vista formal e nas relações havidas entre os cônjuges, seus herdeiros e terceiros intervenientes na escritura, ela seja válida com a celebração da respectiva escritura pública ou a declaração prestada perante o funcionário do registo civil (art. 1710.º e 1711.º, n.º 2).

Por outro lado, e sem prejuízo das críticas a que também aderimos, o certo é que a manutenção do princípio da imutabilidade do regime de bens (art. 1714.º) se justifica hoje somente pela necessidade de protecção dos terceiros que contratam com os cônjuges e que podem ser surpreendidos com a alteração de um regime de bens que não só desvirtue quantitativamente e qualitativamente a garantia do seu crédito como, especialmente sendo retroactiva, altere regras sobre responsabilidade por dívidas ou sobre legitimidade para a prática de determinados actos.

A convenção antenupcial e qualquer modificação ao regime de bens legal ou convencionado estão sujeitos a registo obrigatório (art. 1.º, e), do C.R.C.) ainda que, quando respeitem a estrangeiros, a obrigatoriedade do registo só exista quando estes factos ocorram em território português (art. 1.º, n.º 2, do C.R.C). Nos termos do art. 70.º do C.R.C. os registos da convenção antenupcial, da alteração ao regime de bens e da separação de pessoas e bens e sua reconciliação ou da simples separação judicial de bens são feitos por averbamento ao assento de casamento.

Por outro lado, o Código de Registo Predial (art. 44.º, n.º 1, a)) determina que todos os actos notariais que contenham factos sujeitos a registo (*vg* os factos jurídicos que determinem a constituição, reconhecimento, aquisição ou modificação dos direitos de propriedade, usufruto, uso e habitação, superfície ou servidão: art. 2.º, n.º 1, a), do CRP) devem conter, nos termos do art. 93.º, n.º 1, e), a menção ao regime de bens do titular; por sua vez, o art. 47.º, n.º 1, a), do Código do Notariado estabelece que o instrumento destinado a titular actos de registo deve conter o regime de bens se a pessoa a quem o acto respeita for casado.

rados os seus bens próprios) nos termos do art. 1697.º relativamente às rendas vencidas de Março até Setembro.

Apesar destas preocupações do legislador no âmbito do direito interno, o facto é que direito internacional privado português de fonte interna não prevê qualquer regra de conflitos específica acerca da protecção de terceiros em matéria de efeitos patrimoniais do casamento, à excepção, como vimos, do art. 54.º, n.º 2, do CC que prevê o caso de os cônjuges celebrarem, na constância do matrimónio, uma nova convenção matrimonial pela qual alteram o regime de bens vigente, seja este o regime supletivo ou um regime convencionado, *e* lhe confiram eficácia retroactiva; tal efeito não pode prejudicar terceiros.[138]

Esta protecção é assim feita através de uma norma material de direito internacional privado[139] e não constitui uma solução conflitual distinta: não se trata de determinar que nas relações entre os cônjuges e terceiros será aplicada outra lei, diferente daquela que regula os regimes de bens – lei nacional comum dos cônjuges ao tempo do casamento; na falta desta, lei da sua residência habitual comum na mesma data e, na falta desta, lei da primeira residência conjugal – e que resulta da estatuição do art. 53.º do CC[140], mas somente proteger os terceiros de mudanças concretas e retroactivas de regime autorizadas *ex vi* art. 54.º, n.º 1, pela lei indicada no art. 52.º: lei da nacionalidade comum dos cônjuges à data da nova convenção; na falta desta, lei da residência habitual dos cônjuges na mesma data e, na falta desta, lei do país com o qual a vida familiar se ache mais estreitamente conexa.

Donde no direito internacional privado português dos efeitos patrimoniais do casamento, o terceiro não poder simplesmente invocar o

[138] Cfr. Helena Mota, "A oponibilidade a terceiros da lei aplicável aos efeitos patrimoniais do casamento", in Francesco Ruscello (a cura de) *Famiglia, responsabilità genitoriale e intervento pubblico*, Biblioteca di diritto civile 15, Roma, Aracne Ed., ISBN 9788825518252, pp. 223-239.

[139] Sobre este tipo de normas no direito internacional privado português, cfr. Ferrer Correia, "Considerações sobre o método do Direito Internacional Privado", *in Estudos em homenagem ao Prof. Doutor J.J. Teixeira Ribeiro*, sep. BFD, III, Coimbra, 1983, pp. 61 e 62.

[140] E que continuará a ser, do nosso ponto de vista, e como já referimos supra nota 132, a lei aplicável aos regimes de bens e que condicionará sempre os termos da nova convenção uma vez que o art. 54.º, n.º 1, apenas remete para a lei designada pelo art. 52.º a *autorização* para a modificação *proprio sensu*. A circunstância de a nova convenção assim autorizada ser nula porque foi, por hipótese, escolhido um regime de bens não permitido (pense-se no caso de dois nubentes com mais de 60 anos que estavam casados no regime imperativo da separação de bens e querem agora mudar para um regime de comunhão geral) pode, em todo o caso, ter repercussões para terceiros que confiaram nos termos da nova convenção.

desconhecimento da lei aplicável ao regime de bens e dos concretos termos materiais desse regime, nem de qualquer outro aspecto patrimonial que, não resultando do regime de bens em concreto, se aplique nas relações com terceiros enquanto regime matrimonial primário.

Apenas lhes é permitido defenderem-se de mudanças de regime que afectem direitos que já havia adquirido à luz de outro regime – créditos, aquisições, garantias patrimoniais, posições jurídicas – e que resultem de novas convenções, isto é, defenderem-se dos efeitos retroactivos da mudança.

Por outro lado, os terceiros não serão protegidos se existirem alterações no regime primário do seu casamento, não pelo concurso da sua vontade, mas fruto da mudança automática de lei dado o carácter móvel das conexões previstas no art. 52.º dos quais dependerão, por exemplo, a comunicabilidade de dívidas conjugais ou a ilegitimidade de actos de alienação ou disposição ou mera administração de bens praticados pelos cônjuges[141].

Não permitindo o direito português, em geral, o exercício da autonomia conflitual nesta matéria, o risco dos terceiros é aparentemente menor pois não haverá uma escolha de lei com a qual os terceiros não contariam. No entanto, a mudança material de regime autorizada pela lei reguladora das relações entre os cônjuges (art. 52.º) terá, na prática, os mesmos efeitos e os mesmos perigos, ainda que se possa sempre argumentar que a nova convenção estará sujeita a formalidades e publicidade que os tornam desprezíveis. O argumento não é, no entanto, válido se estivermos perante alterações no regime primário do seu casamento que dependerão tão-somente da mutabilidade automática das leis indicadas pelo art. 52.º; certo é que, nos termos do art. 54.º, n.º 2, os terceiros só serão protegidos em face de direitos adquiridos anteriormente à mudança *convencional e material do regime de bens* e que foram afectados

[141] Para além dos inconvenientes já apontados *supra* desta fragmentação do estatuto patrimonial do casamento sujeito a, não raras vezes, regras jurídicas distintas oriundas de leis diferentes por força da aplicação do art. 52.º e 53.º, acrescem os inconvenientes de apenas considerar-se a defesa de terceiros em face dos concretos termos de um regime de bens quando muitas das regras que tangem com interesses e direitos de terceiros são normas de regime primário que são assim ignoradas; como veremos *infra* o Regulamento 1103/2016 vem corrigir esta situação.

pelo eventual efeito retroactivo pretendido pelos cônjuges para evitar a sucessão de estatutos.

Em suma, no direito internacional português, a questão da menor cognoscibilidade pelo terceiro do regime aplicável, quer primário quer em sentido estrito, o chamado risco *estático*,[142] não é considerado assim como não é considerada a alteração do regime primário sem o concurso directo da vontade dos cônjuges.

O legislador português previu, noutros pontos do sistema, normas de protecção de terceiros e do tráfico jurídico negocial: é o que sucede em matéria de capacidade para celebrar negócios jurídicos que pode fugir ao critério da nacionalidade (art. 25.º e 31.º, n.º 1) – do qual resulta a incapacidade do contraente e a invalidade de negócio – para o do local da celebração do negócio – que inversamente valida o negócio –, mais cognoscível do terceiro de boa fé (*cf.* art. 28.º, n.º 1 e n.º 2); no entanto, esta regra só vale para os chamados negócios do *tráfico corrente de bens e serviços* local[143] estando excluídos, precisamente, os negócios pertencentes os domínio do direito da família (art. 28.º, n.º 2).

[142] Cfr. E. Philippin, *Régime matrimonial et protection des créanciers,* Berna, Staempfli Editions, 2000, pp. 2535, que nomeia este "risco estático" na medida em que nasce e se consuma no momento da prática do acto jurídico que estabelece a relação jurídica entre o cônjuge e um terceiro. Nesse momento, ao terceiro poderá, dada a diversidade das leis potencialmente aplicáveis, suscitar a incerteza sobre a lei aplicável, risco que é superior àquele que emerge na situação paralela interna. O A. trata também, no contexto do direito internacional privado, do "risco dinâmico" que surge em virtude das possibilidades oferecidas aos cônjuges de modificar a lei aplicável aos regimes matrimoniais.

[143] Cfr. Baptista Machado, *Liçoes de Direito Internacional Privado,* Almedina, Coimbra, 1988, pp. 342-3.

B. Casamentos celebrados e/ou processos instaurados em/após 29.01.2019 e/ou escolha de lei feita em/após 29.01.2019

Dados normativos:
Regulamento 2016/1103, do Conselho, de 24 de Junho de 2016

Jurisprudência:
Acórdão do TJUE de 1 de Março de 2018, proc. C-558/16, *Mahnkopf*
Acórdão do TJUE de 5 de Junho de 2018, proc. C-673/16, *Coman*

Casos práticos:
1. "A, húngaro, e B, portuguesa, casam sem convenção antenupcial, no ano de 1990, no Porto, onde residem, em união de facto, desde 1987.
Em finais de 2015, em virtude de um contrato de trabalho celebrado por A com uma empresa alemã, fixaram residência em Berlim, com os dois filhos, já maiores.
Em Fevereiro de 2019, e por conselho de um advogado amigo, dirigem-se a um cartório notarial em Berlim, onde elaboram um acordo de escolha de lei, em favor da lei húngara, para reger o seu regime de bens. Podem escolher a lei húngara para reger o seu regime de bens?
2. A e B não registam o acordo de escolha de lei; a convenção matrimonial na Alemanha está sujeita a registo. Quid Iuris?
3. A e B escolhem também, como foro competente para qualquer litígio ou questão atinente a esse regime de bens, o foro português, uma vez que tinham deixado bens em Portugal e planeavam regressar, depois da reforma de A, ao nosso país. Este pacto de jurisdição é válido?
4. E se A vem a falecer, subitamente, em Abril de 2019 e os seus filhos requererem inventário judicial e partilha junto de órgãos jurisdicionais alemães quais serão os tribunais competentes para decidir a questão dos regimes matrimoniais?

i. Aplicação do Direito Internacional Privado de fonte europeia: o Regulamento (UE) 2016/1103, de 24 de Junho

a) Base legal e antecedentes

No ordenamento jurídico português, o regime conflitual – i.e., a determinação da lei aplicável e dos órgãos jurisdicionais competentes, assim como o reconhecimento e a execução de decisões emitidas por órgãos jurisdicionais de outros Estados Membros – em matéria de efeitos patrimoniais dos casamentos internacionais celebrados em/após 29.01.2019 deixa de estar submetido às regras de direito internacional privado e do direito processual civil internacional de fonte interna (*máxime*, do Código Civil e do Código de Processo Civil) para ser aplicável o direito da União Europeia.

Isto significa que quer aos casamentos celebrados em/após 29.01.2019 quer às acções propostas em/após essa data se aplicará o Regulamento (UE) 2016/1103, de 24 de Junho. Como veremos, também aos casamentos celebrados antes de 29.01.2019 será possível aplicar a lei escolhida pelos cônjuges, nessa/após essa data, nos termos do Regulamento, mudando, consequentemente a lei até então aplicada, em virtude das regras de conflitos dos arts. 52.º, 53.º e 54.º do Código Civil já analisadas em III A).

A adopção do Regulamento (UE) 2016/1103 resultou de uma certa emergência de harmonização da lei aplicável, das regras de competência dos órgãos jurisdicionais e do incremento da circulação de decisões no seio da União Europeia após se haver constatado, como já notámos *supra* em II, a divergência e diversidade de soluções nos direitos susbtantivos e conflituais dos Estados Membros.

A base legal desta "europeização" do Direito Internacional Privado[144] decorre do Tratado de Amesterdão que introduziu uma disposição (art. 73.º-M que iria corresponder ao art. 65.º do Tratado CE e ao actual art. 81.º do TFUE) através da qual a União Europeia chamou a si a competência, atribuída ao Parlamento Europeu e ao Conselho através de processo legislativo ordinário, para tomar medidas de cooperação judiciária em matéria civil com incidência transfronteiriça quando tais medidas se mostrassem necessárias para o bom funcionamento do mercado interno, nomeadamente compatibilizando as normas aplicáveis nos Estados-Membros em matéria de conflitos de leis e de jurisdições (art. 81.º, n.º 2, c), do TFUE).

[144] Sobre a adopção de regras de direito internacional privado comuns aos Estados-Membro e a previsão de uma competência comunitária específica em matéria de direito internacional privado, cfr. Rui Moura Ramos, "Introdução ao Direito Internacional Privado da União Europeia", in *Estudos de Direito Internacional Privado da União Europeia*, Coimbra, IUC, 2016, pp. 11-73 (pp. 39 e ss) e as amplas referências bibliográficas aí citadas.

Em matéria de direito da família e das sucessões, este regulamento surge em derradeiro lugar após a adopção do Regulamento (UE) n.º 1259/2010, do Conselho, de 20 de Dezembro de 2010[145] (lei aplicável ao divórcio internacional), do Regulamento (CE) n.º 2201/2003 (Bruxelas II-*bis*), do Conselho (relativo à competência, ao reconhecimento e à execução de decisões em matéria matrimonial e em matéria de responsabilidade parental)[146], do Regulamento (CE) n.º 4/2009, do Conselho, de 18.12.2008 (relativo à competência, à lei aplicável, ao reconhecimento e à execução das decisões e à cooperação em matéria de obrigações alimentares) e ao Regulamento (UE) n.º 650/2012, do Parlamento Europeu e do Conselho (relativo à competência, à lei aplicável, ao reconhecimento e execução das decisões, e à aceitação e execução dos atos autênticos em matéria de sucessões e à criação de um Certificado Sucessório Europeu)[147]. Com a publicação dos Regulamentos sobre os regimes matrimoniais e sobre os efeitos patrimoniais das parcerias registadas[148] "o essencial do Direito da Família (internacional) é regulado por regulamentos europeus".[149]

A "europeização" não foi, no entanto, acolhida por todos os Estados Membros: a Dinamarca, nos termos dos arts. 1.º e 2.º do Protocolo

[145] *JOCE*, L, 160, de 30 de Junho de 2000, pp. 1-18.

[146] Hoje revogado pelo Regulamento (UE) 2019/111 do Conselho, de 25.06.2019.

[147] *JOUE*, L, 201, de 27 de julho de 2012, pp. 107-134.

[148] Cfr. Regulamento (UE) 2016/1104, do Conselho, de 24 de Junho de 2016, do qual não cuidaremos neste trabalho mas que apresenta regras muito semelhantes. Entre nós, cfr. Rui Moura Ramos, «La spécificité des effets patrimoniaux des partenariats enregistrés dans le droit international privé de l'Union Européenne», *AEDIPr*, n.º 18, 2018, pp. 45-60 e "Os efeitos patrimoniais do casamento e das parcerias registadas no Direito Internacional Privado da União Europeia, *BFD*, 93/1 (2017) e ainda a comparação entre os Regulamentos 2016/1103 e 1104 em Helena Mota, "Os efeitos patrimoniais do casamento e das uniões de facto registadas no Direito Internacional Privado da União Europeia. Breve análise dos Regulamentos (UE) 2016/1103 e 2016/1104, de 24 de Junho", *in RED – Revista Electrónica de Direito*, n.º 2, FDUP/CIJE, Junho 2017, pp. 1-33. Na análise do Regulamento 2016/1103 seguiremos de perto este trabalho, sem prejuízo das alterações e desenvolvimentos fruto de investigação e reflexões posteriores.

[149] H. Péroze E. Fongaro, *Droit international privé patrimonial de la famille,...*, p. 6. Como sublinham os AA. esta europeização é reforçada pelo primado do Direito da UE segundo o qual os regulamentos, e salvo disposição em contrária, prevalecem sobre as convenções ratificadas pelos Estados Membros.

n.º 22 relativo à posição da Dinamarca anexo ao TFUE, não participa nestes regulamentos assim como a Irlanda e o Reino Unido (arts. 1.º e 2.º do Protocolo n.º 21.º anexo ao TFUE), sem prejuízo, quanto a estes últimos, da eventualidade de notificarem a sua intenção de *opt in*.

De facto, estes países foram revendo as suas posições, tendo decidido aprovar e/ou aplicar vários regulamentos. No âmbito específico das relações familiares e sucessórias internacionais, o Reino Unido e a Irlanda participaram na aprovação do Regulamento Bruxelas II-*bis*; a Irlanda participou na aprovação do Regulamento (CE) n.º 4/2009 do Conselho, de 18.12.2008 (obrigações alimentares) e o Reino Unido e a Dinamarca aplicam-no nos termos da Decisão 2009/451/CE da Comissão, de 8 de Junho de 2009, e do Acordo celebrado entre a CE e a Dinamarca e da Decisão 2006/325/CE do Conselho, de 27 de Abril de 2006, respectivamente.

A cooperação judiciária em matéria de Direito da Família era, naturalmente, uma questão sensível pois as suas soluções jurídico-materiais e conflituais tangem com as singularidades axiológico-normativas de cada ordenamento jurídico, muito ligadas às suas particulares circunstâncias geográficas, históricas, sociais e políticas, sem paralelo noutras matérias civis ou comerciais.

Previu-se, por isso, um tratamento excepcional no próprio processo legislativo, nos termos do art. 81.º, n.º 3, do TFUE, não sendo adoptado, como nas restantes matérias, um processo legislativo ordinário mas antes atribuindo exclusiva competência ao Conselho que delibera por unanimidade, após consulta do Parlamento Europeu, prevendo-se, no entanto, através de uma cláusula "passerelle", que o Conselho, sob proposta da Comissão, possa deliberar mediante processo legislativo ordinário, tendo os Parlamentos nacionais direito a opor-se a esta modalidade de decisão no prazo de 6 meses.

Este processo legislativo especial que exige unanimidade do Conselho (art. 81.º, n.º 3, do TFUE) suscitou inúmeras dificuldades da adopção dos Regulamentos Europeus nestas matérias: exemplo disso foi o regulamento sobre a lei aplicável ao divórcio (Regulamento (UE) n.º 1259/2010, do Conselho, de 20 de Dezembro de 2010), que não se insere nas iniciativas legislativas tomadas ao abrigo do art. 81.º, n.º 2, c), do TFUE, mas trata-se antes de um instrumento de cooperação reforçada que se aplica apenas em 15 Estados-Membros e que está previsto nos arts. 326.º a 334.º do TFUE; o Regulamento agora em análise, tendo seguido o mesmo processo, é outra manifestação da mesma dificuldade[150].

De facto, apesar de a adopção de um instrumento europeu em matéria de "regimes matrimoniais" constar do Plano de Acção de Viena de 1998 e ser considerada uma prioridade[151] para o Programa da Haia, adoptado pelo Conselho Europeu de 4 e 5 de Novembro de 2004, as Propostas de Regulamentos do Conselho relativos à competência, à lei aplicável, ao reconhecimento e à execução de decisões em matéria de regimes matrimoniais e efeitos patrimoniais das parecerias registadas só viram a luz do dia a 16 de Março de 2011[152].

As soluções avançadas pela Comissão nas Propostas foram tudo menos consensuais e a doutrina fez ouvir as suas críticas[153]. Em Agosto de

[150] Sobre a cooperação reforçada e o princípio da diferenciação no direito da UE, cfr. Graça Enes Ferreira, *Unidade e diferenciação no Direito da União Europeia. A diferenciação como um princípio estruturante do sistema jurídico da União*, Coimbra, Almedina, 2017. Cfr. ainda Helena Mota, "Igualdade e diversidade no direito europeu das relações familiares transfronteiriças. A cooperação reforçada em frente ao espelho" in *Actas das Jornadas Internacionais "Igualdade e Responsabilidade nas Relações Familiares"*, Escola de Direito da Universidade do Minho. Centro de Investigação em Justiça e Governo, ISBN 978-989-54587-2-1, Fevereiro 2020, pp. 305-329.

[151] Cfr. Considerando 5 do Regulamento 2016/1103, de 24 de Junho.

[152] [COM (2011) 126 final] in http://www.europarl.europa.eu/meetdocs/2009_2014/documents/com/com_com(2011)0126_/com_com(2011)0126_pt.pdf e [COM (2011) 127 final] in http://www.europarl.europa.eu/meetdocs/2009_2014/documents/com/com_com(2011)0127_/com_com(2011)0127_pt.pdf (11.04.2017).

[153] Sobre a Proposta, cfr. Andrea Bonomi, "The Proposal for a Regulation on Matrimonial Property: A Critique of the Proposed Rule on the Immutability of the Applicable Law" in Katharina Boele-Woelki, Nina Dethloff e Werner Gephart (eds), *Family Law and Culture in Europe. Developments, Challenges and Opportunities*, Cambridge-Antwerp-Portland, Intersentia, 2014, pp. 231-249; Cristina González Beilfuss, "The proposal for a council resolution on the property consequences of registered partnerships", *YPIL*, vol. XIII, 2011, pp. 183-198; Cristina González Beilfuss, "Propuestas de Reglamento comunitario en materia de regímenes económicos matrimoniales y sobre los efectos patrimoniales de las uniones registradas", *ADC*, tomo LXIV, fasc. III, Jul.Sept., pp. 1149-1154; Jacqueline Gray e Pablo Quinzá Redondo, "La (des)coordinación entre la Propuesta de Reglamento de régimen económico matrimonial y los Reglamentos en materia de divorcio y sucesiones", *AEDIPr*, vol. XIII, 2013, pp. 513-542; Jacqueline Gray e Pablo Quinzá Redondo, "Stress-Testing the EU Proposal on Matrimonial Property Regimes: Co-operation between EU private international law

2013, foi apresentado, pelo Parlamento Europeu, um Projecto de Resolução legislativa[154] sobre as Propostas de Regulamentos que introduziam alterações aos seus respectivos textos e convidava a Comissão a alterá-los em conformidade e a 10 de Novembro de 2014, o Conselho apresentou textos de compromisso que continham igualmente alterações e inovações em relação aos textos anteriores[155].

instruments on family matters and succession", *Familie & Recth*, Nov., 2013; HELENA MOTA, "El ámbito de aplicación material y la ley aplicableen la propuesta de Reglamento "Roma IV": algunos problemas y omisiones", in *Cuadernos de DerechoTransnacional*, vol. 5 (Out.), n.º 2, 2013, pp. 428-447; C. NAGY, "The European Commission's Draft Regulation on the Conflict of Laws of matrimonial property: some conceptual questions", *Harmonisation of Serbian and Hungarian law with the European Union Law*, Thematic Collection of papers, Faculty of Law Novi Sad, Pub. Cent., Novi Sad/Újvidék, 2013, pp. 409-427 e "El derecho aplicable a los aspectos patrimoniales del matrimonio: la ley rectora del matrimonio empieza donde el amor acaba", *AEDIPr*, t.X, 2010, pp. 511-529; CARMEN VAQUERO LOPÉZ, "Los regímenes matrimoniales en un espacio de libertad, seguridad y justicia. Apuntes sobre la codificación comunitaria de las normas sobre competencia judicial, conflicto de leyes y reconocimiento y ejecución de decisiones judiciales", *AEDIP*, VI, Madrid, Iprolex, 2006, pp. 195-208; Ilaria VIARENGO, "The EU proposal on matrimonial property regimes", *YPIL*, vol. XIII, 2011, pp. 199-215; ELENA RODRÍGUEZ PINEAU, "Los efectos patrimoniales de las uniones registradas: algunas consideraciones sobre la propuesta de Reglamento del Consejo", in *AEDIPr*, t.XI, 2011, pp. 937-955, JOSEP FONTANELLAS MORELL, "Una primera lectura de las propuestas de reglamento comunitario en materia de regímenes económicos matrimoniales y de efectos patrimoniales de las uniones registradas", in Carmen Parra Rodríguez (Dir.), *Nuevos Reglamentos comunitarios y su impacto en el derecho catalán. Las perspectivas de futuro*, Barcelona, 2013, pp. 257-290.

[154] Projectos de Resolução legislativa do Parlamento Europeu sobre a Proposta de Regulamento do Conselho relativo à competência, à lei aplicável, ao reconhecimento e à execução de decisões em matéria de regimes matrimoniais [COM(2011) 0126-C7-0093/2011-2011/0059 (CNS)] in http://www.europarl.europa.eu/sides/getDoc.do?pubRef=-//EP//TEXT+REPORT+A7-2013-0253+0+DOC+XML+V0//PT (11.04.2017) e sobre a Proposta de Regulamento do Conselho relativo à competência, à lei aplicável, ao reconhecimento e à execução de decisões em matéria de efeitos patrimoniais das parcerias registadas [COM(2011) 0127-C7-0093/2011-2011/0059 (CNS)] in http://www.europarl.europa.eu/sides/getDoc.do?pubRef=-//EP//TEXT+REPORT+A7-2013-0254+0+DOC+XML+V0//PT (11.04.2017) ambos constantes do Relatório da Comissão de Assuntos Jurídicos (Relatora: Alexandra Thein).

[155] Nota da Presidência do Conselho da União Europeia de 10/11/2014 (15275/14. JUSTCIV281 e 15276/14. JUSTCIV282 + COR1) contendo em Anexo os textos de compromisso das Propostas de Regulamento do Conselho relativo à competência, à lei aplicável, ao reconhecimento e à execução de decisões em matéria de regimes matrimoniais e de efeitos patrimoniais das parcerias registadas. Sobre este texto de compromisso e as alterações

Depois de a Hungria e a Polónia terem feito uma declaração conjunta, a 1 de Dezembro de 2015, sugerindo mais alterações às Propostas e de o Reino Unido ter refutado o *opt in*, na reunião de 3 de Dezembro de 2015, o Conselho concluiu que não poderia ser alcançada a unanimidade necessária para a adopção das Propostas. Ainda assim, e uma vez que vários Estados-Membros se mostraram disponíveis para ponderar a possibilidade de instituir uma cooperação reforçada nos domínios abrangidos pelos regulamentos, esta hipótese foi avançada e, a 3 de Março de 2016, a Comissão apresentou uma Proposta de Decisão do Conselho que autorizava a cooperação reforçada no domínio da competência, da lei aplicável, do reconhecimento e da execução de decisões sobre os regimes de bens dos casais internacionais [COM (2016) 108 final] e, na mesma data, duas Propostas de Regulamento do Conselho relativo à competência, à lei aplicável, ao reconhecimento e à execução de decisões em matéria de regimes matrimoniais e de efeitos patrimoniais das parcerias registadas, respectivamente [COM (2016) 106 final e COM (2016) 107 final].

A 3 de Junho, e tendo o Conselho chegado a acordo sobre a proposta de decisão e enviado ao PE o pedido de aprovação, foi convidado a confirmar que existia uma orientação geral relativamente aos textos das Propostas de Regulamentos sobre os regimes matrimoniais e efeitos patrimoniais das parcerias registadas e toma a Decisão (UE) 2016/954 do Conselho, de 9 de junho de 2016, que autoriza a cooperação reforçada no domínio da competência, da lei aplicável, do reconhecimento e da execução de decisões sobre os regimes de bens dos casais internacionais, incluindo os regimes matrimoniais e os efeitos patrimoniais das parcerias registadas; finalmente, a 23 de Junho o Parlamento Europeu emitiu o seu parecer favorável.

Surgem, assim, finalmente, os Regulamentos (UE) 2016/1103 e 2016/1104 do Conselho, de 24 de Junho de 2016 que implementam a cooperação reforçada, com base no art. 328.º, n.º 1 e art. 81.º, n.º 3, do TFUE (Tratado de Lisboa), no domínio da competência, da lei aplicável, do reconhecimento e da execução de decisões em matéria de regimes

introduzidas à Proposta de 2011, cfr. Helena Mota, "A lei aplicável aos regimes de bens do casamento no direito da União Europeia. Desenvolvimentos recentes", in *Scientia Iuridica*, Tomo LXIV, 2015, n.º 338, pp. 187-214.

matrimoniais e de efeitos patrimoniais das parcerias registadas. São hoje 18 os Estados-Membros participantes e vinculados por estes Regulamentos e, entre eles, Portugal.[156]

b) Âmbito de aplicação temporal, pessoal, territorial e material

O Regulamento (UE) 2016/1103 do Conselho, de 24 de Junho, que implementa a cooperação reforçada no domínio da competência, da lei aplicável, do reconhecimento e da execução de decisões em matéria de regimes matrimoniais, doravante designado por "Regulamento 2016/1103", aplicar-se-á a partir de 29.01.2019[157] e substituirá, nos Estados-Membros participantes, as regras de conflitos relativas ao seu âmbito de aplicação material definido nos termos do art. 1.º, n.ºs 1 e 2, art. 3.º, n.º 1, a), e ainda do art. 27.º quanto ao âmbito da lei aplicável.

Do ponto de vista temporal, o Regulamento 2016/1103 aplicar-se-á às acções propostas à data ou após 29.01.2019 e aos actos autênticos formalizados e registados à data ou depois dessa data e às transações judiciais homologadas ou concluídas nos mesmos prazos; no entanto, nos termos do art. 69.º, n.º 2, se a acção proposta no Estado-Membro de origem tiver sido instaurada antes de 29.01.2019, as decisões proferidas em 29.01.2019 ou após essa data serão reconhecidas e executadas nos termos do Regulamento, se as suas regras de competência tiverem sido respeitadas; já a lei aplicável, nos termos do Regulamento 2016/1103, afectará somente os casamentos celebrados em ou após 29.01.2019, mas permitir-se-á a escolha de lei feita nessa data ou mais tarde, mesmo que o casamento tenha sido celebrado anteriormente; tal escolha de lei deverá ser feita nos termos do Capítulo III (Lei Aplicável) do Regulamento; nos outros casos, e no que aos órgãos jurisdicionais portugueses diga respeito, mantêm-se em vigor as regras de conflitos do DIP português (art. 52.º, 53.º e 54.º do CC) quanto à lei aplicável e as regras do processo civil (arts. 62.º, 63.º, 978.º a 985.º do CPC) quanto à competência internacional e ao reconhecimento e execução de decisões estrangeiras.

[156] Portugal, Espanha, França, Itália, Alemanha, Bélgica, Luxemburgo, Países Baixos, Finlândia, Suécia, Malta, Grécia, Chipre, Eslovénia, Bulgária, Áustria, República Checa e Croácia.

[157] Cfr. Art. 70.º, n.º 2, §2. À excepção de algumas normas sobre deveres de informação e comunicação dos Estados participantes (arts. 63.º e 64.º: 29.04.2018; arts. 65.º, 66.º e 67.º: 29.07.2016).

No caso prático[158]*, A e B, de nacionalidades diferentes, casados em Portugal onde residiam habitualmente, no ano de 1990, fazem, na Alemanha, um acordo de escolha de lei em favor da lei nacional de A mas não registam o acordo de escolha de lei; a convenção matrimonial na Alemanha está sujeita a registo. Quid Iuris?*

Nos termos do Regulamento 2016/1103, ao qual estão vinculados quer Portugal quer a Alemanha, a lei aplicável é aquela que os cônjuges escolheram ainda que o casamento tenha sido celebrado antes de 29.01.19 (in casu, em 1990), uma vez que houve acordo de escolha de lei feito depois dessa data (Fevereiro de 2019), nos termos do Capítulo III do Regulamento (art. 69.º, n.º 3, art. 22.º, n.º 1, b)).

***No entanto,** se o acordo de escolha de lei não for registado nos termos da lei alemã, lei da residência habitual dos cônjuges, é formalmente inválido (art. 23.º, n.ºs 1 e 2) e aplicar-se-iam as regras de conflitos internas uma vez que o casamento foi celebrado antes de Janeiro de 2019.*

No caso, os tribunais portugueses, se fossem competentes, aplicariam a lei portuguesa, nos termos do art. 53.º, n.º 2 do Código Civil. Caso contrário, e se fossem competentes os tribunais alemães, estes aplicariam as suas regras de conflitos em matéria de regimes de bens do casamento.

Do ponto de vista pessoal, o Regulamento aplica-se às questões internacionais (comunitárias ou extra-comunitárias) mesmo que haja apenas um elemento de estraneidade, i.e, com contacto, ainda que parcial, com um ordenamento jurídico estrangeiro (por exemplo: a determinação do regime de bens de um casal de nacionalidade portuguesa residente habitualmente em Lisboa e que é proprietário de um imóvel na Suíça)[159].

Territorialmente, a aplicação do Regulamento está circunscritaaos Estados-Membros participantes (art. 70.º, n.º 2), mas a lei aplicável, segundo as suas regras de conflitos, tem aplicação universal (art. 20.º), i.e, aplicar-se-á mesmo sendo a lei de um Estado-Membro não participante

[158] Para uma análise e comentários destes casos (académicos) cfr. HELENA MOTA, "Regímenes matrimoniales y sucesión después de la disolución por muerte de un matrimonio transfronterizo: un caso de estudio", *Revista Internacional de Doctrina y Jurisprudencia,* vol.21, Dez.2019, ISSN 2255-1824, pp. 55-64.

[159] Neste sentido, H. PÉROZ e E. FONGARO, *Droit international privé patrimonial de la famille...,* p. 1.

(a Hungria, por exemplo) ou de um Estado 3.º (a Suíça ou o Brasil, por exemplo).[160]

No caso prático, A, húngaro, e B, portuguesa, casados em 1990, no Porto, e residentes habitualmente, desde 2015, na Alemanha, elaboram um acordo de escolha de lei, em favor da lei húngara, para reger o seu regime de bens. Podem escolher a lei húngara para reger o seu regime de bens? Quer em Portugal quer na Alemanha, os cônjuges podem escolher a lei nacional de um deles (neste caso, a lei húngara), mesmo não sendo a lei de um EM participante (art. 69.º, n.º 3, art. 22.º, n.º 1, b), art. 20.º do Regulamento 2016/1103).

O âmbito de aplicação material do Regulamento 2016/1103 está definido, pela positiva, no art. 1.º, n.º 1:

"*O presente regulamento é aplicável aos regimes matrimoniais*";

e, pela negativa, pelo §1 do art. 1.º, n.º 1:

"*Não é aplicável às matérias fiscais, aduaneiras e administrativas*";

[160] Cfr. João Gomes Almeida, "Breves considerações sobre o conceito de Estado-Membro nos regulamentos em matéria de regimes matrimoniais e de efeitos patrimoniais das parcerias registadas, *Revista do Centro de Estudos Judiciários*, 2016, II, pp. 165-78. As normas atributivas de competência internacional dos Regulamentos atribuem competência somente aos órgãos jurisdicionais dos Estados Membros (arts. 4.º a 13.º e 19.º, em especial o art. 7.º); neste âmbito assim como quanto ao próprio controlo de competência (art. 15.º) por Estado Membros entende-se "Estado Membros participante no regulamento". E o mesmo acontece relativamente aos casos de litispendência e conexão (arts. 18.º e 19.º) uma vez que, como bem sublinha o A., estas normas impõem obrigações, nomeadamente de informação, aos órgãos jurisdicionais envolvidos (sem prejuízo dos problemas que a falta de extensão aos EM não participantes possa suscitar, como referiremos *infra* nota 195). Já no que diz respeito às regras de conflitos do Regulamento, a identificação de Estado Membro como Estado Membro *participante* é isenta de dúvida ou *irrelevante* (na expressão do A.) no caso do art. 20.º e afirmativa nos arts. 29.º e 35.º segundo os mesmos critérios da atribuição de competência jurisdicional; já no caso dos arts. 23.º e 25.º a situação é diferente dado, precisamente, o carácter universal da lei da lei aplicável e atendendo ao notório pendor restritivo (contrário ao *favor negotti* como assinalamos *infra* p. 140) da conexão cumulativa aí usada. Ora, uma vez que a *ratio* destes arts. 23.º e 25.º é excepcional e até contrária aos objectivos de segurança jurídica e a previsibilidade das situações jurídicas do Regulamento, ela não deverá ter uma interpretação mais ampla mas, ao invés, mais restritiva: assim, também aqui por Estado Membro entender-se-á Estado Membro *participante,* posição que nos merece concordância.

e ainda pelas exclusões referidas no n.º 2 do art. 1.º:

"São excluídos do âmbito de aplicação do presente regulamento: a) A capacidade jurídica dos cônjuges; b) A existência, validade ou reconhecimento de um casamento; c) As obrigações de alimentos; d) A sucessão por morte do cônjuge; e) A segurança social; f) O direito à transferência ou à adaptação entre cônjuges, em caso de divórcio, separação judicial, ou anulação do casamento, dos direitos a pensão de reforma ou de invalidez adquiridos durante o casamento e que não tenham gerado rendimento de pensão durante o casamento; g) A natureza dos direitos reais sobre um bem; e h) Qualquer inscrição num registo de direitos sobre um bem imóvel ou móvel, incluindo os requisitos legais para essa inscrição, e os efeitos da inscrição ou não inscrição desses direitos num registo".

Da leitura conjugada destes preceitos com o art. 3.º, n.º 1:

"Para efeitos do presente regulamento, entende-se por: a)"Regime matrimonial", o conjunto de normas relativas às relações patrimoniais dos cônjuges e às suas relações com terceiros, em resultado do casamento ou da sua dissolução";

pode concluir-se que o Regulamento 2016/1103 aplicar-se-á aos efeitos patrimoniais do casamento na sua vigência ou após a sua dissolução, por morte ou divórcio, no que tange em particular com a partilha dos bens comuns: nomeadamente, a lei aplicável segundo os critérios conflituais nele previstos definirá, desde logo, o regime de bens (legal ou convencional), os termos da partilha após o casamento ou divórcio (no caso português, regras como o art. 1790.º do Código Civil) e outros efeitos patrimoniais deles decorrentes, tais como as regras[161] para a atribuição da casa de morada de família após o divórcio (no direito português, prevista no art. 1793.º do CC) ou a perda de benefícios (no direito português, prevista no art. 1791.º do CC) e, naturalmente, serão competentes os órgãos jurisdicionais dos EM designados pelo regulamento para tratarem estas questões, assim como serão executadas e reconhecidas as decisões proferidas pelos mesmos órgãos sobre as mesmas matérias.

Este esclarecimento não isenta, no entanto, a circunscrição material do Regulamento, de dúvidas: estarão soluções jus-materiais como as

[161] No mesmo sentido, quanto ao direito temporário à casa de morada de família após o divórcio, cfr. H. Péroz e E. Fongaro, *Droit international privé patrimonial de la famille...*, p. 140.

vertidas nos arts. 1105.º e 1106.º do Código Civil, relativas à transmissão ou concentração do contrato de arrendamento em caso de divórcio ou morte, dentro do seu âmbito de aplicação ou poder-se-ão subsumir-se ao estatuto contratual? As atribuições preferenciais, previstas no art. 2103.º A do Código Civil, da casa de morada de família e respectivo recheio, dada a função sucessória da norma, enquadrar-se-ão no âmbito de aplicação material do Regulamento (UE) n.º 650/2015 do PE e do Conselho, de 4 de julho de 2012 (Sucessões por morte) ou neste Regulamento?[162]

E cingir-se-á a lei aplicável aos regimes de bens em sentido estrito, i.e, à definição do activo patrimonial dos (de cada) cônjuge(s) ou estender-se-á igualmente a todos os outros efeitos patrimoniais do casamento como as regras sobre a administração de bens ou a possibilidade de celebrarem entre eles contratos ou a responsabilidade de cada um pelo passivo conjugal? E se tais regras tiverem repercussões para terceiros, nomeadamente a invalidade dos actos praticados sem legitimidade ou a responsabilização solidária por dívidas assumidas? Está o chamado "regime primário do casamento" incluído no âmbito material do Regulamento?

A interpretação autónoma dos seus conceitos exige alguma clarificação nesta matéria e que nos é dada pelo Considerando 18:

"o âmbito de aplicação do presente regulamento deverá abarcar todos os aspetos de direito civil dos regimes matrimoniais, respeitantes tanto à gestão quotidiana dos bens dos cônjuges como à sua liquidação, decorrentes nomeadamente d

[162] Neste sentido, cfr. Luís de Lima Pinheiro, *Direito Internacional Privado*, Vol. II, 4.ª ed., Coimbra, Almedina, 2015, p. 645 e nota 1565. No sentido da qualificação sucessória de algumas possíveis disposições da convenção nupcial que garantem uma posição privilegiada ao cônjuge, na partilha após a dissolução do casamento por morte (as *avantajes matrimoniaux* do direito francês que garante a comunhão geral ao cônjuge sobrevivo nos termos do art. 1524.º do *Code* ou a desigual repartição dos adquiridos no regime da participação suíço também em favor do cônjuge sobrevivo nos termos do art. 216.º, §1 do Código Civil suíço), cfr. Paulina Twardoch, «Le règlement européenen matière de régimes matrimoniaux de la perspective du droit polonais», in *RCDIP*, n.º 3, 2016, pp. 465-514 (p. 472). Idêntico raciocínio poderia ser feito em relação ao art. 1719.º do CC que permite a convenção da partilha segundo o regime da comunhão geral de bens em caso de dissolução do casamento por morte sempre que haja descendentes comuns. Essa não é, no entanto, a nossa opinião. Desenvolveremos esta questão a propósito do Ac. *Mahnkopf*.

a separação do casal ou da morte de um dos seus membros. Para efeitos do presente regulamento, o termo «regime matrimonial» deverá ser interpretado de forma autónoma e deverá abranger não só as regras às quais os cônjuges não podem derrogar, mas também as eventuais regras facultativas em que os cônjuges possam acordar em conformidade com a legislação aplicável, bem como as regras gerais previstas na legislação aplicável. Inclui não só as disposições patrimoniais específica e exclusivamente previstas por certos sistemas jurídicos nacionais no caso do casamento, mas também as relações patrimoniais entre os cônjuges e entre estes e terceiros, resultantes diretamente do regime matrimonial ou da dissolução deste regime".

A densificação da noção de "regimes matrimoniais", em face da delimitação material do Regulamento feita no art. 1.º, n.º 1 ("*o presente Regulamento é aplicável aos regimes matrimoniais*") e pela definição oferecida pelo art. 3.º, n.º 1, a), ("*«Regime matrimonial», o conjunto de normas relativas às relações patrimoniais dos cônjuges e às suas relações com terceiros, em resultado do casamento ou da sua dissolução*"), permite esclarecer que não só os regimes de bens em sentido estrito (titularidade dos activos) mas também outras regras da gestão patrimonial docasamento (e após a sua dissolução) ligadas ao regime de bens adotado e ainda o regime matrimonial primário, i.e. os aspectos patrimoniais do casamento que são comuns a todos os casamentos e imperativos, estão abrangidos pelo Regulamento 2016/1103.

Acresce ainda que para a interpretação do art. 2.º, n.º 2, a), e sobre o que entender por "capacidade *jurídica* dos cônjuges", matéria excluída do âmbito material do Regulamento 2016/1103, o Considerando 20 sublinha que:

"*consequentemente, o presente regulamento não deverá ser aplicável a questões relacionadas com a capacidade jurídica geral dos cônjuges; no entanto, esta exclusão não deverá abranger os poderes e direitos específicos de qualquer um ou de ambos os cônjuges em relação aos bens, quer entre eles quer em relação a terceiros, uma vez que esses poderes e direitos deverão ser abrangidos pelo âmbito de aplicação do presente regulamento.*"

Fica então claro, pela negativa, que as ilegitimidades conjugais (no caso do direito português, previstas, por exemplo, nos arts. 1682.º e ss.), se subsumem a este conceito-quadro e a elas se aplicará a lei designada pelo Regulamento 2016/1103[163].

Por fim, importará também referir a indicação *exemplificativa* feita, no art. 27.º, do elenco de matérias tratadas pela lei designada em que se incluem "nomeadamente":

"a) A classificação dos bens de qualquer ou de ambos os cônjuges em diferentes categorias durante e após o casamento; b) A transferência de bens de uma categoria para outra; c) A responsabilidade de um cônjuge pelas obrigações e dívidas do outro cônjuge; d) Os poderes, direitos e obrigações de qualquer um ou de ambos os cônjuges em relação aos bens; e) A dissolução do regime matrimonial e a divisão, distribuição ou liquidação de bens; f) A oponibilidade do regime matrimonial a uma relação jurídica entre um dos cônjuges e terceiros; e g) A validade material de uma convenção nupcial".

As dúvidas que os anteriores textos deste *iter* legislativo suscitavam ficam assim sanadas, em especial pela redacção das alíneas c) e d).

Parece-nos também que a questão das liberalidades entre vivos entre os cônjuges, embora não especificada, está incluída no âmbito da lei aplicável aos regimes matrimoniais, não só pelas características e *ratio* das regras materiais que as regem, como, do ponto de vista da história legislativa, pela sua exclusão (ao invés do que acontecia na Proposta de 2011) do elenco das matérias designadas, nos termos do art. 1.º, n.º 2, às quais o presente Regulamento não se aplica.

O Regulamento 2016/1103 permite assim a conexão única ou a aplicação da mesma solução conflitual a todos os aspectos patrimoniais do casamento,[164] eliminado as dificuldades de delimitação e qualificação – que já assinalámos *supra* quanto ao Direito Internacional Privado de fonte interna – entre os regimes de bens e os demais efeitos gerais do casamento, ainda dotados de características patrimoniais; se era verdade que esta dimensão patrimonial não isentava o "regime matrimonial

[163] Cfr. H. Péroze E. Fongaro, *Droit international privé patrimonial de la famille...*, p. 137, defende a aplicação da Convenção da Haia de 13.01.2000 sobre a protecção internacional de adultos à questão da capacidade geral dos cônjuges.

[164] No sentido, entre nós defendido *lege ferenda*, por Helena Mota, *Os efeitos patrimoniais do casamento em direito internacional privado – em especial, o regime matrimonial primário*, Coimbra, Wolters Kluwer – Coimbra Editora, 2012.

primário" de características institucionais e pessoais que justificavam a imperatividade de algumas das suas normas e a sua independência em relação aos regimes de bens concretos, ficando, por isso, para além (ou aquém) da vontade dos cônjuges e da sua autonomia privada, também não era menos verdade que aos regimes de bens adoptados pelos cônjuges, como instrumento para a planificação do seu património, eram determinantes todas as regras relativas ao regime das dívidas comuns, aos poderes de gestão sobre o património próprio e comum, às operações de liquidação e partilha desse património que implicariam o pagamento de dívidas dos cônjuges entre si e a liquidação das dívidas ao património comum. E se a maioria poderia ser pré-ordenada pelos cônjuges através de uma convenção ou por mera adesão ao regime legal, outras serão aplicadas, e independentemente desta escolha, de modo imperativo a todas as relações patrimoniais conjugais e com repercussões para com terceiros.

Ora, se era de todo indesejável a obscuridade na interpretação do conceito-quadro especialmente quando ela é autónoma, a exclusão das regras do regime primário do casamento do âmbito de aplicação material do Regulamento 2016/1103 seria negativa[165]. De facto, ela conduziria à fragmentação, ou *dèpeçage*, do estatuto patrimonial do casamento e a lei competente para regular o regime primário poderia desvirtuar o sentido e os objectivos dos cônjuges quando, ao abrigo de uma lei diferente, competente para regular o regime de bens, escolhessem o regime matrimonial; o próprio equilíbrio, pensado pelo direito material de cada ordenamento jurídico, entre as normas imperativas e supletivas neste domínio perder-se-ia se fosse aplicada mais do que uma lei ao estatuto patrimonial do casamento. A estes problemas acresceriam os potenciais conflitos de qualificação: de facto, a diferente caracterização das normas materiais, nos seus ordenamentos de origem, como normas de

[165] Estas críticas eram comuns na doutrina: cfr. CARMEN VAQUERO LOPÉZ, "Los regímenes matrimoniales en un espacio de libertad, seguridad y justicia. Apuntes sobre la codificación comunitaria de las normas sobre competencia judicial, conflicto de leyes y reconocimiento y ejecución de decisiones judiciales", *AEDIP*, VI, Madrid, Iprolex, 2006, pp. 195-208 (p. 201), defendendo, ainda antes da publicação da Proposta de 2011, a possibilidade de introduzir, no instrumento comunitário de unificação das regras de conflitos sobre os regimes de bens, normas de direito material uniforme referentes aos elementos essenciais do regime primário, naqueles aspectos que eram manifestamente consensuais.

regime primário (e, por isso, putativamente excluídas do âmbito de aplicação do Regulamento 2016/1103) ou reguladoras dos regimes de bens, conduziria à aplicação concorrente de regras de conflitos nacionais ou mesmo de outros instrumentos legislativos comunitários[166].

É agora claro que regras do regime matrimonial primário (dívidas conjugais, ilegitimidades conjugais, em especial as normas sobre a protecção da morada de família, administração dos bens) estão incluídas no estatuto patrimonial único do casamento definido pelo presente regulamento, no sentido que vínhamos defendendo[167].

[166] Como também notaram depois da publicação da Proposta de 2011, outros AA: cfr. HELENA MOTA, "El ámbito de aplicación material y la ley aplicable en la propuesta de Reglamento "Roma IV": algunos problemas y omisiones", *CDT*, vol. 5 (Out.), n.º 2, 2013, pp. 428-447, *cit.*, p. 441; ILARIA VIARENGO, "The EU proposalon matrimonial property regimes", *YPIL*, vol. XIII, 2011, pp. 199-215 (p. 203); CRISTINA GONZÁLEZ BEILFUSS, "Propuestas de Reglamento comunitario en materia de regímenes económicos matrimoniales y sobre los efectos patrimoniales de las uniones registradas...", pp. 1149-54; C. NAGY, "El derecho aplicable a los aspectos patrimoniales del matrimonio: la ley rectora del matrimonio empieza donde el amor acaba...", pp. 511-529 e "The European Commission's Draft Regulation on the Conflict of Laws of matrimonial property: some conceptual questions...", pp. 409-427 e M. BUSCHBAUM e U. SIMON, "Les propositions de la Commission européenne relatives à l'harmonization des regles de conflit de lois sur les biens patrimoniaux des couples mariés et des partenariats enregistrés», *RCDIP*, 2011, pp. 801 e ss. Cfr. ainda JOSEP FONTANELLAS MORELL, "Una primera lectura de las propuestas de reglamento comunitario en materia de regímenes económicos matrimoniales y de efectos patrimoniales de las uniones registradas"..., pp. 261-62, considerando que dada a caracterização frequente das normas de regime primário como *lois police,* a sua inclusão no âmbito do Regulamento far-se-ia por via do art. 22.º (correspondente hoje, no texto do Regulamento, ao art. 30.º) relativo à aceitação da aplicação de normas de aplicação imediata pelo órgão jurisdicional do foro. O A. justifica este entendimento com base na Exposição de Motivos da Proposta (p. 9) ainda que nesta apenas se exemplificassem as normas de protecção da morada de família, o que está longe de constituir todo o conjunto de normas de regime primário presente nas várias codificações nacionais. Já depois da publicação do Regulamento n.º 1103/2016, MÓNICA VINAIXA MICQUEL, "La autonomia de la voluntad en los recientes reglamentos UE en matéria de régimenes económicos matrimoniales (2016/1103) y efectos patrimoniales de las uniones registradas (2016/1104)", *In Dret,* 2/2017, pp. 274-313 (p. 285) também centra a questão da inclusão das normas de regime matrimonial primário na aceitação pelo Regulamento das normas de aplicação imediata que, naturalmente, constituem sempre uma limitação à autonomia conflitual e, em geral, à solução conflitual. Mas, como vimos, a questão do regime matrimonial primário é muito mais ampla assim como é mais problemática a sua inclusão na solução conflitual relativa aos regimes de bens em sentido estrito.

[167] No sentido de que o regime matrimonial primário está agora incluído no âmbito de aplicação material do Regulamento n.º 1103/2016, cfr. J.C. FERNÁNDEZ ROZAS, "Un hito más en

A articulação entre os âmbitos materiais dos Regulamentos 2016/1103 e 650/2012 já foi colocada perante o TJUE.

No acórdão *Mahnkopf*[168] discutiu-se, em sede de reenvio prejudicial, se o âmbito material de aplicação do Regulamento 650/2012, definido pela positiva no seu art. 1.º, n.º 1, incluiria disposições do direito nacional – no caso, o §1371, n.º 1, do BGB alemão – que regulam o regime matrimonial de bens após o falecimento de um dos cônjuges através do aumento da quota hereditária do outro cônjuge, nomeadamente para efeitos de tal aumento ser incluído como direito sucessório do cônjuge sobrevivo no Certificado Sucessório Europeu. Ou seja, esta interpretação que se pede ao TJUE passa pela qualificação e subsequente determinação do conceito "sucessões por morte" a fazer autonomamente pelo próprio Regulamento, delimitando de outras questões jurídicas excluídas nos termos do art. 1.º, n.º 2, do Regulamento, entre as quais "as relacionadas com os regimes de bens" (art. 1.º, n.º 2, d), do Regulamento 650/2012 e Considerandos 11 e 12).

A resposta do TJUE neste acórdão *Mahnkopf* foi positiva, isto é, considerou o tribunal que este tipo de disposições está abrangido pelo âmbito de aplicação do referido Regulamento, e, naturalmente, passível de ser incluída no Certificado Sucessória Europeu.

A argumentação do TJUE no acórdão *Mahnkopf* é relevante para esclarecer questões semelhantes que podem ser suscitadas no âmbito do direito português: estamos a referir-nos, em concreto, ao art. 1719.º do CC, que prevê a possibilidade de se incluir na convenção antenupcial uma disposição nos termos da qual a partilha de bens após a *dissolução do casamento por morte,* quando haja descendentes comuns, se faça segundo

la comunitarización del Derecho internacional privado: regímenes económicos matrimoniales y efectos patrimoniales de las uniones registradas", *La LEY Unión Europea*, 2016, núm. 40, de 30 de septiembre de 2016, pp. 1-29, (p. 12) e Pablo Quinzá Redondo, *Régimen económico matrimonial. Aspectos sustantivos y conflictuales,* Valência, Tirant lo Blanch, 1.ª ed., 2016, p. 315, H. Péroze E. Fongaro, *Droit international privé patrimonial de la famille...*, p. 136. No entanto, os AA. excluem o dever conjugal de assistência, na modalidade de suporte pelos encargos da vida familiar, do âmbito do regulamento por considerarem tratar-se de matéria alimentar no âmbito do regulamento 4/2009. Pensámos que esta exclusão não prejudica a inclusão da comunicabilidade das dívidas por estes encargos (tal como prevista no art. 1691.º do CC, b)) do âmbito material do Regulamento 2016/1103.

[168] Acórdão do TJUE de 1 de Março de 2018, proc. C-558/16, *Mahnkopf.*

o regime da comunhão geral de bens ainda que tenha sido outro o regime adoptado pelos cônjuges.

No caso *Mahnkopf*, os cônjuges estavam casados no regime da comunhão de ganhos acumulados (*Zugewinnegemeinschaft* ou *community of accrued gains*) alemão, nos termos do qual não há património comum do casal mas após a dissolução do casamento há uma igualação dos patrimónios efectuada através de um cálculo do valor (líquido) dos bens acumulados na constância do casamento por cada cônjuge e, no caso de existir uma diferença entre eles, metade do excesso será atribuída ao cônjuge menos enriquecido, a pedido deste (§1363, 2). Os ganhos ou bens acumulados definem-se pela diferença por excesso entre o património final líquido de cada cônjuge e o património inicial líquido (§1373). No património inicial incluem-se os bens existentes à data da celebração do casamento e os adquiridos posteriormente a título gratuito, por sucessão ou doação (§1374). Assim, se o cônjuge A acumulou ganhos no valor de 2000 e o cônjuge B apenas 1000, por hipótese, metade dessa diferença será atribuída ao cônjuge que adquiriu bens em menor valor: no caso, B teria, no momento da dissolução do casamento, um crédito de 500 sobre A.

Ora, nos termos do § 1371, n.º 1, do BGB, em caso de morte, não é feita esta avaliação dos ganhos acumulados e atribui-se directamente ao cônjuge sobrevivo 1/4 de todos os bens do património final do *de cujus* tenha (*ou não*) havido ganhos na constância do casamento a título oneroso: *caso a morte de um dos cônjuges ponha termo ao regime matrimonial de bens, a compensação por eventuais ganhos patrimoniais é concretizada através do aumento da quota hereditária do cônjuge sobrevivo em um quarto da herança; neste âmbito é irrelevante que os cônjuges tenham ou não obtido concretamente esses*"[169]; a este valor acrescerá para o cônjuge sobrevivo os direito sucessórios definidos por lei, os quais, no caso de concorrer com os filhos, ascendem a ¼ da herança (§ 1931 do BGB n.º 1 e 3)[170].

O TJUE, em face desta factualidade e deste regime jurídico do direito alemão, considerou, louvando-se nas considerações feitas pelo advogado-geral, que o §1371, n.º 1, do BGB tem por objecto não a partilha de elementos patrimoniais entre os cônjuges mas a questão dos direitos

[169] § 1371, n.º 1, do BGB.

[170] § 1931, n.º 3, do BGB diz: "*A disposição do §1371 do BGB não é afectada*".

do cônjuge sobrevivo quanto aos elementos já contabilizados na massa sucessória, logo não se trata de liquidar um regime matrimonial mas determinar um *quantum* da quota sucessória a atribuir ao cônjuge sobrevivo relativamente à massa da herança e aos demais herdeiros; sendo uma "questão sucessória" estará incluída no âmbito de aplicação do Regulamento 650/2012.

Parece acertada esta interpretação do TJUE embora pudesse, como linha argumentativa, ter sido enfatizada a aplicação imperativa desta solução mesmo que não houvesse bens acumulados pelos cônjuges e ainda o facto de a determinação da quota de ¼ incidir não sobre a diferença de valores acumulados a mais pelo *de cujus* (se assim fosse a solução em caso de morte era mais desvantajosa para o cônjuge sobrevivo do que a regra geral de dividir pela metade tal diferença) mas sobre toda a herança, incluindo naturalmente todos os bens pessoais (património inicial) do *de cujus,* e determinando, com isso, que, em caso de morte, a protecção do cônjuge sobrevivo, quando concorre com os filhos, ascende a metade de todos os bens do património do falecido.

Por outro lado, esta interpretação não deixará de suscitar problemas se, ao contrário do que acontecia neste caso, em que os cônjuges tinham nacionalidade e residência habitual na Alemanha embora tivessem, em compropriedade, um bem imóvel na Suécia, forem leis diferentes a reger, respectivamente, a sucessão e o regime matrimonial. Se, por hipótese, o *de cujus* residisse habitualmente em Portugal à data da morte apesar de os cônjuges terem casado na Alemanha onde residiam, nessa data, habitualmente, nos termos do art. 21.º do Regulamento 650/2012, a *lex sucessionis* era a lei portuguesa não se aplicando §1371 do BGB; por outro lado, o regime de bens tinha sido definido pela lei alemã (art. 26.º, a), do Regulamento 2016/1103) mas aquela norma do BGB pretende resolver, de acordo com a interpretação do TJUE, um problema sucessório, estando excluída (art. 1.º, n.º 2, d)) do âmbito de aplicação material deste Regulamento. Neste caso, ter-se-ia de atender aos eventuais direitos do cônjuge sobrevivo sobre o património do falecido nos termos do seu regime de bens, abstraindo da causa da dissolução do casamento, sem prejuízo dos direitos sucessórios que a lei portuguesa lhe conferisse, utilizando o mecanismo da *adaptação.*

Cotejando esta interpretação do TJUE no Ac. *Mahnkopf* com o teor do art. 1719.º não parece que a qualificação desta solução deva ser sucessória; neste caso, ao contrário do que sucede quanto ao § 1371 do BGB, há uma efectiva repartição do património comum aquando da dissolução do casamento, somente com a mesma singularidade de se confinar a hipótese à dissolução por morte. E nesta repartição não estarão, por exemplo, incluídos os bens pessoais referidos no art. 1733.º, os quais farão parte da herança do falecido juntamente com a metade que lhe caberia no património conjugal.

Ainda problemática no que respeita ao âmbito de aplicação material do Regulamento 2016/1103 é a exclusão da questão da existência, validade ou reconhecimento de um casamento[171].

Nos termos do Considerando 17:

"O presente regulamento não define o termo "casamento", cuja definição incumbe às legislações nacionais dos diferentes Estados-Membros", acrescentando o Considerando 21:

"o presente regulamento não deverá ser aplicável a outras questões preliminares tais como a existência, validade ou o reconhecimento de um casamento, que continuam a ser abrangidas pelas legislações nacionais dos Estados-Membros, nomeadamente pelas respetivas regras de direito internacional privado".

O Regulamento 2016/1103 não regula assim a validade do casamento (não indicando a lei aplicável para apreciar esta questão que será designada pelo DIP do foro) no que pode resultar uma dificuldade da sua aplicação relativamente a Estados que tenham diferentes regras sobre a existência e validade do casamento, em particular no que concerne ao casamento de pessoas do mesmo sexo, instituição desconhecida ou mesmo proibida em vários ordenamentos jurídicos, mesmo no seio da UE[172] [173].

[171] Reproduzimos algumas reflexões que fizemos em Helena Mota, "Igualdade e diversidade no direito europeu das relações familiares transfronteiriças. A cooperação reforçada em frente ao espelho" *in Actas das Jornadas Internacionais "Igualdade e Responsabilidade nas Relações Familiares"...*, pp. 311-19.

[172] Cfr. Anna Wysocka-Bar, "Enhanced cooperation in property matters in the EU and non-participating Member States", in Wysocka-Bar, A. ERA Forum (2019) 20: 187 https://doi.org/10.1007/s12027-019-00562-0, 21 May 2019, Springer Berlin Heidelberg, ISSN 1612-3093, On line ISSN 1863-9038, que oferece um quadro comparado da questão: nos Estados Membros que não participam no Regulamento, a Estónia, Letónia, Lituânia, Polónia, Eslováquia, Hungria e a Roménia não consideram o casamento de pessoas do mesmo sexo válido

ou sequer o definem como tal; nos Países Bálticos, na Polónia, na Eslováquia e na Roménia, o casamento tem definição constitucional como união entre pessoas de sexo diferente e nestes países não existe legislação sobre uniões de facto registadas; na Roménia, o casamento de pessoas do mesmo sexo celebrado no estrangeiro não é reconhecido; na Estónia e na Hungria há legislação sobre união de facto registada entre pessoas do mesmo sexo ou sexo diferente. Na Bulgária, que participa no Regulamento, o casamento de pessoas do mesmo sexo é igualmente inválido, assim como na Itália, Grécia, Chipre, República Checa e Eslóvénia, todos Estados Membros participantes, mas que não consideram o casamento de pessoas do mesmo sexo válido ainda que contenham legislação sobre uniões de facto registadas do mesmo sexo, em alternativa.

[173] Esta terá sido uma das razões principais para o fracasso na obtenção da unanimidade dos Estados-Membros na aprovação do texto do Regulamento e que originou o recurso ao instrumento de cooperação reforçada; cfr. quanto à posição da Polónia e da Hungria, Paulina Twardoch, «Le règlement européen en matière de régimes matrimoniaux de la perspective du droit polonais», in *RCDIP*, n.º 3, 2016, pp. 465-514, que ia no sentido de permitir aos Estados que desconhecem a instituição "casamento de pessoas do mesmo sexo" e que a refutam até do ponto de vista constitucional, como no caso polaco, determinarem, segundo a sua lei material, o campo de aplicação material do Regulamento no que dissesse respeito aos efeitos patrimoniais dos casamentos de pessoas do mesmo sexo, sem que tal implicasse, em concreto, uma apreciação da validade do casamento; esta solução não isentaria estes ordenamentos, no caso de a sua jurisdição ser competente, de identificar a lei aplicável segundo as suas próprias regras de DIP e, no caso polaco, atendendo à lacuna existente, pelo recurso "à lei mais estreitamente ligada à situação". Anna Wysocka-Bar, "Enhanced cooperation in property matters in the EU and non-participating Member States"...., *cit*, avança com outra hipótese: na verdade, alguns destes países mais conservadores em relação aos casamentos de pessoas do mesmo sexo, e que se recusaram por isso a participar no Regulamento 2016/1103, participam nos Regulamentos sobre o divórcio internacional (*v.g.*, Hungria, Letónia, Lituânia e Roménia) ou no Regulamento das Sucessões Internacionais (*v.g.*, Países Báltico, Polónia, Eslováquia, Hungria e Roménia) em cujos Considerandos (respectivamente, 25 e 59) se impede o recurso à Ordem Pública Internacional do foro se tal for considerado contrário ao princípio da não discriminação e, concretamente, ao art. 21.º da Carta dos Direitos Fundamentais da União Europeia (princípio da não discriminação). Sucede que os arts. 37.º e 38.º do Regulamento 2016/1103 determinam que os fundamentos do não reconhecimento de uma decisão de uma autoridade de um Estado Membro com base na OPI do foro deve igualmente respeitar o art. 21.º da Carta, dando consagração e força normativa ao conteúdo dos *meros* Considerandos. Poderá suceder então que sendo A, romena, e estando casada com B, português, e tendo o casal um imóvel em Bucareste, o tribunal português possa decidir que o imóvel pertence a A e a Roménia teria de reconhecer esta decisão. No mesmosentido, cfr. Isabelle Barrière Brousse, «Le patrimoine des couples internationaux dans l'espace judiciaire européen. Les règlements européens du 24 juin 2016 relatifs aux régimes matrimoniaux et aux effets patrimoniaux des partenariats enregistrés», *JDI*, n.º 2/2017, Avril-Mai--Juin 2017, Lexis Nexis, Paris, p. 485-514 (p. 489).

A questão não é nova: trata-se, no fundo, de resolver uma "questão prévia" à aplicação das regras de direito internacional privado[174]. E a questão prévia será resolvida no contexto das regras de direito internacional privado do foro.[175]

[174] O problema já tinha sido suscitado aquando da publicação do Regulamento n.º 1259/2010 de 20 de Dezembro sobre a lei aplicável ao divórcio e separação: cfr., entre outros, Rui Moura Ramos, "Um novo regime do divórcio internacional na União Europeia", in *Scientia Iuridica*, Tomo LXII, 2013, n.º 332, pp. 413-461 e *Estudos de Direito Internacional Privado da União Europeia*, Coimbra, IUC, 2016, pp. 183-236, Pietro Franzina, "The law applicable to divorce and legal separation under regulation (EU) n.º 1259/2010 of 20 December 2010", *Cuadernos de Derecho Transnacional*, Out. 2011, vol. 3, n.º 2, pp. 85-129 (www.uc3m.es/cdt), Petra Hammje, "Le nouveau règlement (UE) n.º 1259/2010 du Conseil du 20 décembre 2010 mettant en oeuvre une coopération renforcée dans le domaine de la loi applicable au divorce et à la séparation de corps", *RCDIP*, 2011, n.º 2, pp. 291-338, Patricia Orejudo Prieto de los Mozos, "La nueva regulación de la ley aplicable a la separación judicial y al divorcio: aplicación del Reglamento Roma III en España, Diario La Ley, n.º 7913, Sec. Tribuna, 31 Jul 2012, Ano XXXIII, ed. La Ley e L. Álvarez de Toledo Quintana, "La cuestión previa de la "existencia de matrimonio" en el proceso de divorcio con elemento extranjero", *Cuadernos de Derecho Transnacional*, Out. 2013, vol. 5, n.º 2, pp. 140-208 (www.uc3m.es/cdt). O problema da invalidade em muitos dos Estados-Membros do casamento de pessoas do mesmo sexo (ou do casamento poligâmico ou qualquer outra causa de invalidade) determinou solução do art. 13.º do Regulamento n.º 1259/2010 que reconhece uma certa autonomia jurídica aos Estados-Membros ao permitir-lhes o não pronunciamento do divórcio relativamente a um casamento que não têm como válido, sem prejuízo das críticas que possam apontar-se a tal solução à luz do princípio da livre circulação dos cidadãos na UE (assim, cfr. Rui Moura Ramos, "Um novo regime do divórcio internacional na União Europeia", *cit*, p. 221.

[175] Parece que o legislador europeu adoptou, neste caso, uma das possíveis posições dogmáticas em relação à "questão prévia em DIP", refutando a teoria mais conhecida de Wengler, *Die Vorfrageim Kollisionrecht*, RabelsZ, 1934, pp. 148 e ss, segundo a qual a "questão prévia" seria resolvida não pelo DIP da *lex fori* mas segundo o DIP da *lex causae*, i.e, no caso, pelo DIP da lei aplicável nos termos do Regulamento aos efeitos patrimoniais do casamento. Mas, como refere Baptista Machado, *Lições de Direito Internacional Privado*, Coimbra, Almedina, 3.ª ed., 1992, p. 302, há que distinguir a verdadeira "questão prévia" (para a resolução da qual o A. (p. 302) também defende a teoria da conexão subordinada, i.e, "a "questão prévia" enquanto tal deverá subordinar-se, em regra, ao DIP da lei aplicável à questão principal e não deverá ser conectada autonomamente através do DIP da *lex fori*") de outros problemas semelhantes (mas diferentes) usando para isso o critério da referência pressuponente. Para o A. nas hipóteses de "questão prévia" verifica-se uma referência pressuponente da lei reguladora da situação jurídica condicionada a uma situação jurídica condicionante "em que esta constitui um simples pressuposto de facto a que a lei da situação condicionada faz produzir efeitos *ulteriores*" (p. 303). O que já não acontece quando se trata de efeitos próprios da situação jurídica "preliminar". No caso dos efeitos patrimoniais do casamento, tais efeitos são efeitos próprios da questão preliminar que é a "existência e validade do casamento":

Se, por hipótese, se pede aos órgãos jurisdicionais portugueses, competentes em virtude da residência habitual dos cônjuges (art. 6.º do Regulamento) para determinarem o regime de bens do casamento celebrado em Rabat entre A, de nacionalidade marroquina, ainda casado com C, e B, também marroquina, a questão da validade deste casamento poligâmico, prévia, à determinação do seu regime de bens, teria de ser resolvida, se suscitada, nos termos do art. 49.º do Código Civil. E se é certo que a lei aplicável (lei nacional dos cônjuges) não encontra obstáculos à validade deste casamento poligâmico, o tribunal português poderia considerá-lo inválido por aplicação do art. 22.º e da reserva de ordem publica do estado português (OPI).

Nalguns casos poder-se-ia ponderar então a aplicação pelo Estado do foro da ordem pública internacional: na verdade, se a noção de casamento e as suas condições de existência e validade são deixadas à apreciação do Direito Internacional Privado dos Estados-Membros, qualquer casamento celebrado num Estado terceiro em condições tais que afectem a reserva de OPI do Estado-Membro do foro (casamento de menores de 16 anos, casamento poligâmico, casamento simulado (?)...) não será aí reconhecido nem ser-lhe-ão atribuídos os efeitos patrimoniais pretendidos.[176] [177]

"...assim, se a questão principal é, por exemplo, uma questão relativa ao conteúdo da relação matrimonial (por exemplo uma questão de alimentos) não pode de modo algum pensar-se em resolver a questão prévia da existência do casamento por outra lei que não seja a designada pelo DIP do foro. Aqui não está em causa a repercussão de uma questão jurídica sobre a outra (p. 303)". Ou seja, para haver remissão pressuponente e uma verdadeira "questão prévia" que seria resolvida pelo DIP da *lex causae* era necessário que a lei material aplicanda (à questão principal) se reportasse à situação jurídica condicionante como um *puro facto não autónomo* meramente pressuposto e não causal. Neste caso, parece que a existência de um casamento (válido) é causal em relação ao problema normativo do regime matrimonial patrimonial desse casamento. O A. refere um exemplo semelhante: o divórcio (p. 305); "a existência de um casamento válido é condição necessária para que se ponha sequer o problema do divórcio. Nem se concebe de forma alguma que a relevância ou irrelevância do *dado* "existência e validade do casamento" para efeitos de divórcio dependa do regime material a que o estatuto do divórcio submete este. Não temos aqui uma hipótese de questão prévia e não poderá atender-se, portanto, senão ao DIP da *lex fori*".

[176] Assim, Silvia Marino, "Strengthening the European Civil Judicial Cooperation: The patrimonial effects of family relationships", in *CDT*, Março 2017, vol. 9, n.º 1, pp. 265-284, p. 268 e nota 10.

[177] Cfr. H. Péroze E. Fongaro, *Droit international privé patrimonial de la famille...*, pp. 127 e 131, afirmando que o notário não pode ignorar a questão e deve avisar os cônjuges das consequências da putativa anulação do casamento.

O mesmo problema é suscitado a propósito da validade dos casamentos de pessoas do mesmo sexo, questão que é, no entanto, mais delicada, uma vez que o art. 8.º da CEDH e os arts. 21.º e 7.º da Carta dos Direitos Fundamentais da UE asseguram uma noção ampla de família e de protecção da vida privada e familiar que implicariam o reconhecimento de efeitos a estas relações, pelo que o casamento de pessoas do mesmo sexo terá de constar do âmbito de aplicação material do Regulamento[178].

[178] Cfr. Ac. *Coman* (TJUE de 5.06.2018; Proc. C-673/16) num pedido de decisão prejudicial apresentado pelo Tribunal Constitucional Romeno sobre a interpretação de várias normas da Directiva 2004/38/CE do PE e do Conselho, de 29.04.2004, relativas ao direito de livre circulação e residência dos cidadãos da UE e dos membros das suas famílias no território dos EM, e a respeito de um pedido de concessão de residência superior a três meses na Roménia de um cidadão americano casado com um cidadão de dupla nacionalidade romena e americana, pedido esse que lhe foi negado pelas autoridades romenas pelo facto de, não sendo o casamento entre pessoas do mesmo sexo reconhecido e válido na Roménia, o cidadão não ser membro da família e não ter direito ao prolongamento da residência temporária ao abrigo do reagrupamento familiar. O Tribunal Constitucional Romeno questiona assim o TJUE sobre se "o termo "cônjuge" (constante daquela Directiva) abrange o cônjuge do mesmo sexo, proveniente de um Estado que não é membro da UE, de um cidadão da UE com o qual o cidadão se tenha legalmente casado ao abrigo de uma lei de um EM diferente do Estado de acolhimento e (sendo a resposta afirmativa) se a mesma Directiva exige que o EM de acolhimento conceda o direito de residência no seu território ou por um período superior a três meses ao cônjuge do mesmo sexo de um cidadão da UE ou (sendo negativa) se o dito cidadão pode ser qualificado como "qualquer outro membro da família" ou "parceiro com quem o cidadão da UE mantém uma relação permanente devidamente certificada" para efeitos daquela Directiva e com os mesmos efeitos. O TJUE, para além de ter decidido que o art. 21.º, n.º 1, do TFUE "deve ser interpretado no sentido de que se opõe a que as autoridades competentes do EM de que o cidadão da União é nacional se recusem a conceder um direito de residência no território desse EM ao referido nacional de um país terceiro, pelo facto de o direito do referido EM não prever o casamento de pessoas do mesmo sexo...e que este cidadão dispõe de um direito de residência que não pode ser sujeito a condições mais estritas do que as previstas no art. 7.º da Directiva 2004/38" disse também algo importante relativamente à possível invocação da Ordem Pública Internacional pelo EM que não reconhece, até mesmo constitucionalmente, o casamento de pessoas do mesmo sexo: considerou o TJUE que este conceito de ordem pública, quando esteja em causa a derrogação de uma liberdade fundamental prevista nos Tratados, deve ser entendido em sentido estrito e o seu alcance não pode ser determinado de modo unilateral, sem fiscalização das instituições da União e que o reconhecimento por um EM de um casamento de pessoas do mesmo sexo *para efeitos de concessão de um direito de residência derivado* não viola a instituição do casamento nesse EM tal como está definida no direito nacional. Tendo dado resposta afirmativa às primeiras questões, o Tribunal não se pronunciou sobre a segunda hipótese que passaria pela alternativa de considerar que, não havendo casamento entre os dois cidadãos, existiria

Deste modo, a participação de Estados que não reconhecem o casamento de pessoas do mesmo sexo no Regulamento 2016/1103, implicaria ou a violação da sua ordem pública internacional ou o não conhecimento da questão com a consequente recusa dos efeitos patrimoniais a tais relações.

Parece que a questão pode estar a ser mal formulada ou ser, no limite, uma quase *falsa questão.*

Em primeiro lugar há que distinguir entre o problema do próprio âmbito material do Regulamento que exclui, nos termos do art. 1.º, n.º 2, b), "a existência, validade ou reconhecimento do casamento", e a omissão de uma definição de casamento, no âmbito do art. 3.º, para os mesmos efeitos.

De facto, o Regulamento deixa, nos termos do Considerando 17, a definição do termo "casamento" para as legislações *nacionais* dos Estados Membros e considera, de acordo com o Considerando 21, que a existência, validade e reconhecimento do casamento são questões preliminares ou prévias também a resolver nos termos das legislações nacionais dos Estados Membros, *nomeadamente pelas respectivas regras de direito internacional privado.* Não parece que haja aqui qualquer contradição ou diferenciação. De facto, as questões preliminares ou prévias serão sempre

uma relação familiar com efeitos semelhantes do ponto de vista do direito de residência ao abrigo da Directiva. Cfr. Pietro Franzina, "Jurisdiction in matters relating to property regimes under EU Private International Law", *Yearbook of Private International Law,* Volume 19 (2017/2018), pp. 159-194, (p. 186), considerando que a relevância desta decisão para a interpretação das regras de direito internacional privado da UE é, no máximo, indirecta, e que é apenas inegável que a UE pode produzir legislação em que o termo "casamento" tem uma densificação *europeia* que implica casamento de pessoas do mesmo ou de diferente sexo. Cfr. ainda Santiago Álvarez González, "¿Matrimonio entre personas del mismo sexo para toda la UE? A propósito de las conclusiones del Abogado General en el Asunto Coman", *La Ley Unión Europea,* n.º 56, 28 de Fevereiro de 2018, Editorial Wolters Kluwer para quem a decisão é importante sem ser *transcendente*: se, por um lado, é evidente a afirmação de conceito de *cônjuge europeu* que inclui pessoas do mesmo ou de diferente sexo para efeito do gozo de liberdades comunitárias, em particular, as densificadas na Directiva 2004/38, não resulta da decisão uma imposição de reconhecimento de determinado tipo de casamento para os Estados-Membros. Mas é inegável que será muito difícil, ou até insuportável do ponto de vista social, que aqueles mesmos cidadãos possam gozar do direito de residência previsto na Directiva e serem "cônjuges" para esses efeitos e já não para outras questões jurídicas que os afectem. Desse ponto de vista, para o A., o Ac. *Coman* pode ter valor simbólico e catalisador.

resolvidas pelas regras de direito internacional privado do foro; já a definição de casamento só poderia ser dada pelo direito material ou substantivo de cada Estado Membro.[179]

Poder-se-ia argumentar que o problema dos casamentos do mesmo sexo, enquanto definição de *casamento,* não seria uma mera questão prévia a resolver pelo DIP do foro; que seria diferente, por exemplo, de uma questão de validade formal de um casamento privado ou a validade substancial de um casamento poligâmico ou de menores de idade; que implicaria, num sentido redutor e essencial, a própria desconsideração da questão do ponto de vista do DIP uma vez que se trataria de uma instituição desconhecida no foro e, por tanto, insusceptível de ser considerada nos termos do Regulamento, sendo impossível a sua aplicação.

Mas, pode refutar-se tal argumento: por um lado, não nos parece que a questão possa ser mais determinante da (não) aplicação do Regulamento do que a própria existência do casamento indicada como questão prévia quer no art. 1.º, n.º 2, b), quer no Considerando 21. Basta pensar que em Portugal, ainda mesmo antes da alteração do art. 1577.º e da noção ou conceito de casamento, por força da Lei 9/2010, de 31.05, a questão era enquadrada conflitualmente nos termos do art 49.º e não havia qualquer dificuldade oferecida pela própria *noção* de casamento.[180]

[179] Neste sentido, cfr. Dagmar Coester-Waltjen, «Connecting factors to determinate the law applicable to matrimonial property regimes", in *Yearbook of Private International Law,* vol.19 (2017/2018), pp. 195-211 (p. 198). A A. justifica o teor do Considerando 17, o qual determina que a definição do conceito de "casamento" seja deixada não à *lex causae* (lei aplicável aos regimes matrimoniais) mas à própria *lex fori* uma vez que aquela poderia ser a lei de um Estado terceiro, dada a aplicação universal do regulamento 2016/1103. Daqui resulta que a redacção do Considerando 17, por um lado, e as redacções do Considerando 21 e do art. 9.º, por outro, sejam diferentes: a primeira sobre a questão de saber se aquela relação jurídica pode sequer considerar-se um *casamento* ao qual se possa aplicar o Regulamento e as segundas referem-se à lei que vai determinar a validade do casamento nos termos de uma questão prévia, o que, para a A. faz todo o sentido ainda que admita que uma definição autónoma, nos termos do regulamento, de *casamento* poderia evitar muitos prolemas e assegurar uma aplicação uniforme do Regulamento.

[180] Cfr. Lima Pinheiro, *Direito Internacional Privado,* vol. II. Direito de Conflitos. Parte Especial, 4.ª ed., Coimbra, Almedina, 2015, pp. 642 e ss para quem, não havendo norma especial para regular outros aspectos da substância e da validade intrínseca do matrimónio (para além, portanto, da capacidade matrimonial e dos vícios do consentimento), a validade do casamento entre pessoas do mesmo sexo é matéria que se insere no âmbito de aplicação da regra de conflitos pessoal presente no art. 25.º e 31.º, n.º 1, e art. 12.º da Convenção de Nova

Assim, mesmo como instituição desconhecida no foro, pode ser considerada conflitualmente: isto é, nos países em que o casamento de pessoas do mesmo sexo não é admitido, a definição, enquanto questão prévia, da existência, validade ou reconhecimento deste casamento dependeria de uma regra de conflitos que sendo, previsivelmente inexistente, passaria por aplicação analógica das regras de conflitos do casamento (como em Portugal, por aplicação do art. 49.º) ou consideração dessas regras através de uma interpretação ampla, teleológica do seu conceito-quadro.

De resto, mesmo nos Estados Membros em que o casamento em questão (casamento de pessoas do mesmo sexo) é inválido ou inexistente, a solução numa relação privada internacional (sem prejuízo das considerações de ordem pública) é autónoma do direito interno, como acontece, entre nós, no caso do art. 64.º, c), ou no art. 54.º do CC.

E naturalmente que o art. 9.º do Regulamento, ao permitir declinação de competência teria de estar a referir-se a situações em que o casamento em questão não pode de todo o modo ser reconhecido no Estado Membro do foro, o que é diferente de aí não ser válido ou sequer existente: pois como questão prévia, ao aplicar-se a regra de conflitos pode daí resultar a aplicação de uma lei (por exemplo a lei nacional ou a lei do lugar da celebração do casamento) que considera tal casamento válido; numa situação como esta será normal a invocação pelo estado do foro da OPI mas pode suceder que considere neste caso uma versão atenuada desta OPI, tratando-se de meros efeitos patrimoniais do casamento, e o reconheça, para estes efeitos (ainda que não o considere válido) não invocando então o art. 9.º .

Foram aventadas ainda outras soluções: estes Estados poderiam aplicar o Regulamento 2016/1103 limitando-se a reconhecer, não a validade do casamento ou o estado civil criado no estrangeiro, mas apenas a

Iorque Relativa ao Estatuto dos Apátridas. Adiantava também que, não sendo (à data da 3.º edição da obra citada) válido o casamento entre pessoas do mesmo sexo em Portugal, a aplicação dos art. 49.º e ss. se deveria fazer analogicamente; no presente, a aplicação do art. 49.º será directa (p. 647). Sobre a questão da validade do casamento internacional de pessoas do mesmo sexo em Portugal, cfr. ainda Helena Mota, "A ordem pública internacional e as (novas) relações familiares internacionais. Análise do Despacho n.º 87/2010, de 19 de Julho, do Presidente do Instituto dos Registos e do Notariado", *Estudos em homenagem ao Prof. Doutor Heinrich Ewald Hörster*, Almedina, Coimbra, 2012, pp. 261-285.

situação factual à qual atribuiriam efeitos patrimoniais nos termos da lei designada pelo Regulamento – no fundo, aplicando uma versão atenuada da OPI[181]; ou interpretando o Considerando 17 como referindo-se à legislação nacional do *lugar da celebração ou do registo do casamento*[182]

[181] Sobre a aplicação atenuada da Ordem Pública Internacional, cfr. no direito português Ferrer Correia, *Lições de Direito Internacional Privado*, Coimbra, Almedina, 2000, pp. 414-6, Baptista Machado, *Lições de Direito Internacional Privado*, Coimbra, Almedina, 3.ª ed., 1992, p. 267, Rui Moura Ramos, "L'ord republic international en droit portugais", *Estudos de Direito Internacional Privado e de Direito Processual Civil Internacional*, Coimbra, Coimbra Editora, 2002. No famoso caso *Chemouni*(cfr. António Marques dos Santos, "Breves considerações sobre a adaptação em Direito Internacional Privado", in *Estudos de Direito Internacional Privado e Processo Civil Internacional*, Almedina, Coimbra, 1998, pp. 83-91) discutiu-se a atribuição, em França, de uma pensão alimentar à segunda mulher de um cidadão tunisino, de estatuto pessoal israelita, bígamo de acordo com a sua lei nacional, com residência habitual em França; foi atribuída a pensão apesar de o segundo casamento nunca poder ter sido celebrado em França, considerando-se que tal não impedia a produção de certos efeitos, nomeadamente alimentares. A obrigação de alimentos, que era regida, à data, pela lei francesa da residência habitual dos cônjuges de diferentes nacionalidades (uma vez que *Chemouni* se havia entretanto naturalizado francês), seria atribuída à mulher casada, que assim foi qualificada uma vez que o casamento havia sido celebrado no estrangeiro e a invocação da reserva de OPI seria atenuada. Cfr. ainda a abundante jurisprudência espanhola em casos de dissolução ou liquidação do regime de bens de casamento poligâmico ou em situações de repúdio da mulher, reconhecendo direitos sucessórios, obrigações de alimentos ou pensões compensatórias, citada por Pablo Quinzá Redondo, *Régimen económico matrimonial. Aspectos sustantivos y conflictuales*, Valência, Tirant lo Blanch, 1.ª ed., 2016, pp. 376-378. A aplicação de uma OPI atenuada parece-nos, no entanto, mais difícil se acaso os cônjuges quiserem (ou até forem obrigados) a registar o regime de bens no seu país de origem dados os seus efeitos constitutivos.

[182] Defendendo esta teoria do "*State of origin*", cfr. Anatol Dutta, «Beyond husband and wife – new couple regimes and the European property regulations", in *Yearbook of Private International Law*, vol. 19 (2017/2018), pp. 145-157. O A. defende uma interpretação do Considerando 17 em termos tais que por "legislação nacional" se entende "lei do lugar da celebração ou registo do casamento", vendo neste Considerando 17 uma regra de conflitos, sobre a própria noção de casamento, que remeteria para aquela lei; para o A. esta regra de conflitos é diferente da que resulta, como questão prévia, para apreciar a existência e validade do casamento. O A. não considera que esta interpretação seja *contra legem* uma vez que não se trata de uma interpretação de um dado normativo mas, tão-somente, de um Considerando. Contra, Dagmar Coester-Waltjen, «Connecting factors to determinate the law applicable to matrimonial property regimes...", *cit*, p. 198, nota 10, afirmando, com razão, que tal interpretação não tem qualquer apoio na letra do Considerando. Em qualquer caso, não se percebe verdadeiramente a utilidade (ou a necessidade) desta interpretação em certo sentido *abrogante* do Considerando uma vez que nem parece impossível aplicar o Regulamento porque o casamento de pessoas do mesmo sexo é "instituição desconhecida" no foro ou mesmo

ou recorrer-se-ia a uma espécie de *downgrading* da relação considerando este casamento como uma pareceria registada, submetendo-a assim à aplicação do Regulamento 2016/1104 cujas regras são, no essencial, muito semelhantes. Foi, antes de 2017, a solução preferida na Alemanha[183], e noutros países cujas leis nacionais não reconhecendo o casamento de pessoas do mesmo sexo, admitem a união de facto registada de pessoas do mesmo sexo, sendo essa precisamente a solução pela qual os esposos teriam optado se acaso residissem habitualmente nesses países.[184] [185]

proibida (já não falando da possibilidade de invocação do art. 9.º) nem tal interpretação vai impedir os EM do foro de avaliar a validade (e existência) do casamento nos termos das suas regras de conflitos, como questão prévia, eventualmente com o mesmo desfecho, i.e, invocação da OPI se a lei aplicável considerar o casamento em questão válido.

183 Cfr. Angelika Fuchs, "Registered partnership, same sex mariage and the children: crossing borders", *RDIPP*, Ano LII, n.º 2, Abril-Junho, pp. 445-460, p. 449-50. Contra esta aplicação subsidiária do Regulamento 2016/1104 aos casamentos de pessoas do mesmo sexo pelos EM do foro cuja lei nacional não os reconheça ou considere válidos, é Anatol Dutta, «Beyond husband and wife – new couple regimes and the European property regulations..., *cit.*, p. 150, uma vez que tal possibilidade cria, numa matéria de que pretende harmonizada, uma desarmonização conflitual quando para o mesmo casamento, alguns EM aplicariam a lei designada pelo Regulamento 2016/1103 e outros pelo Regulamento 2016/1104; e o mesmo aconteceria em matéria de jurisdições, com o consequente *forum shopping* e a duvidosa possibilidade de se recorrer às regras sobre litispendência uma vez que a causa de pedir poderia não ser considerada a mesma atendendo aos diferentes âmbitos de aplicação material dos Regulamentos. Para além disso, alerta para o facto de as regras sobre regimes de bens matrimoniais serem, em geral, "gender neutral", isto é, não contêm soluções que diferenciem os casamento consoante o género – por isso as soluções conflituais do Regulamento 2016/1103 são *localizadores* no sentido savigniano do termo; já as soluções jurídicas em matéria de parcerias registadas são muito diferentes de ordenamento jurídico para ordenamento jurídico e nem todos os Estados equiparam totalmente o casamento à união de facto e, por isso, deverá ser a mesma lei onde a parceria é "criada" ou nasce a determinar as suas consequências. Em geral, sobre o DIP alemão e os casais do mesmo sexo, cfr. Dieter Martiny, "Private International Law Aspects of Same-Sex Couples under German Law", in Katharina Boele-Woelki and Angelika Fuchs (eds.), *Legal-Recognition of Same-Sex Relationships in Europe*, Cambridge-Antwerp-Portland, Intersentia, 2.ª ed., 2012, pp. 189-225. O Ac. *Coman* (TJUE de 5.06.2018; Proc. C-673/16) poderia ser interpretado contra esta possibilidade de *downgrading* mas não nos parece que dele se possa extrair essa conclusão.

184 Cfr. Silvia Marino, "Strengthening..., *loc., cit.*, p. 268. Cfr. No mesmo sentido da possibilidade de *downgrading*, Cristina González Beilfuss, "The proposal for a council resolution on the property consequences of registered partnerships", *YPIL*, vol. XIII, 2011, pp. 183-198, (p. 186-7) e Elena Rodríguez Pineau, "Los efectos patrimoniales de las uniones registradas.., *cit.*, p. 945.

Também com alguma relação com o caso *Mahnkopf* teremos eventualmente dúvidas sobre a qualificação de normas com as do art. 1700.º, n.º 1, c), e n.º 3, e 1707.ºA, n.º 1, do Código Civil.

Nos termos desta recente alteração e aditamento ao Código Civil, introduzidos pelo art. 3.º da Lei n.º 48/2018, de 14.08.2018, serão (ainda) consideradas lícitas como disposições por morte feitas na convenção antenupcial, para além das doações *mortis causa* previstas nas alíneas a) e b) do art. 1700.º, n.º 1, do CC, a renúncia recíproca à condição de herdeiro legitimário do outro cônjuge (art. 1700.º, n.º 1, c)). E acrescenta o número 3 da citada norma que a *estipulação referida na c) do n.º 1 apenas é admitida caso o regime de bens convencional ou imperativo seja o da separação.* Por sua vez, o novo art. 1707.ºA, n.º 1, para além de conceder alguns direitos específicos ao cônjuge sobrevivo sobre a morada de família, estabelece que a renúncia pode ficar condicionada à sobrevivência ou não de quaisquer pessoas, de acordo com art. 1713.º, não tendo esta estipulação de ser recíproca.

A renúncia recíproca à posição de herdeiro legitimário[186] do cônjuge, porque feita numa convenção antenupcial na qual os cônjuges estabelecem o seu regime de bens (mas não só!)[187] e uma vez condicionada à opção ou imposição do um particular regime de bens (o que, aliás, tem suscitado muitas críticas)[188] pode suscitar dúvidas sobre a sua qualifi-

[185] Na UE existem hoje 13 Estados-Membros que não reconhecem o casamento entre pessoas do mesmo sexo, ainda que muitos prevejam as soluções alternativas de parcerias registadas ou legislação sobre união de facto: Bulgária, Chipre, Hungria, Itália, Polónia, Roménia, Eslovénia, República Checa, Estónia, Grécia, Letónia, Eslováquia e Lituânia.

[186] Rute Teixeira Pedro, "Pactos sucessórios renunciativos entre nubentes à luz do artigo 1700.º, n.º 1, c). do Código Civil. Análise do regime introduzido pela Lei n.º 48/2018, de 14 de agosto", *Revista da Ordem dos Advogados*, Ano 78, 2018, pp. 415-454 (p. 441), assinala a possível incongruência, pelo menos literal, das referências de várias disposições da Lei 48/2018 a "posição sucessória do cônjuge" (art. 1707.º, n.º 2) ao invés de se referir à posição legitimária (com consequências nada desprezíveis) como parece ser a intenção legislativa nos termos do art. 1700.º, n.º 1, c).

[187] Sobre o conteúdo das Convenções Matrimoniais *latu sensu*, Rute Teixeira Pedro, *Convenções Matrimoniais. A autonomia na conformação dos efeitos patrimoniais do casamento*, Coimbra, Almedina, 2018.

[188] Cfr. Rute Teixeira Pedro, "Pactos sucessórios renunciativos entre nubentes à luz do artigo 1700.º, n.º 1, c) do Código Civil. Análise do regime introduzido pela Lei n.º 48/2018, de 14 de agosto...", *cit.*, p. 431 e Maria Margarida Silva Pereira e Sofia Henriques,

cação como norma(s) pertencente(s) ao estatuto sucessório ou ao estatuto dos regimes de bens dos cônjuges, ou seja, se, no quadro do direito internacional privado da UE, a aplicação desta regra se fará sendo a lei portuguesa a reguladora, nos termos do Regulamento 2016/1103, dos regimes matrimoniais ou se, pelo contrário, só se aplicará enquanto lei reguladora da sucessão e da validade dos pactos sucessórios no âmbito do Regulamento n.º 650/2012. E tudo passa, uma vez mais, por tentarmos interpretar a solução jurídica material da lei portuguesa, determinar a sua função e finalidade, a sua *ratio,* de forma a saber se é subsumível ao perímetro traçado por cada um dos Regulamentos para as suas soluções conflituais e o seu âmbito material de aplicação.

O âmbito material do Regulamento n.º 650/2012 é definido de forma ampla, incluindo desde logo, nos termos do art. 3.º, n.º 1, b), os "pactos sucessórios" como *um acordo...que anule direitos na herança ou heranças futuras de uma ou mais pessoas que sejam partes no acordo,* excluindo, por sua vez, de acordo com o art. 1.º, n.º 2, d), *as questões relacionadas com regimes matrimoniais.*

Por sua vez, a lei que regula, nos termos do Regulamento, e sem prejuízo do exercício da autonomia conflitual ou do funcionamento de uma cláusula de excepção, a sucessão, será para o art. 21.º, a lei da residência habitual do falecido no momento do óbito, assim como a lei que regulará a admissibilidade, validade material e efeitos vinculativos de um pacto sucessório será a mesma lei mas imobilizada ao tempo da celebração do pacto (art. 25.º, n.º 1).

Não parece haver dúvidas que na renúncia recíproca à condição de herdeiro legitimário do cônjuge, feita na convenção antenupcial, nos termos do art. 1700.º, n.º 1, c), do CC, estamos perante uma sucessão contratual através da celebração de um pacto ou *contrato* sucessório, definido na lei portuguesa, pelo art. 2028.º, n.º 1, como *contrato (pelo qual) alguém renuncia à sucessão de pessoa viva.*

Nos termos do art. 2028.º, n.º 2, os contratos sucessórios são nulos, salvo os expressamente previstos na lei, celebrados na convenção antenupcial (arts. 1699.º, n.º 1, a), 1700.º); a nova alínea c) do art. 1700.º veio aduzir aos contratos sucessórios na modalidade de *doações mortis causa* (a)

"Pensando sobre os pactos renunciativos pelo cônjuge – contributos para o projeto de lei n.º 781/XIII, *Julgar Online,* maio de 2018, 2018, pp. 1-20.

e b) do art. 1700.º, os pactos sucessórios renunciativos; certo é que, em qualquer caso, os efeitos destes contratos só se produzem após a morte.

Deste modo, podemos dizer que a renúncia recíproca à condição de herdeiro legitimário do cônjuge quer em termos estruturais quer quanto ao momento de produção de efeitos quer em relação às posições jurídicas que afecta (directamente os cônjuges enquanto herdeiros, indirectamente os outros herdeiros legitimários ou legítimos, a medida das reduções por inoficiosidade, etc, etc) é matéria que se inclui no estatuto sucessório, e, por isso, no âmbito de aplicação material do Regulamento n.º 650/2012 quando a situação *sub iudice* contenha elementos de internacionalidade.[189]

É bem verdade que a ligação com o estatuto matrimonial é forte; tão forte que o legislador comunitário considerou que as questões deviam seguir critérios de atribuição de competência jurisdicional idênticos. E que o estatuto *patrimonial* do cônjuge sobrevivo é modelado por ambos numa ligação incindível.

São, por isso, vários os argumentos que aqui podemos considerar em favor de uma qualificação no âmbito dos regimes de bens[190] [191], mas, no nosso modo de ver, rebatíveis:

a) *A renúncia está inserida numa convenção antenupcial que visa, em primeira linha, a fixação convencional de um regime de bens*; o argumento parece formal e insuficiente uma vez que é na convenção que podem ser feitas, para além de muitas outras disposições que não modelam técnica e estritamente os regimes de bens, doações *mortis causa* que são, precisamente, a modalidade considerada lícita de contratos ou pactos sucessórios no direito português (art. 2028.º, do CC).

[189] Neste sentido, cfr. o Parecer do Conselho Consultivo do Instituto dos Registos e Notariado (84/2018 STJSR-CC de 15.11.2018).

[190] Qualificação esta que será sumamente relevante uma vez que a lei aplicável, em primeira linha, nos termos do art. 26.º do Regulamento 2016/1103, sem prejuízo também do exercício da autonomia conflitual e do funcionamento da cláusula de excepção, será a da primeira residência habitual comum dos cônjuges depois da celebração do casamento, eventualmente diferente da lei aplicável por força do Regulamento n.º 650/2012.

[191] Pendendo para esta qualificação com apoio em fortes e bem defendidos argumentos, os quais, por isso, apresentamos no texto como base de contra-argumentação, cfr. Afonso Patrão, "A renúncia recíproca à condição de legitimário em Direito Internacional Privado: entre o estatuto sucessório e o estatuto matrimonial", *a publicar, Julgar*, n.º 40, Janeiro-Março de 2020 (*gentilmente cedido pelo A.*).

b) *A renúncia está dependente da convenção ou imposição de um regime de bens, a separação, o que permite concluir que o seu objectivo é a intensificação deste regime pela via sucessória.* O argumento conduziria ao absurdo de se considerar que uma disposição testamentária em favor de um dos cônjuges, por conta da quota disponível, ao intensificar um regime de comunhão de bens ou "temperar" o de separação, seria qualificada como reguladora do regime de bens.

c) *A renúncia, tal como as doações por morte para casamento, visam o favor matrimonii e como tal deveriam integrar o estatuto patrimonial do casamento.* Não duvidamos ser essa a *ratio* do preceito, mas uma coisa é favorecer a celebração do casamento, tornando o seu regime e efeitos (sucessórios) mais atractivos, outra é considerar que, com isso, se está a modelar o regime de bens (titularidade dos bens, termos da partilha, regras sobre a administração dos bens, dívidas conjugais, ilegitimidades conjugais).

d) *O acórdão Mahnkopf não é decisivo porque são situações e normas diferentes.* Concordamos: mas é precisamente porque nos parece que a decisão do TJUE – sem prejuízo de ter sido (também) determinada pela necessidade *útil* de incluir no Certificado Sucessório o direito do cônjuge sobrevivo a mais ¼ da herança – foi correcta, atendendo ao facto de a solução do direito alemão fazer tábua rasa da eventual compensação pela diferença de valores acumulados, ou até não os havendo, e atribuir uma quota sobre uma massa patrimonial que inclui os bens iniciais, que não serve de argumento para qualificar a renúncia no âmbito do regime de bens. E não parece que o TJUE tenha extravasado as suas funções interpretativas, uma vez que fez a caracterização da norma no ordenamento a que ela pertence, ainda que seguindo opinião diferente da maioritariamente defendida pela doutrina alemã ou até da mais recente decisão jurisprudencial alemã que foi tomada, é bom não o esquecer, à luz do direito internacional privado alemão.

Em suma, parece que, mau grado as legítimas dúvidas que possa suscitar e até das dificuldades (omnipresentes) de articulação das leis aplicáveis, a questão da renúncia recíproca à condição de herdeiro legitimário do cônjuge deverá ser subsumível ao âmbito de aplicação material do Regulamento n.º 650/2012 e será provável que o TJUE se venha a pronunciar sobre o assunto.

c) Competência jurisdicional

O Regulamento 2016/1103 uniformiza, para os Estados-Membros participantes, as regras de conflitos de jurisdições, determinando a competência dos seus órgãos jurisdicionais (definidos nos termos do art. 3.º, n.º 2) para apreciar as questões ligadas aos regimes matrimoniais.

A aplicação destas regras é igualmente universal, não sendo necessário, para além do carácter internacional da questão *sub iudice,* que a relação jurídica controvertida tenha uma específica conexão com o Estado-Membro do foro.

Deste modo, o Regulamento não está subjectiva ou pessoalmente limitado (como, por exemplo, o Regulamento Bruxelas I *bis*)[192], bastando que o Estado-Membro do foro esteja vinculado ao Regulamento, i.e seja Estado-Membro participante, nos termos do art. 70.º, n.º 2, independentemente de as partes serem ou não nacionais ou residentes quer na União Europeia quer em outros Estados-Membros não participantes, sem prejuízo dos elementos de conexão relevantes para as regras de competência.

O carácter internacional da questão é um pressuposto também incondicionado[193]. Em qualquer dos casos, as regras presentes no Regulamentos sobre jurisdição (atribuição de competência sobre o mérito – arts. 4.º a 12.º; (não) exercício dessa competência – arts. 13.º a 16.º; litispendência – arts. 17.º e 18.º; e atribuição de competência para medidas de provisórias e cautelares – art. 19.º) aplicam-se somente aos Estados Membros participantes neste Regulamento de cooperação reforçada[194] e são regras exaustivas, não sendo necessária a previsão, a título subsidiário ou concorrente, da aplicação das regras internas dos Esta-

[192] Cfr. art. 6.º do Regulamento n.º 1215/2012, do PE e do Conselho, de 4.07.2012, relativo à competência judiciária, ao reconhecimento e à execução de decisões em matéria civil e comercial, sem prejuízo das excepções aí previstas.

[193] Neste sentido, mesmo no caso de as partes serem nacionais e residentes no mesmo Estado mas tenham bens em outro Estado, cfr. Pilar Peiteado Mariscal, "Competencia internacional por conexión en materia de régimen económico matrimonial y de efectos patrimoniales de uniones registradas. Relación entre los Reglamentos UE 2201/2003, 650/2012, 1103/2016 y 1104/2016", in *CDT*, Março 2017, vol.9, n.º 1, pp. 300-326, p. 302 e 304.

[194] Cfr. Pietro Franzina, "Jurisdiction in matters relating to property regimes under EU Private International Law", *Yearbook of Private International Law,* Volume 19 (2017/2018), pp. 159-194 (p. 161, nota 8).

dos Membros em matéria de competência jurisdicional[195], uma vez que segundo os critérios do Regulamento a competência jurisdicional será atribuída a qualquer Estado Membro, no limite como competência residual (art. 10.º) ou *forum necessitatis* (art. 11.º)[196]; em qualquer caso, se não estiverem verificadas relativamente ao Estado Membro participante do foro os critérios de atribuição de competência previstos no Regulamento, esse Estado Membro não é competente e os seus órgãos jurisdicionais deverão declara-se incompetentes.

[195] Como acontece no Regulamento Bruxelas *Ibis*, art. 6.º, n.º 1 *in fine*. Como sublinha PIETRO FRANZINA, "Jurisdiction in matters relating to property regimes under EU Private International Law", *Yearbook of Private International Law,..., cit*, p. 164, esta exclusividade das regras previstas no Regulamento em matéria de competência jurisdicional resulta quer do carácter taxativo dos motivos para declinação de competência previstos no art. 9.º quer da possibilidade da extensão de competência a outros órgãos jurisdicionais dos Estados Membros participantes (competência residual ou *forum necessitatis*, arts. 10.º e 11.º, respectivamente) ser feita somente mediante critérios previstos no próprio Regulamento e não por remissão para as regras processuais internas desses Estados Membros.

[196] O que não exclui, precisamente por se tratarem de regras aplicáveis somente nos Estados-Membros participantes, problemas de competência concorrente, como adverte ANNA WYSOCKA-BAR, "Enhanced cooperation in property matters in the EU and non-participating Member States", in Wysocka-Bar, A. ERA Forum (2019) 20: 187. https://doi.org/10.1007/s12027-019-00562-0, 21 May 2019, Springer Berlin Heidelberg, ISSN1612-3093, Online ISSN1863-9038. Se, por hipótese, um casal residente habitualmente em Lund, na Suécia, com imóveis em Varsóvia, na Polónia, discute o seu regime de bens, independentemente de um processo de divórcio ou sucessão, surgem questões de competência concorrente. Não havendo foro automático, nos termos do art. 6.º, os órgãos jurisdicionais da Suécia, país da sua residência habitual, são competentes assim como os órgãos jurisdicionais da Polónia (Estado-Membro não participante) os quais, de acordo com as suas regras internas de Processo Civil Internacional, são exclusivamente competentes relativamente aos imóveis situados no seu território. A Suécia não poderá deixar de se pronunciar sobre a propriedade do imóvel situado em Varsóvia uma vez que o art. 13.º só admite "limitação de acção" quando se trate de uma acção sucessória (não é o caso) e a litispendência, invocável nos termos do art. 17.º só se refere a acções interpostas noutros Estados-Membros *participantes* (também não é o caso). Deste modo, a decisão sueca corre o risco de não ser reconhecida e executada na Polónia quer porque houve violação da competência exclusiva dos órgãos jurisdicionais deste Estado quer por ter havido uma decisão polaca, ainda que mais tardia, sobre o mesmo imóvel. E de todo o modo, havendo limitação de acção nos termos do art. 13.º, irão surgir casos em que o património do cônjuge sobrevivo e o seu regime matrimonial será regido por duas leis diferentes, caso alguns bens da herança estejam situados em Estados terceiros sobre os quais terão jurisdição (assim, DAGMAR COESTER-WALTJEN, «Connecting factors to determinate the law applicable to matrimonial property regimes...", *cit.*, p. 200).

Genericamente, o Regulamento 2016/1103 estabeleceu os seguintes critérios de atribuição de competência jurisdicional: foros exclusivos e automáticos (arts. 4.º e 5.º), foros supletivos/subsidiários (art. 6.º), foros eleitos (art. 7.º), foros baseados na comparência do requerido (art. 8.º), foros alternativos (art. 9.º), foros residuais (art. 10.º) e *forum necessitatis* (art. 11.º), foro extensivo para pedido reconvencional (art. 12.º).

Nos termos dos arts. 4.º e 5.º do Regulamento 2016/1103, e por razões óbvias de proximidade e economia processual, existindo uma acção pendente num Estado-Membro referente à sucessão por morte de um dos cônjuges ou um pedido de divórcio, separação judicial ou anulação do casamento, a questão dos regimes de bens desse casamento terá de ser apreciada no mesmo Estado-Membro, cuja competência foi determinada pelo Regulamento n.º 650/2012 e pelo Regulamento "Bruxelas II-bis"[197], respectivamente:

(art. 4.º) *"Se num órgão jurisdicional de um Estado-Membro for instaurada uma acção relativa à sucessão de um dos cônjuges nos termos do Regulamento (UE) n.º 650/2012, os órgãos jurisdicionais desse Estado são competentes para decidir das questões ligadas ao regime matrimonial relacionados com essa acção sucessória";*

(art. 5.º, n.º 1) *"Sem prejuízo do n.º 2, se um órgão jurisdicional de um Estado-Membro for chamado a decidir sobre um pedido de divórcio, separação judiial ou anulação do casamento dos cônjuges, nos termos do disposto no Regulamento (CE) n.º 2201/2003, os órgãos jurisdicionais desse Estado são competentes para decidir das questões ligadas ao regime matrimonial relacionadas com esse pedido";*

Estes foros são variados: desde o foro da residência habitual do falecido no momento do óbito, ao foro da localização dos bens (arts. 4.º e 10.º do Regulamento n.º 650/2012) ao foro da lei escolhida para reger a sucessão (arts. 5.º, 6.º, 7.º e 9.º do Regulamento n.º 650/2012) ao foro da residência dos cônjuges ou de um deles ou da sua nacionalidade, nos casos de divórcio, separação ou anulação do casamento nas várias hipó-

[197] E só nesse caso, isto é, se o divórcio ou a separação não resultam de decisões proferidas por autoridades de um Estado Membro, o art. 5.º do regulamento 2016/1103 não se aplica. Assim, Pietro Franzina, "Jurisdiction in matters relating to property regimes under EU Private InternationalLlaw", *Yearbook of Private International Law,..., cit,* p. 172.

teses previstas nos arts. 3.º a 7.º do Regulamento (CE) n.º 2201/2003, de 27.11[198].

A vantagem é óbvia: estando conexionadas as questões (e prejudiciais em certo sentido) é de todo conveniente que seja a mesma jurisdição a pronunciar-se sobre elas embora não resulte dos termos do Regulamento que tenha de ser o *mesmo* órgão jurisdicional a pronunciar-se: "Se num órgão jurisdicional de um Estado-Membro for instaurada uma acção relativa....*os órgãos jurisdicionais* desse Estado-Membro são competentes....".[199]

Ainda assim, não haverá, por este facto, necessária coincidência entre *forum* e *ius* uma vez que a lei aplicável para tratar a questão sucessória ou matrimonial não é a mesma indicada no Regulamento 2016/1103 para regular os regimes de bens. Poderá haver até uma falta de proximidade uma vez que, por exemplo em matéria sucessória, o critério de competência previsto no Regulamento n.º 650/2012 é, na maioria dos casos,

[198] Esta é a razão pela qual, no âmbito do Regulamento 2016/1104 é sempre necessário o acordo dos parceiros para estender a competência dos órgãos que apreciam a questão da dissolução ou anulação da parceria registada, uma vez que não existe um regulamento europeu que abranja estas questões ao nível da uniformização das regras de competência. Assim, Pilar Peiteado Mariscal, "Competencia internacional por conexión en materia de régimen económico matrimonial,..., cit., p. 523. A A. Também defende a inexigência de acordo no caso de conexão com a acção sucessória uma vez que tal poderia configurar prejuízo para os credores. Contra, cfr. Jacqueline. Gray, e Pablo Quinzá Redondo, "La (des)coordinación entre la Propuesta de Reglamento..., *cit.*, p. 315.

[199] No mesmo Estado-Membro mas não necessariamente no mesmo órgão jurisdicional não tendo de haver contemporaneidade das acções. Assim, Pilar Peiteado Mariscal, "Competencia internacional por conexión en materia de régimen económico matrimonial,..., *cit.*, pp. 310 e 311. No mesmo sentido, cfr. Cfr. Pietro Franzina, "Jurisdiction in matters relating to property regimes under EU Private International Law", *Year book of Private International Law,..., cit,* p. 162. De facto, e salvo os casos referidos nos arts. 8.º e 12.º do Regulamento, em que há identificação do órgão jurisdicional em questão, a referência aos órgãos jurisdicionais dos Estados Membros é genérica e deverão ser estes a definir, segundo as suas regras de competência internacional tanto do ponto de vista material quanto territorial (sendo eventualmente desejável que cada Estado Membro revisse as suas regras de competência material e territorial de forma a conseguir que fosse efectivamente o mesmo tribunal a pronunciar-se sobre a questão sucessória e sobre a questão patrimonial matrimonial e, quanto a esta em relação a todos os aspectos dessa relação). O A., por outro lado, defende que a atribuição da competência genérica ao Estado Membro que teve competência para a acção sucessória não se mantém se esta acção já foi decidida; mas se estiver pendente, a competência nos termos do art. 4.º mantém-se mesmo depois de decidida aquela, precisamente por serem eventualmente órgãos jurisdicionais diferentes.

o da residência habitual ou da nacionalidade do *de cujus* e que eventualmente não coincidirá com a do cônjuge sobrevivo especialmente no último caso.[200]

Para além desta falta de proximidade, a previsão de um foro automático sucessório pode conduzir a resultados paradoxais: o foro sucessório pode ser o do Estado Membro da nacionalidade do *de cujus* em resultado de uma acordo de eleição de foro coincidente com a lei escolhida para regular a sucessão (art. 5.º e 22.º do Regulamento das Sucessões) ou aceitação da competência pelas partes (art. 7.º, c)) mesmo em virtude de uma declaração de incompetência prévia do foro supletivo ou residual (arts. 4.º e 10.º e 7.º, a), do Regulamento das Sucessões) a pedido de uma das partes (nos termos do art. 6.º do Regulamento das Sucessões). Sucede que, em qualquer dos casos, o cônjuge sobrevivo pode não ser uma das "partes" e ser-lhe imposto um foro voluntário, em abstracto ou em concreto, para o qual a sua vontade não concorreu.[201]

Esta competência é exclusiva, automática e vinculativa não valendo, neste caso, qualquer pacto de jurisdição firmado pelos cônjuges.

No caso prático em A vem a falecer, subitamente, em Abril de 2019 e os seus filhos requerem inventário judicial e partilha junto de órgãos jurisdicionais alemães. Quais serão os tribunais competentes para decidir a questão dos regimes matrimoniais?

[200] Dando nota desta desvantagem, cfr. Silvia Marino, "Strengthening..., *cit.*, p. 271. Em geral, sobre a harmonização dos critérios de competência nesta matéria e em matéria sucessória, cfr. Marta Requejo Isidro, "La coordinación de la competencia judicial internacional en el Derecho Procesal Europeo de la familia (sucesiones y régimen económico matrimonial y de las uniones registradas)", in Andrés Domínguez Luelmo e M.P. García Rubio, *Estudios de Derecho de Sucesiones. Liber amicorum T.F. Torres García*, Madrid, 2014.

[201] Pietro Franzina, "Jurisdiction in matters relating to property regimes under EU Private International Law"..., p. 167, defende que nestes casos o art. 5.º do Regulamento das Sucessões só poderia implicar *vis atractiva* para o foro dos regimes de bens, nos termos do art. 4.º do Regulamento 2016/1103, se o cônjuge sobrevivo tivesse participado nesse acordo de eleição de foro sucessório. O A. também relembra que esta *vis atractiva* pode ser colocada em questão quando a competência do foro sucessório nos termos do art. 4.º ou 10.º do Regulamento das Sucessões seja declinada nos termos do art. 6.º do mesmo Regulamento: nesse caso, manter-se-ia a jurisdição para os regimes de bens nos termos do art. 4.º ou 10.º do Regulamento das Sucessões? Ainda que já não sejam, em virtude de uma declaração de incompetência, os órgãos jurisdicionais desse Estado Membro a decidirem sobre a sucessão? O A. entende que não, uma vez que a *vis atractiva* prevista no art. 4.º do Regulamento 2016/1103 pretende unir a acção sucessória e da acção dos regimes de bens sob a jurisdicção do mesmo Estado Membro.

Nos termos dos arts. 69.º, n.º 1, e 4.º, do Regulamento 2016/1103, o tribunal português (escolhido pelos cônjuges em pacto de jurisdição) não é competente em virtude da haver uma acção sucessória interposta num órgão jurisdicional de outro Estado Membro (Alemanha) competente nos termos do art. 4.º do Regulamento 650/2012 (foro automático).

Apenas nas hipóteses previstas no n.º 2 do art. 5.º (competência em caso de divórcio, separação judicial e anulação do casamento), tal atribuição de competência deixa de ser automática para ficar condicionada ao acordo dos cônjuges, valendo, no caso de este não existir, o pacto de jurisdição ou, na falta ou invalidade deste, as demais regras de competência previstas, consoantes os casos.

Verifica-se, assim, que a extensão dos critérios de competência previstos no regulamento Bruxelas II *bis* ao Regulamento 2016/1103 e a concentração dos foros em matéria de divórcio, separação e anulação do casamento e de regimes de bens não é, ao contrário do que sucede para a matéria sucessória, totalmente peremptória. Em alguns casos previstos no art. 5.º, n.º 2, do Regulamento 2016/1103 ela fica condicionada à vontade dos cônjuges:

(art. 5.º, n.º 2) *"A competência em matéria de regimes matrimoniais prevista no n.º 1 fica sujeita ao acordo dos cônjuges quando o órgão jurisdicional chamado a decidir sobre o pedido de divórcio, separação judicial ou anulação do casamento:*

a. For o órgão jurisdicional de um Estado-Membro em cujo território o requerente tem a sua residência habitual e em que residiu, pelo menos, no ano imediatamente anterior à apresentação do pedido, em conformidade com o art. 3.º, n.º 1, a), quinto travessão, do Regulamento (CE) 2201/2003;

b. For o órgão jurisdicional de um Estado-Membro de que o requerente é nacional e no território do qual tem a residência habitual e residiu, pelos menos, nos seis meses imediatamente anteriores à apresentação do pedido, em conformidade com o art. 3.º, n.º 1, a), sexto travessão, do Regulamento (CE) 2201/2003;

c. For o órgão jurisdicional chamado a decidir nos termos do art. 5.º do Regulamento (CE) 2201/2003 nos casos de conversão da separação judicial em divórcio; ou d. For o órgão jurisdicional chamado a decidir nos termos do art. 7.º do Regulamento (CE) 2201/2003 nos casos de competência residuais.

Significa isto que nos demais casos em que a competência dos órgãos jurisdicionais em matéria matrimonial foi estabelecida, pelo Regulamento Bruxelas *IIbis,* nos termos dos seus arts. 3.º, a), primeiro, segundo, terceiro e quarto travessão e art. 4.º – residência habitual dos cônjuges ou última residência habitual comum dos cônjuges desde que um deles ainda aí resida, residência habitual do requerido, residência habitual de qualquer dos cônjuges desde que o pedido seja conjunto, nacionalidade comum dos cônjuges, extensão de competência ao pedido reconvencional –, a extensão de competência às questões de regimes matrimoniais volta a ser exclusiva, peremptória e automática. Esta diferenciação de tratamento implica que o legislador considerou que alguns dos foros em questões matrimoniais têm mais *vis atractiva* do que outros[202].

[202] *"Stronge Week Grounds of Matrimonial Jurisdiction"* como lhes chama Pietro Franzina, "Jurisdiction in matters relating to property regimes under EU Private International Law", *Yearbook of Private International Law,..., cit,* p. 173, considerando que para além de não haver, nem mesmo em sede dos Considerandos, uma justificação para esta diferença de tratamento, ela resulta particularmente inexplicável sabendo que, pelo menos os critérios de atribuição de competência em matéria matrimonial previstos no art. 3.º do Regulamento Bruxelas II *bis* são alternativos. O A. não descarta a necessidade de haver alguma diferenciação de foros, mesmo em sede de competência em matéria de divórcio, separação judicial ou anulação do casamento; ou seja, considera que o Regulamento 2016/1103 acaba por "emendar a mão" no que diz respeito aos critérios de competência, estabelecendo uma prioridade ou diferenciação que o próprio Regulamento Bruxelas II *bis* não fez, considerando que todos os foros referidos no art. 3.º estão em pé de igualdade, ignorando os graus de diferente proximidade que estes objectivamente apresentam, atendendo às políticas subjacentes ao próprio regulamento como facilitar o acesso à justiça pelo requerente ou permitir uma oportunidade razoável ao requerido de contraditório ou mera previsibilidade. Aparentemente a reformulação do Regulamento Bruxelas II *bis* pelo recentemente publicado Regulamento (UE) 2019/1111, de 25.06.2019 não alterou em substância os critérios de atribuição de competência em matéria matrimonial; ainda assim, parece-nos que a eliminação, nas alíneas a a), b), c), d), da conjunção alternativa "ou" pode ser interpretada como garantindo alguma prioridade relativamente às duas últimas alíneas. De qualquer modo, o A. alerta para a necessidade de os cônjuges interporem a acção de divórcio ou separação ou anulação do casamento tendo em atenção a ressonância que esse foro terá relativamente à questão dos regimes de bens.

Nos termos expostos, e inexistindo foros automáticos, peremptórios e exclusivos, o pacto de jurisdição é válido mas, tal como o exercício da autonomia conflitual *stricto sensu,* limitado: nos termos do art. 7.º, e não havendo foro automático nos termos dos arts. 4.º e 5.º, as partes só podem eleger: a) o foro[203] da lei aplicável (a lei escolhida, nos termos do art. 22.º, ou a lei aplicada supletivamente, nos termos do art. 26.º, n.º 1, a) ou b)) ou b) o foro do Estado-Membro onde o casamento foi celebrado.

A e B escolhem também, como foro competente para qualquer litígio ou questão atinente a esse regime de bens, o foro português, uma vez que tinham deixado bens em Portugal e planeavam regressar, depois da reforma de A, ao nosso país. Este pacto de jurisdição é válido? Se não existisse foro automático, o pacto de jurisdição seria válido nos termos do art. 7.º do Regulamento, uma vez que A e B casaram em Portugal; a nacionalidade de B não é critério para a validade do pacto de jurisdição uma vez que não houve escolha da lei portuguesa, mas da lei húngara.

À excepção do foro correspondente ao Estado-Membro do local da celebração do casamento, as restantes conexões possibilitarão a coincidência entre *forum* e *ius* e em favor da lei do foro, seguindo aqui um princípio de boa administração da justiça, presente igualmente na atribuição de competência ao(s) mesmo(s) foro(s) em virtude da comparência do requerido (art. 8.º)[204]. Para além disso, os cônjuges poderão evitar (ou, pelo menos, prever) a aplicação de normas de aplicação imediata do foro ou invocação da reserva de ordem pública internacional do foro (arts. 30.º e 31.º).

Evidentemente que para os cônjuges, não sabendo de antemão se existirá um processo de divórcio ou separação judicial ou anulação do casamento, ou desconhecendo, em caso de morte, qual o foro competente para conhecer da sucessão, a vantagem e efectividade da celebração do pacto é sempre muito limitada, sem esquecer que se a escolha de jurisdição seguir o critério da lei aplicável supletivamente (por hipó-

[203] Uma vez mais não há aqui individualização do órgão jurisdicional, mas apena do Estado-Membros competente uma vez que a referência se faz no plural: "*...as partes podem acordar em que os órgãos jurisdicionais...*".

[204] O critério de competência baseado na comparência do requerido (art. 8.º) também só valerá nos casos de não existência de foro automático e sempre se coincidente com a lei aplicável.

tese, a lei da primeira residência habitual comum) pode haver erro por parte dos cônjuges nessa determinação, dada natureza indeterminada e casuística na concretização de tal elemento de conexão.[205] Não obstante, a existência de pacto de jurisdição revelar-se á especialmente útil nos litígios em que a questão dos efeitos patrimoniais é suscitada ainda na constância do casamento.

Não havendo pacto de jurisdição nem foros automáticos (incluindo os casos em que não houve extensão de competência por falta de acordo dos cônjuges nos termos do art. 5.º, n.º 2), os critérios de competência supletivos e subsidiários previstos no art. 6.º são o do Estado-Membro da residência habitual comum à data da instauração da acção (nos termos do art. 14.º); na sua falta, o da última residência habitual comum se um deles aí ainda reside; na sua falta, no da residência habitual do requerido à data da instauração da acção e, em último caso, o da nacionalidade comum dos cônjuges na mesma data.

O órgão jurisdicional reputado como competente nos termos do Regulamento pode também, *a título excepcional*[206], recusar essa competência se e quando *nos termos do seu direito internacional privado* não reconhecer o casamento de cujo regime de bens se discute, nos termos do art. 9.º. Nesse caso, o foro alternativo será aquele que os cônjuges escolherem, nos termos do art. 7.º, ou o foro determinado nos termos do art. 6.º ou 8.º ou, ainda, o foro do Estado-Membro do local da celebração do casamento[207]. Esta declinação de competência não poderá ser invocada se

[205] Apontando estas desvantagens, Silvia Marino, "Strengthening...", *cit.*, p. 272 e 273.

[206] A invocação do art. 9.º no âmbito do Regulamento 2016/1103 é excepcional porque só pode acontecer nos casos em que o casamento não é reconhecido (ao contrário do que sucede no âmbito do Regulamento 2016/1104 que abrange as situações em que a parceria registada não está prevista no direito nacional dos Estados-Membros participantes); de facto pode suceder que o casamento em causa não é válido no Estado-membro do foro, de acordo com o seu direito material, mas pode aí ser reconhecido por aplicação da lei estrangeira aplicável à validade do casamento e da versão atenuada da ordem pública internacional do foro. Assim, Isabelle Barrière Brousse, "Le patrimoine des couples internationaux dans l'espace judiciaire européen. Les règlements européens du 24 juin 2016 relatifs aux régimes matrimoniaux et aux effets patrimoniaux des partenariats enregistrés», *JDI*, n.º 2/2017, Avril-Mai-Juin 2017, Lexis Nexis, Paris, p. 485-514 (p. 488).

[207] Para Pietro Franzina, "Jurisdiction in matters relating to property regimes under EU Private International Law", *Year book of Private International Law,..., cit*, p. 185, o art. 9.º contém múltiplas interpretações: respeito, nos termos do art. 67.º, n.º 1, do TFUE, da autonomia dos Estados-Membros em legislarem em matérias substantivas de direito da família, enco-

as partes já tiverem obtido uma decisão de divórcio, separação judicial ou anulação do casamento que seja susceptível de ser reconhecida no Estado-Membro do foro, pois fenecer-lhe-ia fundamento, uma vez que está em condições de reconhecer o mesmo casamento para estes efeitos (cfr. art. 9.º, n.º 3).

O Regulamento 2016/1103 prevê ainda, para o caso de não ser possível determinar a competência pelos critérios estabelecidos nos artigos precedentes, um foro residual que será, nos termos do art. 10.º, o do Estado-Membro da localização de algum dos bens imóveis que façam parte do património comum ou próprio dos cônjuges, caso em que a decisão só poderá incidir sobre os bens imóveis em causa.

Por fim, o Regulamento prevê um *forum necessitatis* a título excepcional (art. 11.º) em favor de um Estado-Membro que apresente uma conexão "suficiente" com a acção sempre que a mesma não possa razoavelmente ser instaurada ou conduzida ou se revelar impossível num Estado terceiro com o qual esteja estreitamente relacionada.

d) Reconhecimento e execução de decisões

O reconhecimento das decisões[208] proferidas num Estado-Membro, no âmbito do Regulamento 2016/1103, noutro Estado-Membro é automático (art. 36.º, n.º 1) sem necessidade de qualquer procedimento, tal como já estava previsto no Regulamento (CE) n.º 44/2001, de 16 de Janeiro (Regulamento "Bruxelas I") sendo os mesmos os fundamentos de

rajando a ampla participação dos Estados-Membros, independentemente das suas posições em relação, por exemplo, à questão do casamento de pessoas do mesmos sexo (tal como o art. 13.º do Regulamento Roma III); evitar, através dos critérios alternativos de jurisdição, nestes casos, situações de denegação de justiça; implicar, e apesar de o Considerando 17 aparentemente o negar ao excluir a definição de casamento do âmbito material do regulamento, uma noção autónoma ampla de casamento, que pode incluir os casamentos de pessoas do mesmo sexo, ainda que o Estado-Membro do foro, no seu direito material, os não considere como tal. De facto, o art. 9.º, a ser aplicado e ter efeito útil, significa que o Estado-Membro do foro não reconhece o casamento (ou o considera inválido ou inexistente no seu direito interno, ainda que essa questão não seja relevante porque pode reconhecê-lo por via da aplicação da lei aplicável nos termos do seu direito dos conflitos e recorrendo a uma versão atenuada da OPI), *que é um casamento nos termos do Regulamento*, e pode declinar competência jurisdicional. Caso contrário, o Estado-Membro não aplicaria o Regulamento e *também* o art. 9.º.

[208] "Decisão", nos termos do art. 3.º, n.º 1, d), tomada neste âmbito por um órgão jurisdicional de um Estado Membro independentemente da sua designação (incluindo uma decisão sobre a fixação pelo secretário do órgão jurisdicional do montantes das custas do processo).

impugnação do reconhecimento (art. 37.º): violação da ordem pública internacional do Estado-Membro requerido; não citação ou notificação do demandado em caso de revelia, salvo se o demandado, com possibilidade de o fazer, não recorreu; carácter inconciliável da decisão com outra decisão preferida numa acção entre as mesmas partes no Estado--Membro requerido; ou noutro Estado, numa acção com o mesmo pedido e causa de pedir, se a decisão anterior puder ser reconhecida no Estado-Membro em que o reconhecimento é pedido.

Os fundamentos de não reconhecimento de uma decisão, presentes neste art. 37.º, devem ser aplicados na observância dos direitos e princípios fundamentais estabelecidos na Carta dos Direitos Fundamentais da União Europeia (art. 38.º), o que, como vimos, constitui uma novidade deste Regulamentos que deu consagração normativa àquilo que já constava nos Considerandos de regulamentos anteriores e que poderá constituir um limite à invocação da reserva de OPI pelos Estados Membros.[209]

Nos termos do art. 39.º, a competência dos órgãos jurisdicionais do Estado de origem não pode ser sujeita a controlo e, de acordo com o art. 40.º, as decisões proferidas por um Estado Membro, no respeito pelas regras de competência definidas no Regulamento 2016/1103, não podem ser sujeitas a revisão de mérito.

O processo de *exequatur* é simplificado (arts. 42.º e 44.º a 57.º) mas não existe ainda a execução automática hoje adoptada pelo Regulamento (UE) n.º 1215/2012, de 12/12 (Bruxelas I *bis*) relativo à competência judiciária, ao reconhecimento e à execução de decisões em matéria civil e comercial, nos termos do art. 39.º. Assim, é necessário que a parte interessada faça um pedido de declaração de executoriedade e esse procedimento de apresentação do pedido é regulado pelo Estado Membro de execução e da decisão relativa a este pedido pode haver recurso nos termos previstos pelo art. 49.º.

[209] Cfr., no texto nota 173. Também neste sentido, cfr. ANABELA GONÇALVES, "O Regulamento Europeu sobre os Regimes Matrimoniais", *Cadernos de Direito Privado,* n.º 60, Outubro/Dezembro, 2017, pp. 20-37 (p. 36). Para RUI MOURA RAMOS, "Os efeitos patrimoniais do casamento e das parcerias registadas no Direito Internacional Privado da União Europeia, *BFD,* 93/1(2017), nota 139, o preceito tem valor meramente declarativo.

e) Lei aplicável

Em termos muito genéricos e como notas principais caracterizadoras das opções conflituais tomadas, o Regulamento 2016/1103 rege-se pelo princípio da universalidade (art. 20.º) e também pelo princípio da unidade (art. 21.º) da lei aplicável que será a mesma e a única lei, independentemente da localização dos activos abrangidos pelos regimes de bens.

Postula ainda o princípio da autonomia conflitual (art. 22.º, 23.º e 24.º), ainda que limitada à lei nacional ou da residência habitual, dando primazia, na determinação da lei supletivamente aplicável, à lei da residência habitual comum dos cônjuges em detrimento da lei nacional (art. 26.º, n.º 1, a)), imobilizando o elemento de conexão (art. 26.º, n.º 1, a)) e flexibilizando a aplicação da regra de conflitos através de uma cláusula de excepção (art. 26.º, n.º 3).

A preferência pela lei da residência habitual, em detrimento da nacionalidade, é uma tendência do processo de europeização do direito internacional privado, sendo a conexão supletiva principal também no âmbito do Regulamento (UE) n.º 1259/2010, do Conselho, de 20/12/2010 (divórcio e separação) e do Regulamento (UE) n.º 650/2012, do Parlamento Europeu e do Conselho, de 4/7/2012 (sucessões por morte).

Sem prejuízo das eventuais dificuldades na sua concretização, a residência habitual favorece a integração cultural, não é discriminatória, pode, enquanto elemento de facto, ser densificada de maneira uniforme pelo Tribunal de Justiça da União Europeia e coincide com o critério de competência, unificando *forum* e *ius*. Para o direito internacional privado português, a solução não é completamente estranha, aliás, atendendo à solução do art. 31.º, n.º 2, do CC, que aplica ao estatuto pessoal a lei da residência habitual para proteger os direitos adquiridos ou, subsidiariamente, nas situações de apatridia (art. 32.º do CC).

Prevê também a possibilidade de mudança voluntária da lei aplicável na constância do casamento, admitindo, nesses termos, a sua eficácia retroactiva (art. 22.º, n.º 2) e normas de defesa dos terceiros (arts. 22.º, n.º 3, e art. 28.º).

Exclui o reenvio (art. 32.º), contém uma reserva de ordem pública internacional nacional (art. 31.º) e admite a aplicação de normas de aplicação imediata (art. 30.º).

1. *Escolha e mudança da lei aplicável*

A autonomia conflitual assume particular importância em matéria de efeitos patrimoniais do casamento.

Não obstante o carácter iminentemente imperativo de muitas normas do direito da família, tributário da sua importância e relevância social e institucional e dos efeitos que produz em relação a terceiros, *maxime* aos filhos, na dimensão patrimonial do direito da família encontramos um espaço consensual de autonomia privada e em que a defesa das expectativas das partes é bem acolhida.

As vantagens da *professio iuris* em sede de efeitos patrimoniais do casamento nas relações internacionais são conhecidas: os cônjuges não serão surpreendidos com a impossibilidade de reconhecimento dos contratos nupciais que celebrem se acaso se alterarem as suas condições de vida, em especial se mudarem de residência ou adquirirem bens num outro Estado; os terceiros, se existirem regras de publicidade aplicáveis identificarão facilmente esse regime; os cônjuges poderão escolher o regime que responde às suas necessidades, interesses e concretas condições de vida e coordená-lo com o regime sucessório aplicável após a dissolução do casamento por morte[210].

O Regulamento 2016/1103 acolheu esta filosofia, declarando expressamente no Considerando 45: *"A fim de facilitar a gestão dos respetivos bens pelos cônjuges, o presente regulamento deve dar-lhes a faculdade de escolher a lei*

[210] Sobre estas vantagens, cfr. Helena Mota, "Algumas considerações sobre a autonomia da vontade conflitual em matéria de efeitos patrimoniais do casamento", in *Estudos em homenagem ao Professor Doutor Jorge Ribeiro de Faria*, Coimbra, Coimbra Editora, 2003, pp. 305-330. No entanto, é de notar que não há uma correcta coordenação entre os o Regulamento 2016/1103 e o Regulamento n.º 650/2012: se por hipótese, os cônjuges não têm a mesma nacionalidade poderão escolher a lei da sua residência habitual comum e não poderão escolher a mesma lei para regular a sucessão: um português casa com uma francesa em França onde residem; podem escolher a lei francesa para determinar o seu regime de bens mas apenas a cidadã francesa poderá escolher a mesma lei para regular a sua sucessão. Assim, Patrick Wautelet, "What's wrong with article 22? The unsolved mysteries of choice of law for matrimonial property", *Yearbook of Private International Law,* Volume 19 (2017/2018), pp. 213-231 (p. 217). Como refere o A., a escolha da lei nacional pode, nos termos do art. 25.º, n.º 3, do Regulamento n.º 650/2012 incidir sobre a validade dos contratos sucessórios mas esta validade não preclude, por um lado, a aplicação geral da *lex successionis* e, por outro, terá de ser uma lei que os admite, o que nem sempre acontecerá (cfr. art. 2028.º do CC salvo os casos previstos na lei portuguesa, nomeadamente em matéria de convenção antenupcial).

aplicável ao seu regime matrimonial, independentemente da natureza ou da localização dos bens, entre as leis que tenham um vínculo estreito com os cônjuges devido à residência habitual ou nacionalidade de cada um deles...".

Assim, nos termos do art. 22.º, os cônjuges podem, por acordo, antes, no momento ou depois do casamento ("art. 22.º, n.º 1:" *Os cônjuges ou futuros cônjuges podem acordar...*") designar como lei aplicável ao regime matrimonial, a lei do Estado da residência habitual comum ou de um deles ou a lei nacional de um deles no momento da celebração do acordo (art. 22.º, n.º 1, a) e b))[211].

[211] A escolha da lei nacional de qualquer um dos cônjuges pode ser exercida mesmo em casos de dupla nacionalidade, ao contrário do que acontecerá na aplicação supletiva da lei nacional comum. Neste sentido, cfr. Ana Moreno Sánchez-Moraleda e Carmen Fernández de Villavicencio Álvarez-Ossorio, *Determinación del régimen jurídico de la economía conyugal en los ámbitos europeo e intraestatal español,* Madrid, Reus, 2018, p. 122 e Pilar Diago Diago in Iglesias Bigues, José Luis e Palao Morenos, Guillermo (Dir), *Régimen económico matrimonial y efectos patrimoniales de las uniones registradas en la Unión Europea. Comentarios a los Reglamentos (UE) n.º 2016/1103 y 2016/1104,* Valência, tirant lo blanch, 2019, p. 213. De facto, ainda que o art. 22.º não o refira expressamente (ao contrário do art. 22.º do Regulamento n.º 650/2012 em matéria sucessória), parece ser isso que resulta do Considerando 50 *in fine.* A questão não é isenta de dúvida em particular porque o Considerando 50, na primeira parte, deixa a questão de determinação da lei aplicável em caso de dupla nacionalidade, como questão prévia, à lei nacional, advertindo que devem ser respeitados nessa determinação os princípios gerais da União Europeia; esta advertência conduziria a uma interpretação segundo a qual a escolha livre da lei de qualquer uma das nacionalidades, em caso de plurinacionalidade, só estaria acessível aos cônjuges que tivessem nacionalidades de Estados Membros uma vez que a jurisprudência da UE postula a equivalência de nacionalidades comunitárias e, nos outros casos, valeriam as regras das leis de nacionalidade que por hipótese dão prevalência a uma das leis, mesmo a não efectiva, como será o caso, numa interpretação literal, do art. 27.º da Lei da Nacionalidade portuguesa (cfr. Ac.TJUE 2.10.2003, C-148/02 *Garcia Avello* e Ac. TJUE 16.07.2009, C-168/08 *Hadadi*): neste sentido, Louis Perreau-Saussine, «Le nouveau Règlement européen «Régimes matrimoniaux», *La semaine juridique,* Ed. Générale, n.º 42, 17 de Out. 2016, 1116, pp. 1926-1933 (p. 1933). Mas não parece que assim seja uma vez que, precisamente, a última parte do Considerando 50 diz *"essa consideração* (a do respeito pelos princípios gerais da União) *não deverá ter efeitos sobre a validade de uma escolha de lei feita nos termos do regulamento".* Perguntar-se-á, então, qual sentido útil deste Considerando 50? Parece que valerá para os casos de conexão supletiva em que é referida a lei nacional comum dos cônjuges; é certo que o art. 26.º, n.º 2, exclui a aplicação desta lei quando haja mais do que uma nacionalidade comum, tentando evitar estes problemas; mas *quid iuris* quando apenas um dos cônjuges tem dupla nacionalidade sendo uma delas comum à do outro cônjuges? Nesse caso valeriam as regras de prevalência de uma das nacionalidades, salvo se fossem ambas comunitárias. Assim, se um dos cônjuges é luso-brasileiro e o outro brasileiro, nos termos da Lei na Nacionalidade portuguesa prevalece a

A possibilidade desta escolha ser feita na constância do casamento significa desde logo que os cônjuges podem mudar de lei aplicável seja ela a lei escolhida anteriormente seja a lei aplicada supletivamente.

Uma mudança de lei aplicável vai provocar obviamente uma modificação no regime de bens e, em geral, uma alteração de regras substantivas reguladoras dos efeitos patrimoniais do casamento: mesmo que o regime na nova lei escolhida seja tipicamente idêntico (a comunhão de adquiridos do direito português e a *sociedade de gananciales* do direito espanhol, por exemplo) sempre haverá dissonância de algumas das suas normas e soluções. Donde a alteração de lei aplicável provocar inevitavelmente uma sucessão de estatutos; nos termos do art. 22.º, n.º 2, os cônjuges poderão acordar na aplicação retroactiva da nova lei escolhida evitando assim tal sucessão e sujeitando o estatuto patrimonial do seu casamento a uma só lei, desde a sua celebração. No entanto, e porque tal retroactividade poderia surpreender e prejudicar os terceiros, nomeadamente os credores, que contavam com a existência de um regime diferente e diversa garantia patrimonial do seu crédito, nos termos do art. 22.º, n.º 3, "*as eventuais alterações retroativas da lei aplicável nos termos do n.º 2 não podem afetar negativamente os direitos de terceiros resultantes da lei*".[212]

É de realçar que a possibilidade de escolha de lei introduz uma importante modificação no que aos portugueses diz respeito, uma vez que casais de nacionalidade comum portuguesa residentes no estrangeiro ou que possuam bens no estrangeiro ou que casem com estrangeiros em Portugal poderão alterar livremente o seu regime de bens, através da escolha e alteração da lei aplicável o que, em princípio, não seria

nacionalidade portuguesa e não há lei nacional comum; mas se um dos cônjuges é luso-italiano e o outro italiano, haverá lei nacional comum porque nenhuma delas deve ter prevalência. Ainda assim pareceria preferível considerar qualquer nacionalidade desde que comum e não reservar, neste caso, a questão para as leis nacionais.

[212] A versão do texto sugerido pelo Parlamento Europeu tinha uma formulação mais clara e correcta: "Art. 16.º. B, n.º 1 "*Se os cônjuges escolherem conferir efeitos retroativos à alteração da lei aplicável, a retroatividade não prejudicará a validade dos atos anteriores celebrados nos termos da lei até aí aplicável...*" como nota Helena Mota, "A lei aplicável aos regimes de bens do casamento no direito da União Europeia. Desenvolvimentos recentes"..., *cit.*, p. 209. Também sublinhando a importância da salvaguarda da validade dos actos já praticados, dos direitos adquiridos por terceiros e a validade das convenções nupciais celebradas, num contexto de retroactividade da nova lei aplicável que evita a aplicação de duas leis e sucessão de estatutos, cfr. Andrea Bonomi, "The Proposal for a Regulationon Matrimonial Property..., *cit.*, p. 244.

permitido nos termos do artigo 1714.º do Código Civil se, nos termos dos art. 53.º e 52.º *ex vi* art. 54.º do Código Civil fosse aplicável a lei portuguesa enquanto lei nacional comum ou da residência habitual comum.

A limitação da *professio iuris* é justificada pela garantia que oferece da aplicação de uma lei próxima da vida familiar, não se tornando necessária a prevenção da internacionalização fictícia da relação tal como é feito pelos arts. 3.º, n.º 3, e art. 14.º, n.º 2, dos Regulamentos "Roma I" e "Roma II", em matéria obrigacional, respectivamente. No entanto não pode deixar de se observar que o naipe de leis oferecidas pelo art. 22.º (lei da residência habitual ou da nacionalidade de *qualquer* dos cônjuges) pode ser próxima de cada um dos cônjuges, mas não necessariamente de ambos, enquanto casal e, por isso, da vida familiar.

O Regulamento acabou, assim, por dar mais relevância ao acordo dos cônjuges, sendo a sua vontade o elemento legitimador deste elenco e não o princípio da proximidade[213], defendendo alguns autores a extensão deste elenco à lei do Estado-Membro segundo a qual o casamento foi celebrado, uma vez que é possível escolher jurisdição do local da celebração do casamento nos termos do art. 7.º *in fine* no que resultaria a aplicação da mesma lei, uma vez que a *lex loci* normalmente aplica a *lex fori*: os cônjuges casar-se-iam no Estado-Membro segundo a lei deste ou aplicada por este que seria, simultaneamente, a lei escolhida para regular os efeitos patrimoniais do casamento e a *lex fori*.

A limitação da *professio iuris* no âmbito das relações familiares está também presente no Regulamento (UE) n.º 1259/2010 sobre a lei aplicável ao divórcio e separação, mas confinada à lei da residência habitual comum dos cônjuges no momento do acordo de escolha de lei (ou a última residência habitual comum se um deles ainda aí residir), à nacionalidade de um deles ou à lei do foro. Também aqui, mais do que a proximidade da lei com a vida do casal, impera o papel da vontade, "correspondendo ao modo como pretendem ver dissolvidos ou afrouxados os seus laços conjugais"[214].

[213] Cfr. Silvia Marino, "Strengthening..., *cit.*, pp. 277, nota 41, e 278.

[214] Assim, Rui Moura Ramos, "Um novo regime do divórcio internacional na União Europeia", in *Estudos de Direito Internacional Privado da União Europeia,* Coimbra, IUC, 2016, pp. 183-236, p. 214).

Uma das questões omissas do Regulamento, relativamente aos casamentos celebrados antes de 29.01.2019 em que houve escolha de lei posterior é a de saber se os cônjuges poderão "revalidar" uma escolha de lei feita anteriormente à luz de sistemas conflituais que admitiam a autonomia conflitual nesta matéria, tal como é possível nos termos do Regulamento n.º 650/2102 em matéria sucessória. E a questão é relevante porque as escolhas feitas anteriormente que não eram válidas e reconhecidas por alguns Estados Membros poderiam agora ser reconhecidas.[215]

2. *Forma do acordo de escolha de lei e forma da convenção nupcial*

Nos termos do art. 23.º, o acordo de escolha de lei deverá ser escrito[216] [217], datado e assinado pelos cônjuges, no que se pode classificar

[215] Assim, PATRICK WAUTELET, "What's wrong with article 22? The unsolved mysteries of choice of law for matrimonial property...", *cit.*, pp. 224-5.

[216] O art. 23.º parece assim excluir a possibilidade de uma escolha tácita de lei ao contrário do que sucede em matéria obrigacional (Regulamentos Roma I e II) e sucessória (Regulamento das Sucessões Internacionais). Defendendo essa possibilidade se existir convenção nupcial formal e materialmente válida e com referência ao regime de bens de uma das leis indicadas no art. 22.º, cfr. SILVIA MARINO, "Strengthening...", *cit.*, p. 279. Cfr. PATRICK WAUTELET, "What's wrong with article 22? The unsolved mysteries of choice of law for matrimonial property...", *cit.*, p. 218-222, que considera a possibilidade de haver escolha de lei implícita muito relevante atendendo precisamente ao escasso recurso pelos cônjuges/nubentes à escolha de lei, fenómeno que tem várias explicações: trata-se de uma questão ainda "presa" à legislação interna, ao contrário dos contratos em matéria civil e comercial; os notários, que em primeira linha surgem como conselheiros jurídicos nesta matéria, não têm muita experiência em situações transfronteiriças e são relutantes à aplicação de lei estrangeira; os regimes de bens têm muitas implicações ao nível fiscal pelo que será aconselhável serem desenhados em função da política fiscal local, para além de estarem muitas vezes estandardizados, seguirem modelos e formulários elaborados segundo a lei local. Por isso, deveria haver uma posição clara do Regulamento sobre a escolha implícita de lei. Para o A. não é suficiente ou convincente exigir-se a forma escrita que apenas impedirá a prova de um comportamento concludente havido pelas partes que não tenha redução a escrito; e sublinha que se em geral, no contratos, é difícil provar a escolha tácita, o mesmo não sucede em matéria de regimes de bens uma vez que os contratos nupciais têm como base uma legislação em particular, não sendo incomum a referência a normas materiais concretas dessa lei.

[217] Um argumento em favor da escolha de lei expressa pode encontrar-se no facto de a cláusula de excepção prevista no art. 26.º, n.º 3, accionada a pedido de um dos cônjuges, requerer que tenha havido uma "invocação" pelos cônjuges dessa lei no planeamento e organização das suas relações patrimoniais, caso em que não houve escolha de lei *tácita* pois a haver

como uma norma de direito internacional privado material; a "forma escrita" será equivalente *"à comunicação por via eletrónica que permita um registo* duradouro".

Nos termos do parecer do Conselho Consultivo do IRN, de 01.03.2019, aguarda-se a posição do TJUE relativamente ao carácter "expresso" ou "tácito" do acordo de escolha de lei, para efeitos do art. 23.º.[218] Por outro lado, nos termos do referido parecer, a "forma electrónica" referida no art. 23.º, n.º 1, 2.ª parte, substitui a forma escrita mas não prescinde da assinatura digital. Considerou ainda o Conselho Consultivo do IRN que o acordo de escolha de lei deverá ser feito por escritura pública ou inserido em convenção antenupcial notarial; a possibilidade de ser inserida numa convenção antenupcial feita mediante declaração na Conservatória do Registo Civil estará restrita à escolha da lei portuguesa[219].

Para além destas formalidades, o acordo de escolha de lei deverá ainda acostar-se aos requisitos formais suplementares da convenção nupcial exigidos pela lei do EM da residência habitual de ambos os cônjuges à data do acordo ou de cada um deles se não residirem juntos ou de apenas um deles quando o outro resida num Estado terceiro. Estas regras valerão igualmente para as convenções nupciais sendo que estas

excluiria a aplicação do art. 26.º, n.º 3, enquanto cláusula de excepção no âmbito de uma aplicação supletiva de lei.

[218] O Conselho Consultivo do IRN no seu posterior Parecer de 24.09.2019 (P. C.C. 114/2018 STJSR-CC ANEXO II) tomou posição sobre a questão considerando que "os objetivos de segurança jurídica e de previsibilidade subjacentes ao Regulamento (UE) 2016/1103 e as regras sobre a validade formal do acordo sobre a escolha da lei aplicável definidas no art. 23.º e sublinhadas no Considerando 47 apontam no sentido de se exigir uma declaração expressa e direta sobre a lei escolhida, não bastando, por isso, uma escolha tácita, que se possa inferir de factos ou indícios revelados pelas disposições de outro contrato, designadamente de contrato de convenção antenupcial no qual se estipule um regime de bens do casamento pertencente ao ordenamento jurídico do Estado da residência ou da nacionalidade dos nubentes ou de um deles, no momento da conclusão da convenção".

[219] Parecer do Conselho Consultivo do Instituto dos Registo e Notariado (C.C. 114/2018 STJSR-CC): "O acordo de escolha da lei aplicável a que se refere o art. 22.º do Regulamento não se confunde com a convenção antenupcial, pelo que a competência material atribuída ao conservador em matéria de celebração de convenções antenupciais (art. 189.º do Código do Registo Civil) não se estende à formalização daquele acordo. Quando o conservador do registo civil seja materialmente competente para a celebração da convenção antenupcial e a validade formal desta se encontre assegurada, nos termos definidos no art. 25.º do Regulamento, não parece existir impedimento legal a que o acordo de escolha da lei aplicável (lei portuguesa) figure como cláusula desta convenção.

deverão ainda respeitar os requisitos formais adicionais da lei aplicável ao regime matrimonial. Esta regra de conflitos cumulativa, que é estranha ao velho princípio *locus regit actus*, inspirado no *favor negotti*, tem um sentido restritivo que se justifica pela necessidade de proteger as partes de alguma precipitação ou não ponderação dos efeitos da escolha[220]; sendo assim, não se compreende a circunscrição aos Estados Membros.[221]

3. *Validade material do acordo de escolha de lei e da convenção nupcial*

A Proposta de 2011 era completamente omissa quanto a esta questão, que poderia incluir, nomeadamente, a determinação da lei aplicável a questões de fundo como o consentimento das partes, a capacidade das partes, e, em particular, a própria possibilidade de mudar de regime em consequência da mudança de lei; a validade material da convenção nupcial também não estava prevista, sendo desejável que a alteração de regime fosse avaliada em qualquer caso pela mesma lei, resultasse ou não de uma convenção nupcial. Ou seja, se existisse alteração da lei aplicável e, com ela, mudança de regime de bens, a validade e eficácia desta mudança devia ser avaliada pela nova lei escolhida; da mesma forma se a mudança de regime resultasse directamente de uma convenção nupcial celebrada em simultâneo com o acordo de escolha de lei.

A questão da aceitação e validade material do acordo de escolha de lei está hoje regulada no art. 24.º do Regulamento 2016/1103.

Esta questão é muito relevante, em especial se o acordo de escolha de lei, celebrado na constância do casamento e alterando a lei aplicável até então, visa a alteração substancial de regime sem indicação, em

[220] Conforme explicação não isenta de crítica de Paul Lagarde, «Règlements 2016/1103 et 1104 du 24 Juin 2016 sur les régimes matrimoniaux et sur le régime patrimonial des partenariat sen registrés», *RDIPP*, 3/2016, pp. 676-686 (p. 682), tratou-se de uma exigência dos notários italianos que duvidavam da validade de um acordo do foro privado celebrado no estrangeiro.

[221] Neste sentido, cfr. Patrick Wautelet, "What´s wrong with article 22? The unsolved mysteries of choice of law for matrimonial property...", *cit.*, p. 229. Em sentido convergente, cfr. Paul Lagarde, «Règlements 2016/1103 et 1104 du 24 Juin 2016 sur les Régimes matrimoniaux et sur le régime patrimonial des partenariats enregistrés», *RDIPP*, 3/2016, pp. 676-686 (p. 682).

convenção nupcial, do regime concretamente adoptado pelos cônjuges, caso em que se aplicará o regime supletivo da nova lei escolhida[222].

Em face do ainda vigente art. 1714.º do Código Civil, é importante saber, numa hipótese de mudança de lei, através do exercício da autonomia conflitual, se é a lei *para que* se muda ou a lei *de que* se muda que decidirá da admissibilidade da alteração material de regime de bens[223].

Um exemplo: A, português, e B, finlandesa, casam em Portugal, onde residem habitualmente, sem terem celebrado convenção nupcial. Mais tarde vão residir em Helsínquia e decidem alterar a lei aplicável ao seu casamento, optando pela lei da nova residência habitual comum, a lei finlandesa, e aderindo tacitamente ao regime supletivo desta lei, o da comunhão deferida de bens. A lei aplicável ao seu regime de bens seria, nos termos do Regulamento [art. 26.º, n.º 1, a)], a lei portuguesa, aplicando-se o regime supletivo da comunhão de adquiridos (arts. 1721.º e segs. do Código Civil português); a alteração pretendida pelos cônjuges no sentido de lhes ser aplicada a lei finlandesa será também válida, nos termos do art. 22.º, n.º 1, a), do Regulamento, uma vez que corresponde à lei do Estado da residência habitual dos cônjuges no momento da escolha. Mas será possível a alteração do regime de bens da comunhão de adquiridos para a comunhão deferida da lei finlandesa? Se for aplicável, à mudança material de regime, a lei portuguesa enquanto lei *da qual* se pretende mudar, tal não seria admitido, nos termos do art. 1714.º do Código Civil[224].

[222] Aparentemente em sentido contrário, cfr. MÓNICA VINAIXA MICQUEL, "La autonomia de la voluntad en los recientes reglamentos UE en matéria de régimenes económicos matrimoniales (2016/1103) y efectos patrimoniales de las uniones regitradas (2016/1104)", *In Dret*, 2/2017, pp. 274-313, p. 295.

[223] Sublinhando também a importância da questão nos casos em que os ordenamentos jurídicos entravam a mudança de regime de bens na constância do casamento, cfr. PILAR DIAGO DIAGOin IGLESIAS BIGUES, JOSÉ LUIS e PALAO MORENOS, GUILLERMO (Dir), *Régimen económico matrimonial y efectos patrimoniales de las uniones registradas en la Unión Europea. Comentarios a los Reglamentos (UE) n.º 2016/1103 y 2016/1104...", cit.*, p. 239, que também subsume este problema ao art. 24.º do Regulamento.

[224] Considerando que tal referência à lei reguladora do regime de bens antes da mudança era uma referência material; já se a questão fosse expressamente excluída do âmbito de aplicação do Regulamento e deixada ao critério do DIP dessa lei, tratando-se da lei portuguesa, a solução seria diferente uma vez que o art. 54.º remeteria *ex vi* art. 52.º para a lei da residência habitual dos cônjuges à data do acordo de escolha de lei, i.e, a própria lei finlandesa; se os

A questão já tinha ocupado a doutrina e a jurisprudência, em especial a dos países que ratificaram a Convenção da Haia de 14 de Maio de 1978 sobre a lei aplicável aos regimes matrimoniais – França, Luxemburgo e Países Baixos –, defendendo a plena autonomia das partes nesta matéria, que, ao escolherem outra lei aplicável ao seu regime de bens, estarão implicitamente a conforma-lo materialmente de forma diversa sem ficarem sujeitos a qualquer tipo de limitações quer provenientes da lei anterior quer da lei escolhida[225].

Claro está que celebrando os cônjuges, em simultâneo com o acordo de escolha de lei que altere a lei aplicável anteriormente, uma convenção nupcial (ou nela incluindo a cláusula do acordo de escolha de lei) pela qual especificam o regime de bens adoptado, a questão da validade da alteração fica resolvida pela lei aplicável, nos termos do art. 22.º, podendo ser a nova lei escolhida pelos cônjuges – e uma vez que a questão da validade material da convenção nupcial passou a estar incluída expressamente no âmbito de lei aplicável aos regimes de bens (art. 27.º, g) –, aquela que autorizará ou não a mudança material de regime.

No entanto, se os cônjuges não celebrarem qualquer convenção nupcial limitando-se a exercer a autonomia conflitual e a escolher a nova lei aplicável ao seu regime de bens, colocar-se-ia o problema de saber se a mudança automática para um regime legal ou supletivo da nova lei seria ou não admitido e à luz de que lei: o art. 24.º, n.º 1, esclarece agora que será a lei designada pelo art. 22.º, logo, a nova lei escolhida pelos cônjuges e não a lei até aí anteriormente aplicável, ficando sanada a questão.

cônjuges fossem portugueses o negócio poderia ainda ser reconhecido nos termos do art. 31.º, n.º 2, do CC.

[225] Cfr. M. Revillard, , "Les changements de régimes matrimoniaux dans l'ordre international", *Travaux du Comité Français de DIP*, 1995-1998, Paris, Pedone, 2000, pp. 265-295; D. Bureau e H. Watt, *Droit international privé*, Paris, PUF, 2007, 2.º vol., p. 219; Yves Lequette, "Le droit international privé de la famille à l'épreuve des conventions internationales", *Recueil des cours*, 1994, p. 246, Haya, Martinus Nijhoff Publishers, 1995, pp. 172-3; G. Droz, "Les nouvelles règles de conflits françaises en matière de règimes matrimoniaux", *RCDIP*, n.º 4, 1992, t. 8, pp. 631-935, p. 658. Para mais desenvolvimentos, cfr. Helena Mota, «El ámbito de aplicación material y la ley aplicable en la propuesta de Reglamento "Roma IV": algunos problemas y omisiones», *cit.*, pp. 443 e segs.

4. *Conexão supletiva: lei aplicável na falta (ou invalidade) de escolha de lei*

Nos termos do art. 26.º, n.º 1: *"Na ausência de acordo de escolha de lei nos termos do art. 22.º, a lei aplicável ao regime matrimonial é a lei do Estado: a) Da primeira residência habitual comum dos cônjuges depois da celebração do casamento; ou, na falta desta, b) Da nacionalidade comum dos cônjuges no momento da celebração do casamento; ou, na falta desta, c) Com o qual os cônjuges tenham em conjunto uma ligação mais estreita no momento da celebração do casamento, atendendo a todas as circunstâncias"*. Acrescenta o n.º 2: "*Se os cônjuges tiverem mais do que uma nacionalidade comum no momento da celebração do casamento, só se aplicam as alíneas a) e c) do n.º 1*".

Em primeiro lugar há que precisar que a conexão supletiva não funcionará apenas no caso de *ausência* de escolha de lei, mas também quando esta, existindo, não é válida, por não cumprir os requisitos formais e materiais indicados nos termos e pelas leis referidas nos arts. 23.º e 24.º. Seria preferível ter sido dito "*...na ausência de escolha de lei nos termos dos arts. 22.º, 23.º e 24.º ...*".

A opção pela lei da residência habitual é comum no DIP europeu e a densificação do conceito é autónoma[226]. No particular âmbito dos efeitos patrimoniais do casamento a ênfase será naturalmente colocado na integração social do casal, revelada por circunstâncias de facto. Esta ligação objectiva excluirá a mera residência intencional sem prejuízo da relevância desse elemento subjectivo para considerar como primeira residência habitual dos cônjuges a projectada e estabelecida em momento posterior à celebração do casamento desde que o hiato temporal seja curto, razoável e adequado (*pouco tempo depois*[227] na expressão do Considerando 49).

Ainda assim, permanece a dúvida quanto ao verdadeiro alcance da a) do art. 26.º: "a lei da primeira residência habitual comum dos cônjuges depois da celebração do casamento" será apenas aquela que for estabelecida pelos cônjuges logo após o casamento ou tempo depois? Se o

[226] Cfr. sobre a noção de residência habitual no âmbito do Regulamento das Sucessões, entre nós, Afonso Patrão, "Problemas práticos na aplicação do Regulamento Europeu das Sucessões", *BFD*, 94/2 (2018), pp. 1171-1200.

[227] Como adverte Dagmar Coester-Waltjen, «Connecting factors to determinate the law applicable to matrimonial property regimes...", *cit*, p. 203, o termo "pouco tempo depois" ou *shortly* na versão em língua inglesa é demasiado vago: até 3 meses? 6 meses em determinadas circunstâncias?

litígio ocorrer antes desse estabelecimento não oferece dúvidas sobre a necessidade de recorrer à lei da nacionalidade comum subsidiariamente aplicável; e se ocorre depois? Não terá esta lei da primeira residência comum pouca proximidade com a vida familiar, se os factos a que se reporta o litígio tiverem ocorrido antes?[228] E por lei da residência "comum" entender-se-á a lei do Estado onde os cônjuges residiam juntos ou apenas a lei do Estado onde ambos residiam, mas separadamente?[229] Mesmo que haja residência comum logo após o casamento, mas os cônjuges entretanto mudaram de residência, a aplicação dessa primeira lei pode não ser a mais próxima das condições de vida actuais dos cônjuges, para além de ser diferente daquela que será aplicada à sucessão ou divórcio ou ao estatuto contratual ou real dos bens; e, finalmente, se não existir residência comum nem nacionalidade comum à data da celebração do casamento a aplicação da "lei mais próxima da vida familiar à data do casamento" (art. 26.º, n.º 1, c))não é compreensível uma vez que não chega a existir, nessa data, vida familiar.

A imobilização do elemento de conexão permite proteger, nesta matéria de índole exclusivamente patrimonial, as legítimas expectativas das partes que não podem ser surpreendidas com uma lei com a qual não podiam legitimamente conta – a lei da nova(s) residência habitual. No entanto, se é verdade que a sucessão de estatutos, em virtude da existência de um elemento de conexão móvel como a nacionalidade e a residência, pode surpreender as partes e prejudicar as expectativas criadas, em especial se existiu convenção antenupcial, por outro lado, esta imobilização não lhes permite adaptarem a sua situação patrimonial às novas condições de vida que vão adquirindo através da mudança de nacionalidade ou de residência habitual, conduzindo a outro resultado, indesejável, que é o da permanência forçada do regime de bens[230].

[228] Estas dúvidas são também colocadas por ANDREA BONOMI, "The Proposal for a Regulation on Matrimonial Property..., *cit.*, p. 232, nota 2, e SILVIA MARINO, "Strengthening...", *loc.*, p. 280.

[229] Assim, ANDREA BONOMI, "The Proposal for a Regulation on Matrimonial Property...", *cit.*, p. 232, nota 2. Parece ser assim: é a lei mais próxima de ambos, tal como a nacionalidade.

[230] Neste sentido e em relação à solução do art. 53.º do Código Civil, cfr. JOÃO BAPTISTA MACHADO, *Lições de direito internacional privado*, Coimbra, Almedina, 3.ª ed., 1992, pp. 408-41. Referindo-se aos inconvenientes das conexões imobilizadas, cfr. B. AUDIT, *Droit International Privé*, Paris, Economica, 3.ª ed., 2000, p. 692, nota 5; já no contexto da Proposta de 2011, cfr. ANDREA BONOMI, "The Proposal for a Regulationon Matrimonial Property..., *cit.*, p. 234,

No caso concreto, o exercício da autonomia conflitual tempera, ainda assim, estes inconvenientes.

A aplicação da lei nacional comum dos cônjuges ao tempo da celebração do casamento, como conexão subsidiária (art. 26.º, n.º 1, b)), não está isenta de dúvidas. Nos termos do art. 26.º, n.º 2, se os cônjuges têm mais do que uma nacionalidade comum, não se aplica a lei designada pelo art. 26.º, n.º 1, b), mas a conexão referida na c): lei do Estado

dizendo que a solução da imobilização do elemento de conexão é *"a less convincing solution"*. O A. defende a aplicação da lei da residência habitual comum ao tempo da ocorrência do litígio (seja a dissolução do casamento por morte ou divórcio e subsequente partilha, seja a data da venda de um bem comum, seja a declaração de insolvência de um dos cônjuges) argumentando que a solução imobilizada da Proposta (lei da residência habitual comum dos cônjuges depois da celebração do casamento) pode revelar falta de proximidade, o que é paradoxal sabendo ser esta a razão que subjaz à escolha em preferência da conexão residência habitual em detrimento da nacionalidade pois corresponde ao actual centro de vida do casal (neste sentido, também HELENA MOTA, *Os efeitos patrimoniais do casamento em direito internacional privado..., cit.*, p. 446, embora com preferência cautelosamente para a nacionalidade por ser menos móvel e sempre com o auxílio da autonomia conflitual). Para além disto, o A. alerta para outros inconvenientes da solução imobilizada: por um lado, a consequente desarmonia com a *lex successionis*, a lei aplicável ao divórcio e a lei reguladora do estatuto contratual e real dos bens imóveis, todas elas relevantes em matéria de regimes de bens e efeitos patrimoniais do casamento entre os cônjuges e entre estes e terceiros e todas relativas às condições actuais da vida dos cônjuges (lei da residência habitual do *de cujus* no momento do óbito, lei da residência habitual dos cônjuges à data da instauração do processo, *lex rei sitae*, respectivamente nos termos dos arts. 21.º do Reg. n.º 650/2012, art. 8.º do Reg. n.º 1259/2010 e art. 4.º, c), do Reg. "Roma I"; no mesmo sentido cfr. J. GRAY e P. QUINZÁ REDONDO, "La (des)coordinación entre la Propuesta de Reglamento de régimen económico matrimonial y los Reglamentos en materia de divorcio y sucesiones", *AEDIPr*, vol. XIII, 2013, pp. 513-542, p. 533); por outro lado, sendo competente a jurisdição da residência habitual dos cônjuges ao tempo da instauração da acção (cfr. art. 6.º, n.º 1, a), do Regulamento n.º 2106/1103) e tendo havido mudança de residência, a aplicação da lei da residência ao tempo do estabelecimento da primeira residência conjugal implicará, para o tribunal do foro, a aplicação de uma lei estrangeira, muitas vezes de um Estado terceiro. O A. desmistifica ainda o "efeito surpresa" que a aplicação da lei da nova residência habitual envolveria precisamente porque a mudança de lei ocorrerá exactamente no momento em que há a mudança das condições de vida dos cônjuges e que comportam necessariamente outras alterações no seu estatuto jurídico como as obrigações fiscais, o estatuto sucessório, o regime das responsabilidades parentais ou mesmo as simples consequências civis e penais dos seus actos. Isto, para além de ser mais natural que os cônjuges se preocupem com detalhes sobre o seu estatuto patrimonial no momento em que contraem uma dívida ou pretendem partilhar os bens do que no momento em que celebram o casamento sendo-lhes mais fácil obter aconselhamento jurídico próximo se a lei aplicável fora a lei da residência habitual actual.

com o qual os cônjuges tenham em conjunto uma ligação mais estreita no momento da celebração do casamento, atendendo a todas as circunstâncias. A ideia foi evitar a discussão sobre qual das nacionalidades relevantes em casos de plurinacionalidades. Apesar de o Considerando 50 deixar para os Estados Membros e para as suas legislações nacionais o critério de nacionalidade relevante, muitas das soluções são eventualmente contrárias aos princípios dos Tratados que, sob o pretexto de garantir o exercício das liberdades comunitárias recusam os critérios de efectividade ou presunção de efectividade em favor da lei da nacionalidade do foro.[231]

5. *Cláusula de excepção*

O art. 26.º n.º 3 consagra ainda uma cláusula de excepção accionada (e condicionada) a pedido de qualquer dos cônjuges e que funcionará somente em relação à primeira conexão referida no n.º 1, a); assim, se os cônjuges tiverem estabelecido após o casamento a sua residência habitual num determinado Estado, a lei desse Estado poderá não ser aplicada e, em alternativa, ser aplicada a lei de outro Estado[232], se e quando estiverem preenchidas as condições referidas no art. 26.º, n.º 3, a) e b), i.e. se os cônjuges tiverem neste outro Estado a sua última residência habitual comum e por tempo significativamente mais longo do que no Estado da sua primeira residência conjugal e terem ambos os cônjuges invocado a lei deste outro Estado ao organizarem e planearem as suas relações patrimoniais[233]; a aplicação da lei em resultado do funcionamento desta cláusula de excepção será, por regra, retroactiva salvo

[231] Cfr. o que defendemos para as hipóteses em que apenas um dos cônjuges tem dupla nacionalidade, sendo uma dela comum ao outro cônjuge supra nota 211.

[232] Como bem assinala Pablo Quinzá Redondo, Pablo, "La "cláusula de excepción" del art.26.3 del Reglamento 2016/1103 sobre régimen económico matrimonial...", *cit.*, p. 311, não será a lei de *qualquer* outro Estado, mas somente a lei do Estado da última residência habitual comum dos cônjuges. E será isto uma cláusula de excepção, perguntamos?

[233] Cfr. Paul Lagarde, «Règlements 2016/1103 et 1104 du 24 Juin 2016 sur les régimes matrimoniaux et sur le régime patrimonial des partenariats enregistrés», *RDIPP*, 3/2016, pp. 676-686 (p. 685) para quem esta cláusula de excepção visa (também) substituir a inexistência de reenvio no Regulamento 2016/1103: se um juíz italiano conhecer do regime matrimonial de um casal italiano residente em Itália que casou em Itália antes de adoptar uma primeira residência habitual comum na Arábia Saudita por razões profissionais e a lei desse país reenvia à lei italiana, por que não aplicar a lei italiana? Para o A. a cláusula de excepção,

oposição de um dos cônjuges; neste caso, haverá sucessão de estatutos e aplicar-se-á a lei da primeira residência conjugal desde a celebração do casamento até à fixação da residência habitual comum no Estado da última residência habitual comum, momento a partir do qual se aplicará esta lei. Tudo isto, sem prejudicar os direitos de terceiro, numa formulação idêntica àquela que resulta do art. 22.º, n.º 3, e sem prejuízo da eventual convenção nupcial celebrada pelos cônjuges em momento anterior à mudança de residência cuja validade permanecerá intocada.

A cláusula de excepção[234], tal como está prevista no regulamento, apresenta-se como uma solução complexa e pouco previsível para as partes.

Se, por hipótese, dois italianos casam em Portugal e residem no nosso país durante três anos e regressam a Itália onde permanecem cerca de 15 anos, altura em que retornam a Portugal onde já residem habitualmente há 3 anos, não poderão acionar a cláusula de excepção em favor da lei italiana porque esta lei não corresponde à lei da sua "última residência habitual".[235]

na medida em que os cônjuges organizaram as suas relações patrimoniais de acordo com a lei italiana, pode justificar a aplicação da lei italiana com os mesmos resultados.

[234] A cláusula de excepção, nos termos em que é consagrada pelo Regulamento, parece ter objectivos mais específicos do que a genérica consagração do princípio da conexão mais estreita: para além de constituir para alguma doutrina uma espécie de alternativa ao reenvio (cfr. *supra* nota 233) também é lida como um "compromisso" entre os defensores da mutabilidade ou imutabilidade do elemento de conexão, constituindo uma correcção dos inconvenientes pela opção por uma conexão imobilizada nos termos do art. 26.º a que também já se fez referência (*supra* nota 230) e, uma vez que tem de levar em consideração uma certa "alteração de circunstâncias" ocorridas após o momento relevante para a determinação da lei aplicável, não é meramente localizadora como as cláusulas de excepção contidas nos arts. 4.º, n.º 3 quer do Regulamento Roma I quer no regulamento Roma II. Assim, Dagmar Coester-Waltjen, «Connecting factors to determinate the law applicable to matrimonial property regimes...", *cit*, p. 206 e Fabrizio Vismara, "Legge applicabile in macanza di scelta e clausola dieccezione nel regolamento (UE) N.2016/1103 in materia di regimi patrimoniali tra i coniugi", *RDIPP*, 2/2017, pp. 356-371 (p. 364), Pablo Quinzá Redondo, "La "cláusula de excepción" del art.26.3 del Reglamento 2016/1103 sobre régimen económico matrimonial", *in Persona y familia en el nuevo modelo español de derecho internacional privado*, [Mónica Guzmán Zapater e Carlos Esplugues Mota (Dir.) e Mónica Herranz Ballesteros e Marina Vargas Gómez-Urrutia (Coord.)], Valência, Tirant Lo Blanch, 2017, pp. 301-313 (p. 305).

[235] Dagmar Coester-Waltjen, «Connecting factors to determinate the law applicable to matrimonial property regimes...", *cit*, p. 208 refere ainda outra hipótese: e se os cônjuges vivem períodos de tempo diferentes em vários países, por hipótese, 3 anos no Estado A da

Por outro lado, por que limitar o recurso à cláusula de excepção nos casos em que a lei aplicável será a da lei da primeira residência habitual comum *logo* após a celebração do casamento? Porque se entende que a conexão "nacionalidade" é um elemento de conexão mais relevante?[236] E se os cônjuges não têm nacionalidade comum, não adoptaram uma residência *logo* após a celebração do casamento e a lei mais próxima com a sua vida, à data do casamento, tinha ainda assim uma ligação muito ténue e, mais tarde, alguns anos depois, há uma lei que é inegavelmente mais próxima da sua vida familiar, desde logo, a residência habitual que entretanto adoptaram?[237]

6. *Protecção de terceiros*

Dadas os amplas e reconhecidos efeitos do regime matrimonial, em sentido lato, para os terceiros que estabelecem relações jurídicas com os cônjuges, o conhecimento deste regime é para aqueles de crucial importância, e nas relações internacionais esse conhecimento revela-se mais difícil, em especial se a sua concretização resulta da aplicação de uma lei escolhida pelos cônjuges.[238]

Acresce a esta dificuldade o eventual desrespeito aos direitos adquiridos pelos terceiros à luz de um determinado regime de bens se acaso os cônjuges alterarem com eficácia retroactiva a lei (e o regime) aplicável, hipótese também concebível no caso de desvio à lei aplicável em resultado do recurso a uma cláusula de excepção.

Em face destes problemas, de índole distinta, mas que apresentam em comum a necessidade da protecção de terceiros e em total coerência com uma ampla qualificação das matérias relevantes e subsumíveis

primeira residência habitual, 5 anos no estado B, mais 5 anos no Estado C e finalmente, a sua última residência habitual, em X, dura há 10 anos. Será suficiente para se considerar uma cláusula de excepção?

[236] Dagmar Coester-Waltjen, «Connecting factors to determinate the law applicable to matrimonial property regimes...", *cit*, p. 207, admite esta resposta.

[237] Como sublinha Dagmar Coester-Waltjen, «Connecting factors to determinate the law applicable to matrimonial property regimes...", *cit*, p. 207, os cônjuges nestas hipóteses podem não prever a necessidade de escolherem a lei aplicável ou podem ser surpreendidos com o súbito falecimento de um deles.

[238] Cfr. Helena Mota, "La protección de terceros en el Reglamento (UE) 2016/1103" (Protection of Third Parties in the Regulation (UE) 1103/2016) in *Anuario Español De Derecho Internacional Privado*, vol. XVIII, 2018, pp. 45-60.

às regras de conflitos, o Regulamento europeu prevê normas de protecção de terceiros distinguindo dois níveis ou dimensões de protecção: em face do potencial e putativo desconhecimento pelos terceiros da lei aplicável aos regimes matrimoniais (art. 28.º) e perante o eventual efeito retroactivo de uma mudança de lei na constância do casamento seja por força da vontade das partes (art. 22.º, n.º 3), seja pela aplicação da lei ao abrigo de uma cláusula de excepção (art. 26.º, n.º 3).

O art. 28.º, n.º 1, estabelece um princípio de inoponibilidade aos terceiros da lei aplicável ao regime matrimonial salvo se estes conheciam ou deviam conhecer, exercendo a devida diligência, essa lei.

Da afirmação de um princípio de inoponibilidade resultará que serão os cônjuges, interessados em ver aplicada a lei reguladora do seu regime matrimonial, quem terá de provar o conhecimento, pelo terceiro, dessa lei ou que o terceiro não actuou com a suficiente diligência para obter esse conhecimento, i.e, sendo essa lei cognoscível mediante a devida diligência.

Caso os cônjuges não consigam afastar a inoponibilidade, será aplicável, como lei reguladora dos regimes matrimoniais do seu casamento, nas relações que estabelecerem com terceiros, a lei do Estado que rege a transação entre o cônjuge e o terceiro (a *lex contractus*, por exemplo aplicável nos termos do Regulamento "Roma I") ou nos casos que envolvam bens imóveis ou outros sujeitos a registo, pela *lex rei sitae* ou pela lei onde foi efectuado o registo[239].

Estando os cônjuges onerados com a prova de um estado subjectivo alheio (o desconhecimento pelo terceiro da lei aplicável) o art. 28.º vem, verificadas determinadas situações, inverter esse ónus, criando presunções de conhecimento[240]; nos termos do n.º 2.º o terceiro terá

[239] Para H. PÉROZ E E. FONGARO, *Droit international privé patrimonial de la famille...., cit.*, p. 199, o disposto no art. 28.º não se aplicará se o tribunal do foro recorrer às normas de aplicação imediata nos termos do art. 30.º.

[240] Há dúvidas sobre a natureza destas presunções. No sentido de se tratarem de meras presunções simples (ou judiciais) ilididas mediante contraprova, cfr. H. PÉROZ e E. FONGARO, *Droit international privé patrimonial de la famille...., cit.*, p. 200, aconselhando os notários a fazerem a menção ao regime de bens na formalização do contrato entre o(s)cônjuge(s) e o(s) terceiro(s). Também I. ANTON JUARÉZ, "La oposición del régimen económico matrimonial..., *cit.*, p. 62, as identifica como presunções. Já para L. RADEMACHER, "Changing the past: retractive choice of law and the protection of the third parties in the European Regulations on patrimonial consequences of mariages and registered partnerships..., *cit.*, p. 17, tratam-se

tido conhecimento dessa lei se ela for: a lei do Estado da transação com o terceiro; a lei do Estado em que as partes têm residência habitual; se estiverem bens imóveis envolvidos, a *lex rei sitae*; ou ainda se os cônjuges tiverem cumprido os requisitos de publicidade ou registo do regime matrimonial tal como previstos e estabelecidos pela lei que rege a transação ou pela lei da residência habitual comum das partes ou pela *lex rei sitae* se estiverem imóveis envolvidos.

A outra dimensão ou nível de protecção de terceiros feita pelo Regulamento 2016/1103 prende-se com a manutenção de direitos adquiridos por terceiros na sua relação com os cônjuges e que podem ser prejudicados pela eficácia retroactiva da lei escolhida na constância do casamento em modificação à lei anteriormente aplicável. Nos termos do art. 22.º, n.º 3, os cônjuges ou futuros cônjuges podem escolher a lei aplicável ao seu regime matrimonial, escolha esta que está limitada à leis designadas pelas alíneas a) e b) do n.º 1. Esta escolha não estando limitada no tempo (a imobilização do elemento de conexão ocorre inclusivamente na constância do matrimónio: "...no momento em que for concluído o acordo") permite alterar a lei anteriormente aplicável. A regra, nos termos do art. 22.º, n.º 2, é a da proibição de efeitos *ex tunc* desta escolha e, consequentemente, da mudança do estatuto patrimonial dos cônjuges que tenha produzido. Para além disso, o Regulamento impõe (também em defesa dos terceiros) determinadas condições da validade formal do acordo de escolha de lei (art. 23.º) ainda que não preveja qualquer mecanismo específico de publicidade.

De qualquer modo, a irretroactividade da escolha de lei na constância do casamento (e a mudança que esta implica) pode ser afastada por vontade das partes quando pretendam que o casamento seja submetido a uma lei única, desde a celebração, e querendo evitar a sucessão de estatutos. Estes efeitos *ex tunc* podem surpreender os terceiros e alterar a garantia patrimonial que tinham à data do contrato que celebraram com os cônjuges ou implicar a invalidade deste contrato celebrado ou desresponsabilizar um dos cônjuges pelas dívidas então assumidas pelo outro:

de verdadeiras ficções legais, inilidíveis. Para FERNANDO P. MÉNDEZ GONZÁLEZ in IGLESIAS BIGUES, JOSÉ LUIS e PALAO MORENOS, GUILLERMO (Dir), *Régimen económico matrimonial y efectos patrimoniales de las uniones registradas en la Unión Europea. Comentarios a los Reglamentos (UE) n.º 2016/1103 y 2016/1104*, Valência, tirant lo blanch, 2019, p. 285, trata-se de uma presunção *iure et de iure*.

tudo ficaria dependente dos termos da nova lei aplicável. A confiança dos terceiros no concreto estatuto patrimonial do casamento à data em que estabelecem a relação com os cônjuges e os direitos que à luz desse estatuto adquiriram não pode ser desvirtuada: por isso, sem prejuízo desta retroactividade, os terceiros não podem ser prejudicados pela alteração da lei aplicável, mantendo-se quanto a eles a lei aplicável antes do acordo de escolha de lei ser celebrado pelos cônjuges: é o que dispõe o art. 22.º, n.º 3.

O art. 26.º, n.º 3 e a protecção de terceiros em face do recurso à cláusula de excepção.

Ao contrário da lei escolhida pelos cônjuges que, como vimos, pode ser alterada na constância do casamento, as conexões objectivas e supletivas previstas no art. 26.º, n.º 1, estão imobilizadas ao momento da celebração do casamento não havendo, consequentemente, o mesmo perigo para os terceiros em virtude da putativa alteração do estatuto patrimonial do casamento. No entanto, em virtude do funcionamento da cláusula de excepção prevista no art. 26.º, n.º 3, a pedido de qualquer um dos cônjuges, e salvo se tiverem entretanto celebrado uma convenção nupcial, a autoridade judicial competente pode decidir que o regime matrimonial seja regido pela lei da última residência habitual comum dos cônjuges desde que a tenham tido nesse Estado por um período significativamente mais longo do que aquela que adoptaram após o casamento e ambos a tenham invocado na organização e planeamento das suas relações patrimoniais. Esta nova lei será, por regra, considerada como a lei aplicável ao regime matrimonial desde o momento da celebração do casamento, a menos que os cônjuges se oponham ao efeito retroactivo – solução, pelo exposto, inversa daquela que resulta do art. 22.º, n.º 2; no entanto, a nova lei aplicável *ex tunc* não poderá afectar os direitos de terceiros, nos mesmos termos do art. 22.º, n.º 3.

Estas regras de protecção de terceiros adoptadas pelo Regulamento 2016/1103 não estão isentas de problemas na sua aplicação prática.

Desde logo, se a condição de oponibilidade da lei aplicável aos regimes matrimoniais é, compreensivelmente, a má fé dos terceiros (conhecimento dessa lei ou o seu desconhecimento culposo) entende-se menos que, para desonerar os cônjuges da prova desse conhecimento, se tenha estabelecido que ele existe quando verificadas uma série de situações que não revelam coerência entre si, nem perceptível causalidade com o estado subjectivo do sujeito, serem confusas quanto ao seu alcance e pouco claras na sua aplicação.

Senão vejamos: por um lado, não fica claro que se trata de presunções de conhecimento ou verdadeiras ficções legais de conhecimento.

Por outro lado, a má fé dos terceiros também inclui o dever de conhecer ou, em rigor, o desconhecimento culposo: e não poderiam tais situações (coincidência da lei dos regimes dos regimes matrimoniais com outras leis próximas da relação jurídica estabelecida com os terceiros, ou o cumprimento das formalidades de registo e publicidade) constituírem parâmetros de diligência no conhecimento? Tratando-se de meras presunções podem sempre serem ilididas e parece não haver aqui fundamento para o estabelecimento de ficções uma vez que, pelo menos no que diz respeito à coincidência entre leis prevista na alínea a) do n.º 2 do art. 28.º, não se vê a ligação necessária com o estado subjectivo do terceiro.

O art. 28.º, n.º 2, b), supõe que o terceiro tem ainda conhecimento da lei aplicável aos regimes matrimoniais se forem cumpridas as formalidades de publicidade e registo respectivas tal como previstas na *lex contractus*, na lei da residência habitual comum do cônjuge contratante e do terceiro e, nos casos que envolvam imóveis, da *lex rei sitae*. Ora, pode suceder que tais leis não obriguem à identificação em concreto do regime de bens daquele casamento, mas apenas a referência à lei aplicável: e é o conhecimento dessa lei que se *supõe* o que não deixa de ser irrelevante, na prática, quando os cônjuges não estão casados no regime supletivo.

Um exemplo[241]: um casal maltês, residente em Espanha, adquire um imóvel em Marbella que regista com a indicação (nos termos da lei espanhola) somente da sujeição do património conjugal à lei maltesa. O credor quer penhorar o imóvel por uma dívida da mulher, mas o marido opõe-se alegando que estão casados num regime de bens previsto na lei maltesa que determina que o bem é comum e só subsidiariamente responde pelas dívidas próprias da mulher.

Ainda que admitindo que seja difícil cumprir formalidades de publicidade e registo previstas noutras leis e estranhas ao ordenamento onde elas se efectuam, parecia mais correcto estabelecer a plena oponibili-

[241] Dado por I. Anton Juaréz, "La oposición del régimen económico matrimonial..., *cit.*, p. 62, nota 5.

dade em caso de identificação do regime em concreto ou, no caso de singela referência à lei aplicável, considerar que há dever de conhecer, no sentido de indagar[242] o regime.

Como vimos na solução dada pelo art. 13.º do Regulamento Roma I, os terceiros contam com a aplicação da lei onde actuam[243] e que corresponderá muitas vezes à lei da residência habitual comum do cônjuge contratante e dos terceiros; esta deveria ser a lei aplicável aos regimes de bens nas relações com terceiros salvo se estes conheciam a lei aplicável aos regimes de bens ou a deviam conhecer ou ainda quando foram cumpridas as formalidades de registo e publicidade previstas na *lex rei sitae* (se o contrato envolve imóveis) ou na da residência habitual do credor (terceiro).

Aplicar, como estabelece o art. 28.º, n.º 3, em caso de inoponibilidade da lei aplicável aos regimes, a *lex contractus* não parece correcto, especialmente se estivermos em conta normas de regime matrimonial primário; a *lex contractus* é determinada por critérios de proximidade que resultam na necessidade de equilíbrio negocial das partes ou mesmo da lei por ambos escolhida e que nada têm a ver com o estatuto patrimonial do casamento.

Para além disso, e por cautela, deveriam ter sido previstas no Regulamento exigências de validade formal adicionais, quer dos acordos de escolha de lei quer das convenções nupciais, com características de publicidade, uma vez que não bastará aos terceiros saberem qual a lei aplicável aos regimes sendo necessário conhecerem os regimes de bens em concreto que podem, inclusivamente, terem sido alterados na constância do matrimónio ainda no âmbito da mesma lei aplicável.

[242] Cfr. D. Martiny, "The effects of marital property agreements in respect of third parties", in Verbeke, A. L., Sherpe, J. M. et al, *Confrontig the frontiers of family and succession law. Liber amicorum Walter Pintens,* Intersentia, 2012, pp. 903-927 (923) considerando que há dever de conhecer no sentido de proceder à indagação do regime nos casos de suspeita fundada, por exemplo, quando os cônjuges são estrangeiros.

[243] Cfr. D. Martiny, "The effects of marital property agreements in respect of third parties...", p. 915: *third parties generally act within a certain market and they may expect that the financial relations with spouses are in accordance with the usual conditions.*

BIBLIOGRAFIA

ALGARRA PRATS, ESTHER, *El régimen económico-matrimonial de participación,* Alicante, La Ley, 2000.

ALMEIDA, JOÃO GOMES, "Breves considerações sobre o conceito de Estado--Membro nos regulamentos em matéria de regimes matrimoniais e de efeitos patrimoniais das parcerias registadas, *Revista do Centro de Estudos Judiciários,* 2016, II, pp. 165-78.

ÁLVAREZ DE TOLEDO QUINTANA, L., "La cuestión previa de la "existencia de matrimonio" en el proceso de divorcio con elemento extranjero", *Cuadernos de Derecho Transnacional*, Out. 2013, vol. 5, n.º 2, pp. 140-208 (www.uc3m.es/cdt)

ÁLVAREZ GONZÁLEZ, SANTIAGO, "¿Matrimonio entre personas del mismo sexo para toda la UE? A propósito de las conclusiones del Abogado General en el Asunto Coman", *La Ley Unión Europea,* n.º 56, 28 de Fevereiro de 2018, Editorial Wolters Kluwer.

ANCEL, BERTRAND E LEQUETTE, YVES, *Les grands arrêts de la jurisprudence française de droit international privé,* Paris, Dalloz, 4.ª ed., 2001.

ANTON JUARÉZ, ISABEL, "La oposición del régimen económico matrimonial y la protección del tercero en derecho internacional privado", in *CDT,* Outubro 2017, vol.9, n.º 2, pp. 59-75.

AÑOVEROS TERRADAS, BEATRIZ, "Autonomía de la voluntad y sus límites en los nuevos Reglamentos comunitarios en materia de regímenes económicos matrimoniales y efectos patrimoniales de las uniones registradas", *in Persona y familia en el nuevo modelo español de derecho internacional privado,* [Mónica Guzmán Zapater e Carlos Esplugues Mota (Dir.) e Mónica Herranz Ballesteros e Marina Vargas Gómez-Urrutia (Coord.)], Valência, Tirant Lo Blanch, 2017, pp. 241-273.

AUDIT, B., *Droit International Privé,* Paris, Economica, 3.ª ed., 2000.

BARIATTI, STEFANIA, "Multiple nationalities and EU Private International Law", *YBPIL*, XIII, 2011, pp. 1-19.

BARIATTI, STEFANIA, VIARENGO, ILARIA E VILLATA, FRANCESCA CLARA (a cura di), "La giurisprudenza italiana sui regolamenti europei in materia civile e commerciale e di famiglia", in *Studi e pubblicazioni della Rivista di diritto internazionale private e processuale*, Pádua, Cedam-Kluwers, 2016.

BARRIÈRE BROUSSE, ISABELLE, "Le patrimoine des couples internationaux dans l'espace judiciaire européen. Les règlements européens du 24 juin 2016 relatifs aux régimes matrimoniaux et aux effets patrimoniaux des partenariats enregistrés », *JDI*, Lexis Nexis, Av.-Juin, n.º 2/2017, pp. 485-514.

BEIGNIER, BERNARD, "Le changement de régime matrimonial depuis le 1 janvier 2007. Questions diverses. Eléments de réponses", *Droit de la famille*, Paris, Juris Classeur, n.º 4, Abril 2007.

BOELE-WOELKI, KATHARINA AND FUCHS, ANGELIKA, *Legal-Recognition of Same -Sex Relationships in Europe*, Cambridge-Antwerp-Portland, Intersentia, 2.ª ed., 2012.

BOELE-WOELKI, KATHARINA, "General Rights and Duties in the CEFL Principles on Property Relations between Spouses" in KATHARINA BOELE-WOELKI, NINA DETHLOFFe WERNER GEPHART (eds), *Family Law and Culture in Europe. Developments, Challenges and Opportunities*, Cambridge-Antwerp-Portland, Intersentia, 2014, pp. 3-13.

BOELE-WOELKI, KATHARINA, FERRAND, FRÉDÉRIQUE, GONZÁLEZ BEILFUSS, CRISTINA, JÄNTERÄ-JAREBORG, MAARIT, LOWE, NIGEL, MARTINY, DIETER e PINTENS, WALTER, *Principles regarding the Property Relations between Spouses*, Cambridge-Antwerp-Portland, Intersentia, 2013.

BONOMI, ANDREA, "The interaction among the future EU Instruments on matrimonial property, registered partnerships and successions", *YPIL*, vol. 13, 2011, pp. 217-231.

BONOMI, ANDREA, "The Proposal for a Regulation on Matrimonial Property: A Critique of the Proposed Rule on the Immutability of the Applicable Law" in KATHARINA BOELE-WOELKI, NINA DETHLOFFe WERNER GEPHART (eds), *Family Law and Culture in Europe. Developments, Challenges and Opportunities*, Cambridge-Antwerp-Portland, Intersentia, 2014, pp. 231-249.

BOULANGER, FRANÇOIS, *Droit civil de la famille. Aspects comparatifs et internationaux*, I, Paris, Economica, 3.ª ed., 1997.

BRAAT, BENTE, *Indépendance et interdépendance patrimoniales des époux dans le régime matrimonial légal des droits français, néerlandais et suisse*, Berna, Staempfli Editions, 2004, pp. 81-82.

BUCHER, A., *Droit International Privé Suisse,* T.II: Personnes, Famille, Successions, Bale, Editions Helbing & Lichtenhahn, 1992, p. 151.

BUCHER, A., *Le couple en droit international privé,* Paris, L.G.D.J., 2004.

BUSCHBAUM, M. E SIMON, U., «Les propositions de la Commission européenne relatives à l'harmonisation des règles de conflit de lois sur les biens patrimoniaux des couples mariés et des partenariats enregistrés», *RCDIP,* 2011, pp. 801 e ss.

CALVO CARAVACA, A. L, CARRASCOSA GONZÁLEZ, J., Derecho internacional privado, Granada, Comares, 16.ª ed., 2016.

CARRASCOSA GONZÁLEZ, J., *Matrimonio y elección de ley. Estudio de Derecho Internacional Privado,* Colección Ciencia Jurídica y Derecho Internacional, Granada, 2000.

CHAMPION, JEAN, *Régimes matrimoniaux et contrats de mariage,* Paris, Delmas, 10.ª ed., 2001.

COELHO, PEREIRA e OLIVEIRA, GUILHERME DE, *Curso de Direito da Família,* Vol. I. Introdução. Direito Matrimonial, 5.ª ed., Coimbra, IUC, 2016.

COESTER-WALTJEN, DAGMAR e COESTER, MICHAEL, "Study on matrimonial property regimes and the property of unmarried couples in private international law and internal law (National Report/Germany)", *Consortium Asser – UCL,* 2003.

COESTER-WALTJEN, DAGMAR, «Connecting factors to determinate the law applicable to matrimonial property regimes», in *Yearbook of Private International Law,* vol.19 (2017/2018), pp. 195-211.

COLLAÇO, ISABEL DE MAGALHÃES, *Direito Internacional Privado: problemas especiais de interpretação e aplicação da norma de conflitos – A conexão,* polic., Lisboa, AAFDL, 1968.

COLLAÇO, ISABEL DE MAGALHÃES, *Lições de Direito Internacional Privado,* 1.ª parte do Volume II (Curso Jurídico de 1966-67), Lisboa, AAFDL, 1984.

COLOMER, ANDRÉ, *Droit Civil – Régimes matrimoniaux,* Paris, Litec, 11.ª ed., 2002.

CORREIA, ANTÓNIO FERRER e PINTO, F.A FERREIRA, *Direito internacional privado: leis e projectos de leis: convenções internacionais,* Coimbra, Almedina, 1988, pp. 303.

CORREIA, ANTÓNIO FERRER, "Considerações sobre o método do Direito Internacional Privado", *in Estudos em homenagem ao Prof. Doutor J.J. Teixeira Ribeiro,* sep. BFD, III, Coimbra, 1983.

CORREIA, ANTÓNIO FERRER, "Direito Internacional Privado Matrimonial (Direito Português)" *in Temas de Direito Comercial e Direito Internacional Privado,* Coimbra, Almedina, 1989.

CORREIA, ANTÓNIO FERRER, "O princípio da autonomia do direito internacional privado no sistema jurídico português", in *Temas de Direito Comercial e Direito Internacional Privado*, Coimbra, Almedina, 1989, pp. 450-467.

CORREIA, ANTÓNIO FERRER, *Lições de Direito Internacional Privado*, I, Coimbra, Almedina, 2000.

DIAGO DIAGO, PILAR in IGLESIAS BUIGUES, JOSÉ LUIS e PALAO MORENOS, GUILLERMO (Dir), *Régimen económico matrimonial y efectos patrimoniales de las uniones registradas en la Unión Europea. Comentarios a los Reglamentos (UE) n.º 2016/1103 y 2016/1104*, Valência, tirant lo blanch, 2019, p. 213.

DOMÍNGUEZ LUELMO, ANDRÉS e GARCÍA RUBIO, M.P., *Estudios de Derecho de Sucesiones. Liber amicorum T.F. Torres García*, Madrid, 2014.

DROZ, GEORGES, "Les nouvelles règles de conflits françaises en matière de régimes matrimoniaux", *RCDIP*, n.º 4, 1992, t. 8, pp. 631-935.

DUTOIT, B., *Commentaire de la loi fédérale du 18 décembre 1987*, Bâle, Helbing & Lichtenhahn, 4.ª ed., 2004.

DUTTA, ANATOL, «Beyond husband and wife – new couple regimes and the European property regulations", in *Yearbook of Private International Law*, vol.19 (2017/2018), pp. 145-157.

FERACI, ORNELLA, "Party autonomy and conflict of jurisdictions in the EU Private International Law on Family and Successions matters", *YBPIL*, Vol. XVI, 2014/2015, 105-128.

FERNANDES, LUÍS CARVALHO, *Teoria Geral do Direito Civil*, 1.º vol, Lisboa, UCP, 3.ª ed.

FERNANDES, MARIA JOÃO MATIAS, "International jurisdiction under the 2013 Portuguese Civil Procedure Law", *YBPIL*, vol. 16 (2014-2015), pp. 457-468.

FERNÁNDEZ ROZAS, J.C., "Un hito más en la comunitarización del Derecho internacional privado: regímenes económicos matrimoniales y efectos patrimoniales de las uniones registradas", *La LEY Unión Europea*, 2016, núm. 40, de 30 de septiembre de 2016, pp. 1-29.

FERNANDEZ ROZAS, J.C., SÁNCHEZ LORENZO, S., *Derecho internacional privado*, Madrid, Civitas, 9.ª ed., 2016.

FERRAND, FRÉDÉRIQUE, *Droit privé allemand*, Paris, Dalloz, 1997, pp.445-448.

FERREIRA, GRAÇA ENES, *Unidade e diferenciação no Direito da União Europeia. A diferenciação como um princípio estruturante do sistema jurídico da União*, Coimbra, Almedina, 2017.

FONTANELLAS MORELL, JOSEP, "Una primera lectura de las propuestas de reglamento comunitario en materia de regímenes económicos matrimoniales y de efectos patrimoniales de las uniones registradas", in CARMEN PARRA RODRÍGUEZ (Dir.), *Nuevos Reglamentos comunitarios y su impacto en el derecho catalán. Las perspectivas de futuro*, Barcelona, 2013, pp. 257-290.

FRADA DE SOUSA, ANTÓNIO e XAVIER, MARIA RITA LOBO, *Study on matrimonial property regimes and the property of unmarried couples in private international law and internal law (National Report/Portugal)*, Consortium Asser – UCL, 2003.

FRANZINA, PIETRO, "Jurisdiction in matters relating to property regimes under EU Private International Law", *Yearbook of Private International Law*, Volume 19 (2017/2018), pp. 159-194.

FRANZINA, PIETRO, "The law applicable to divorce and legal separation under regulation (EU) n.º 1259/2010 of 20 December 2010", *Cuadernos de Derecho Transnacional*, Out. 2011, vol. 3, n.º 2, pp. 85-129 (www.uc3m.es/cdt).

FUCHS, ANGELIKA, "Registered partnership, same sex marriage and the children: crossing borders", *RDIPP*, Ano LII, n.º 2, Abril-Junho, pp. 445-460.

FULCHIRON, H. e BIDAUD-GARON, C. (DIR.), *Vers un statut européen de la famille*, Paris, Dalloz, 2014.

GASPAR, SOFIA E OUTROS, *Evolução e perfis dos divórcios em casais binacionais em Portugal (1995-2013)*, 1.ª ed., Observatórios das migrações, Estudos G1, ISBN 9789896850876.

GODECHOT-PATRIS, SARA, «Commentaire du règlement du 24 juin 2016 relatif aux régimes matrimoniaux: le changement dans la continuité», *Recueil Dalloz*, ano 192, 17 Nov. 2016, n.º 39, pp. 2292-2299.

GONÇALVES, ANABELA, "O Regulamento Europeu sobre os Regimes Matrimoniais", *Cadernos de Direito Privado*, n.º 60, Outubro/Dezembro, 2017, pp. 20-37.

GONZÁLEZ BEILFUSS, CRISTINA, "Propuestas de Reglamento comunitario en materia de regímenes económicos matrimoniales y sobre los efectos patrimoniales de las uniones registradas", *ADC*, tomo LXIV, fasc. III, Jul.Sept., pp. 1149-1154.

GONZÁLEZ BEILFUSS, CRISTINA, "The proposal for a council resolution on the property consequences of registered partnerships", *YPIL*,vol. XIII, 2011, pp. 183-198.

GONZÁLEZ BEILFUSS, CRISTINA, "The unification of Private International Law in Europe: a success story?" in KATHARINA BOELE-WOELKI, JO MILES e JENS M. SHERPE (eds), *The Future of Family Property in Europe*, Cambridge-Antwerp-Portland, Intersentia, 2011, pp. 329-341.

GORÉ, MARIE, "La détermination du régime matrimonial" in MICHEL GRIMALDI (DIR.), *Droit patrimonial de la famille*, Paris, Dalloz, 2001-2002, p. 79-104.

GOTWALD, PETER E SCHWAB, DIETER e BÜTTNER, EVA, *Familiy & Succession law in Germany*, Munique, C.H. Beck, 2001.

GRAY, JACQUELINE e QUINZÁ REDONDO, PABLO, "Stress-Testing the EU Proposal on Matrimonial Property Regimes: Co-operation between EU private international law instruments on family matters and succession", *Familie & Recth*, Nov., 2013.

GUZMÁN ZAPATER, MÓNICA e ESPLUGUES MOTA, CARLOS (DIR.), HERRANZ BALLESTEROS, MÓNICA e VARGAS GÓMEZ-URRUTIA, MARINA (COORD.), *Persona y familia en el nuevo modelo español de derecho internacional privado*, Valência, Tirant Lo Blanch, 2017.

HAMMJE, PETRA, "Le nouveau règlement (UE) n.º 1259/2010 du Conseil du 20 décembre 2010 mettant en œuvre une coopération renforcée dans le domaine de la loi applicable au divorce et à la séparation de corps", *RCDIP*, 2011, n.º 2, pp. 291-338.

HENRICH, D., *Internationales Familienrecht*, Francoforte, Verlagfür Standesamtswesen, 1989.

HILBIG-LUGANI, KATHARINA, "'Habitual Residence' in European Family Law: The Diversity, Coherence and Transparency of a Challenging Notion", in Katharina Boele-Woelki, Nina Dethloff e Werner Gephart (eds), *Family Law and Culture in Europe. Developments, Challenges and Opportunities*, Cambridge-Antwerp-Portland, Intersentia, 2014, pp. 249-263.

JOUBERT, NATALIE, «La dernière pierre (provisoire ?) à l'édifice du droit international privé européen en matière familiale. Les règlements du 24 juin 2016 sur les régimes matrimoniaux et les effets patrimoniaux des partenariats enregistrés», *RCDIP*, Jan.-Mar., 2017, pp. 1-26.

KEMP, P., *Grenzen der Rechtwahl im internationalem Ehegüter-und Erbrecht*, Bona, Carl HeymannsVerlag KG, 1999.

LAGARDE, PAUL, «Règlements 2016/1103 et 1104 du 24 Juin 2016 sur les Régimes matrimoniaux et sur le régime patrimonial des partenariats enregistrés», *RDIPP*, 3/2016, pp. 676-686.

LEQUETTE, YVES, "Le droit international privé de la famille à l'épreuve des conventions internationales", *Recueil des cours*, 1994, p. 246, Haya, Martinus Nijhoff Publishers, 1995, pp. 172-3.

LIMA, PIRES DE e VARELA, ANTUNES, *Código civil anotado*, vol. I, Coimbra, Coimbra Editora, 4.ª ed., 1987.

MACHADO, J. BAPTISTA, *Lições de direito internacional privado*, Coimbra, Almedina, 3.ª ed., 1992.

MARINAI, SIMONE, "Matrimonial matters and the harmonization of conflict of laws: a way to reduce the role of public policy as a ground for non-recognition of judgments, *YPIL*, vol. XIII, 2011, pp. 255-272.

MARINO, SILVIA, "Strengthening the European Civil Judicial Cooperation: The patrimonial effects of family relationships", in *CDT*, Março 2017, vol.9, n.º 1, pp. 265-284.

MARINO, SILVIA, "Ulteriori spunti sul matrimonio same sex e sul coordinamento con il regolamento n.º 2016/1104, in *https://crossborder.live/2017/01/16/forum-la-disciplina-internazionalprivatistica-italiana-delle-unioni-civili5/* (13.04.2017).

MARQUES DOS SANTOS, ANTÓNIO, "Algumas considerações sobre a autonomia da vontade no Direito Internacional privado em Portugal e no Brasil", *in Estudos em homenagem à Professora Doutora Isabel Magalhães Collaço*, V.I, Coimbra, Almedina, 2002, pp. 379-429.

MARQUES DOS SANTOS, ANTÓNIO, "Breves considerações sobre a adaptação em Direito Internacional Privado", in *Estudos de Direito Internacional Privado e Processo Civil Internacional*, Almedina, Coimbra, 1998, pp. 51-129.

MARQUES DOS SANTOS, ANTÓNIO, "Quem manda mais – a residência ou a nacionalidade?" in *Estudos de Direito Internacional Privado e de Direito Público*, Coimbra, Almedina, 2004, pp.79-93.

MARQUES DOS SANTOS, ANTÓNIO, *Direito Internacional Privado: lições*, Lisboa, AAFDL, 2001.

MARQUES DOS SANTOS, ANTÓNIO, *Direito Internacional Privado: sumários*, Lisboa, AAFDL, 1987.

MARQUES DOS SANTOS, ANTÓNIO, *Estudos de direito da nacionalidade*, Coimbra, Almedina, 1998.

MARTINY, DIETER, "Private International Law Aspects of Same-Sex Couples under German Law", in KATHARINA BOELE-WOELKI and ANGELIKA FUCHS (eds.), *Legal-Recognition of Same-Sex Relationships in Europe*, Cambridge-Antwerp-Portland, Intersentia, 2.ª ed., 2012, pp. 189-225.

MARTINY, DIETER, "The effects of marital property agreements in respect of third parties", in Verbeke, A.L., Sherpe, J.M. et al, *Confrontig the frontiers of family and succession law. Liber amicorum Walter Pintens*, Intersentia, 2012, pp. 903-927 (923).

MARTINY, DIETER, "The participation in acquisitions regime", in KATHARINA BOELE-WOELKI, NINA DETHLOFF e WERNER GEPHART (eds), *Family Law and Culture in Europe. Developments, Challenges and Opportunities*, Cambridge--Antwerp-Portland, Intersentia, 2014, pp. 25 a 36.

MAURY, JEAN (DIR.), *Les régimes matrimoniaux*, Paris, Lamy, 1995.

MAZEUD, HENRI, *Leçons de droit civil*, 7.ª ed., Paris, Montchrestien, 1995, t. I, v. 3.

MENDES, JOÃO CASTRO, *Teoria Geral do Direito Civil*, Lisboa, AAFDL, 1997.

MÉNDEZ GONZÁLEZ, FERNANDO P., *in* Iglesias Bigues, José Luis e Palao Morenos, Guillermo (Dir), *Régimen económico matrimonial y efectos patrimoniales de las uniones registradas en la Unión Europea. Comentarios a los Reglamentos (UE) n.º 2016/1103 y 2016/1104*, Valência, tirant lo blanch, 2019, p. 285.

MILES, JO e SHERPE, JENS M., "The future of family property in Europe", in KATHARINA BOELE-WOELKI, JO MILES e JENS M. SHERPE (eds), *The Future of Family Property in Europe*, Cambridge-Antwerp-Portland, Intersentia, 2011, pp. 423-432.

MORENO SÁNCHEZ-MORALEDA, ANA e ÁLVAREZ-OSSORIO, CARMEN, *Determinación del régimen jurídico de la economía conyugal en los ámbitos europeo e intraestatal español*, Madrid, Reus, 2018.

MOTA, HELENA e ESPÍN ALBA, ISABEL, "Matrimonial property regimes and succession issues after the dissolution by death of a cross-border marriage", in JERCA KRAMBERGER SKERL, LUCIA RUGGIERI, FRANCESCO GIACOMO VITERBO (a cura di), "*Case Studies and Best Practices analysis to enhance EU Family and Succession Law. Working paper*", *Quaderni degli Annali della Facultà Giuridica dell'Università di Camerino*, ISBN 97888676804293/2019, pp. 103-117, 2019.

MOTA, HELENA, "Igualdade e diversidade no direito europeu das relações familiares transfronteiriças. A cooperação reforçada em frente ao espelho" in Actas das Jornadas Internacionais "Igualdade e Responsabilidade nas Relações Familiares", Escola de Direito da Universidade do Minho. Centro de Investigação em Justiça e Governo, ISBN 978-989-54587-2-1, Fevereiro 2020, pp. 305-329.

MOTA, HELENA, "A aplicação no tempo da regra de conflitos sobre o regime de bens e o controlo da sua (in)constitucionalidade. Breve reflexão a propósito de alguma jurisprudência recente" in *Estudos em memória do Prof. Doutor António Marques dos Santos*, I, Coimbra, Almedina, 2005, pp. 239-262.

MOTA, HELENA, "A Constituição e o Direito Internacional Privado da família nas jurisprudências portuguesa e espanhola. Diferenças e semelhanças" in Para Jorge Leite. Escritos Jurídicos, [João Reis, Leal Amado, Liberal Fernandes, Regina Redinha (coord.)], vol. II, Coimbra, Coimbra Editora, 2014, pp. 443-467.

Mota, Helena, "A lei aplicável à modificação do regime de bens. Anotação ao Acórdão do STJ de 12.09.2006.", in *RFDUP,* ano VIII, Coimbra, Coimbra Editora, 2011, pp. 303-314.

Mota, Helena, "A lei aplicável aos regimes de bens do casamento no direito da União Europeia. Desenvolvimentos recentes", in *Scientia Iuridica,* Tomo LXIV, 2015, n.º 338, pp. 187-214.

Mota, Helena, "A oponibilidade a terceiros da lei aplicável aos efeitos patrimoniais do casamento", in Francesco Ruscello (a cura de) *Famiglia, responsabilità genitoriale e intervento pubblico,* Biblioteca di diritto civile 15, Roma, Aracne Ed., ISBN 9788825518252, pp. 223-239.

Mota, Helena, "A ordem pública internacional e as (novas) relações familiares internacionais. Análise do Despacho n.º 87/2010, de 19 de Julho, do Presidente do Instituto dos Registos e do Notariado", *Estudos em homenagem ao Prof. Doutor Heinrich Ewald Hörster,* Almedina, Coimbra, 2012, pp. 261-285.

Mota, Helena, "Algumas considerações sobre a autonomia da vontade conflitual em matéria de efeitos patrimoniais do casamento", in *Estudos em homenagem ao Professor Doutor Jorge Ribeiro de Faria,* Coimbra, Coimbra Editora, 2003, pp. 305-330.

Mota, Helena, "El ámbito de aplicación material y la ley aplicable en la propuesta de Reglamento "Roma IV": algunos problemas y omisiones", in *Cuadernos de Derecho Transnacional,* vol. 5 (Out.), n.º 2, 2013, pp. 428-447.

Mota, Helena, "La armonización de la ley aplicable a los regímenes matrimoniales en la Unión Europea. *The long and winding road", in Persona y familia en el nuevo modelo español de derecho internacional privado,* [Mónica Guzmán Zapater e Carlos Esplugues Mota (Dir.) e Mónica Herranz Ballesteros e Marina Vargas Gómez-Urrutia (Coord.)], Valência, Tirant Lo Blanch, 2017, pp. 273-285.

Mota, Helena, "La protección de terceros en el Reglamento (UE) 2016/1103" (Protection of Third Parties in the Regulation (UE) 1103/2016) in *Anuario Español De Derecho Internacional Privado,* vol. XVIII, 2018, pp. 45-60.

Mota, Helena, "Os efeitos patrimoniais do casamento e das uniões de facto registadas no Direito Internacional Privado da União Europeia. Breve análise dos Regulamentos (UE) 2016/1103 e 2016/1104, de 24 de Junho", *in RED – Revista Electrónica de Direito,* n.º 2, FDUP/CIJE, Junho 2017, pp. 1-33, http://www.cije.up.pt/revistared.

Mota, Helena,"Regímenes matrimoniales y sucesión después de la disolución por muerte de un matrimonio transfronterizo: un caso de estudio", Revista Internacional de Doctrina y Jurisprudencia, vol.21, Dez.2019, ISSN 2255-1824, pp. 55-64.

MOTA, HELENA, "Texto que serviu de base à apresentação oral da tese de doutoramento com o título Os efeitos patrimoniais do casamento em direito internacional privado – em especial, o regime matrimonial primário, em provas públicas realizadas na FDUP no dia 15 de Outubro de 2010", *in RFDUP*, ano IX, Coimbra, Coimbra Editora, 2012, pp. 513-522.

MOTA, HELENA, *Os efeitos patrimoniais do casamento em direito internacional privado – em especial, o regime matrimonial primário*, Coimbra, Wolters Kluwer – Coimbra Editora, 2012.

NAGY, C., "El derecho aplicable a los aspectos patrimoniales del matrimonio: la ley rectora del matrimonio empieza donde el amor acaba", *AEDIPr*, t.X, 2010, pp. 511-529.

NAGY, C., "The European Commission's Draft Regulation on the Conflict of Laws of matrimonial property: some conceptual questions", *Harmonisation of Serbian and Hungarian law with the European Union Law*, Thematic Collection of papers, Faculty of Law Novi Sad, Pub. Cent., Novi Sad/Újvidék, 2013, pp. 409-427.

OREJUDO PRIETO DE LOS MOZOS, PATRICIA, "La nueva regulación de la ley aplicable a la separación judicial y al divorcio: aplicación del Reglamento Roma III en España, Diario La Ley, n.º 7913, Sec. Tribuna, 31 Jul 2012.

PATRÃO, AFONSO, "A renúncia recíproca à condição de legitimário em Direito Internacional Privado: entre o estatuto sucessório e o estatuto matrimonial", *a publicar, Julgar*, n.º 40, Janeiro-Março de 2020.

PATRÃO, AFONSO, "Problemas práticos na aplicação do Regulamento Europeu das Sucessões", *BFD*, 94/2 (2018), pp. 1171-1200.

PEDRO, RUTE TEIXEIRA, "Pactos sucessórios renunciativos entre nubentes à luz do artigo 1700.º, n.º 1, c). do Código Civil. Análise do regime introduzido pela Lei n.º 48/2018, de 14 de agosto", *Revista da Ordem dos Advogados*, Ano 78, 2018, pp. 415-454 (p. 441).

PEITEADO MARISCAL, PILAR, "Competencia internacional por conexión en materia de régimen económico matrimonial y de efectos patrimoniales de uniones registradas. Relación entre los Reglamentos UE 2201/2003, 650/2012, 1103/2016 y 1104/2016", in *CDT*, Março 2017, vol.9 n.º 1, pp. 300-326.

PEREIRA, MARIA MARGARIDA SILAVA e HENRIQUES, SOFIA, "Pensando sobre os pactos renunciativos pelo cônjuge – contributos para o projeto de lei n.º 781/XIII, *Julgar Online*, maio de 2018, 2018, pp. 1-20.

PÉROZ, HÉLÈNE e FONGARO, ERIC, *Droit international privé patrimonial de la famille*, 2.ª ed., Paris, Lexis Nexis, 2017.

Péroz, Hélène, «Le nouveau règlement européen sur les régimes matrimoniaux», *La semaine juridique – notariale et immobilière*, n.º 29, 22 julho 2016, pp. 33-39.

Péroz, Hélène, «Les lois applicables au régime primaire. Incidences du règlement (UE) 2016/1103 sur le droit applicable au régime primaire en droit international privé français», *JDI*, Lexis Nexis, Jul-Set., n.º 3, 2017, pp. 813-829.

Perreau-Saussine, Louis,«Le nouveau Règlement européen «Régimes matrimoniaux», *La semaine juridique*, Ed. Générale, n.º 42, 17 de Out. 2016, 1116, pp. 1926-1933.

Philippin, E., *Régime matrimonial et protection des créanciers*, Berna, Staempfli Editions, 2000.

Pichonnaz, Pascal e Rumo-Jungo, Alexandra, *Droit patrimonial de la famille (Symposium en droit de la famille 2004 – Université de Fribourg)*, Zurique, Schulthess, 2004.

Pinheiro, Luís de Lima, *Direito Internacional Privado*, Vol. II, 4.ª ed., Coimbra, Almedina, 2015.

Pinheiro, Luís de Lima, *Direito Internacional Privado*, volume III – tomo I. Competência internacional, 3.ª ed. refundida, Lisboa, AAFDL, 2019.

Piotet, Paul, *Le régime matrimonial suisse de la participation aux acquêts*, Berna, Ed. Staempfli, 1986.

Pires, Rui Pena, Pereira, Cláudia, Azevedo, Joana, Vidigal, Inês e Mota Veiga, Carlos, *Emigração portuguesa. Relatórios estatístico 2017*, Lisboa, Observatório da Emigração e Rede Migra, CIES-IUL, ISCTE – IUL, 2017, ISBN 978-978-8048-27-3.

Quinzá Redondo, Pablo eGray, Jacqueline "La (des)coordinación entre la Propuesta de Reglamento de régimen económico matrimonial y los Reglamentos en materia de divorcio y sucesiones", *AEDIPr*, vol. XIII, 2013, pp. 513-542.

Quinzá Redondo, Pablo, "Armonización y unificación del régimen económico matrimonial en la Unión Europea: nuevos desafíos y oportunidades", in *Revista Chilena de Derecho*, vol. 43, n.º 2, 2016, pp. 621-644.

Quinzá Redondo, Pablo, "La "cláusula de excepción" del art.26.3 del Reglamento 2016/1103 sobre régimen económico matrimonial", *in Persona y familia en el nuevo modelo español de derecho internacional privado*, [Mónica Guzmán Zapater e Carlos Esplugues Mota (Dir.) e Mónica Herranz Ballesteros e Marina Vargas Gómez-Urrutia (Coord.)], Valência, Tirant Lo Blanch, 2017, pp. 301-313.

Quinzá Redondo, Pablo, "La unificación – fragmentada – del Derecho internacional privado de la Unión Europea en materia de régimen económico matrimonial: el Reglamento 2016/1103", *Revista General de Derecho Europeo,* 41 (2017), pp. 17-18.

Quinzá Redondo, Pablo, *Régimen económico matrimonial. Aspectos sustantivos y conflictuales,* Valência, Tirant lo Blanch, 1.ª ed., 2016.

Rademacher, Lukas, "Changing the past: retractive choice of law and the protection of the third parties in the European Regulations on patrimonial consequences of marriages and registered partnerships", in *CDT,* Março 2018, vol. 10, n.º 1, pp. 7-18.

Ramos, Rui Moura *in* Coelho, Pereira e Oliveira, Guilherme de, *Curso de Direito da Família,* Vol. I. Introdução. Direito Matrimonial, 5.ª ed., Coimbra, IUC, 2016, pp. 807-863.

Ramos, Rui Moura, "As Obrigações Alimentares no Direito Internacional Privado da União Europeia" in *Estudos de Direito Internacional Privado da União Europeia,* Coimbra, IUC, 2016, pp.145-183.

Ramos, Rui Moura, "Introdução ao Direito Internacional Privado da União Europeia", in *Estudos de Direito Internacional Privado da União Europeia,* Coimbra, IUC, 2016, pp. 11-73.

Ramos, Rui Moura, "L'ordre public international en droit portugais", *Estudos de Direito Internacional Privado e de Direito Processual Civil Internacional,* Coimbra, Coimbra Editora, 2002.

Ramos, Rui Moura, "O direito processual civil internacional nas recentes codificações portuguesa e brasileira", *BFD,* 93/2 (2017), pp. 557-610.

Ramos, Rui Moura, "Os efeitos patrimoniais do casamento e das parcerias registadas no Direito Internacional Privado da União Europeia, *BFD,* 93/1(2017).

Ramos, Rui Moura, "Um novo regime do divórcio internacional na União Europeia", in *Estudos de Direito Internacional Privado da União Europeia,* Coimbra, IUC, 2016, pp. 183-236.

Ramos, Rui Moura, «La spécificité des effets patrimoniaux des partenariats enregistrés dans le droit international privé de l'Union Européenne», *AEDIPr,* n.º 18, 2018, pp.45-60.

Ramos, Rui Moura, *Da lei aplicável ao contrato de trabalho internacional,* Coimbra, Almedina, 1990.

Ramos, Rui Moura, *Direito internacional privado: relatório sobre o programa, conteúdos e métodos de ensino da disciplina,* Coimbra, 2000.

Ramos, Rui Moura, *Do direito português da nacionalidade,* Coimbra, Coimbra Editora, 1992.

Requejo Isidro, Marta, "La coordinación de la competencia judicial internacional en el Derecho Procesal Europeo de la familia (sucesiones y régimen económico matrimonial y de las uniones registradas)", in Andrés Domínguez Luelmo e M.P. García Rubio, *Estudios de Derecho de Sucesiones. Liber amicorum T.F. Torres García,* Madrid, 2014.

Revillard, Mariel, "Les changements de régimes matrimoniaux dans l'ordre international", *Travaux du Comité Français de DIP,* 1995-1998, Paris, Pedone, 2000, pp. 265-295.

Revillard, Mariel, "Premier bilan d'application de la Convention de la Haye du 14 Mars 1978 sur la loi applicable aux régimes matrimoniaux", in *E pluribus unum – Liber amicorum Georges A. L. Droz,* Haia, Martinus Nijhoff Publishers, 1996, pp. 369 a 389.

Revillard, Mariel, *Stratégie de transmission d'un patrimoine international,* 2.ª ed., Paris, Defrénois, 2016.

Rodríguez Benot, Andrés e Ramos, Rui Moura, *Evolución reciente del Derecho internacional privado de familia en los Estados miembros de la Unión Europea,* Madrid, Fundación Coloquio Jurídico Europeo, 2016.

Rodríguez Pineau, Elena, "Los efectos patrimoniales de las uniones registradas: algunas consideraciones sobre la propuesta de Reglamento del Consejo", in *AEDIPr,* t.XI, 2011, pp. 937-955.

Ruggeri, Lucia, Kunda, Ivana e Winkler, Sandra, *Family Property and Succession in EU Member States: National Reports on the Collected Data,* Croatia, University of Rijeka, Faculty of Law, ISBN 978-953-8034-25-1, 2019 (PSEFS Project in www.euro-family.eu).

Sánchez Lorenzo, S., "Las parejas no casadas ante el Derecho internacional privado", *Revista Española de Derecho Internacional,* 1989, pp. 487-531.

Schlüter, Wilfried, *BGB: Familienrecht,* 9. Auflage, Heidelberg, C.F. Müller, 2001.

Sendim, José Cunhal, "Notas sobre o princípio da conexão mais estreita no Direito Internacional Privado Matrimonial Português", *Direito e Justiça,* pp. 136.

Siehr, Kurt, *Internationales privatrecht: deutsches und europäisches Kollisionrecht für Studium und Praxis,* Heidelberg, C. F. Müller, 2001.

Silva, Nuno Ascenção, "Do estatuto pessoal – unidade e dispersão (Algumas notas a propósito da comemoração dos 35 anos do Código Civil)", in *Come-*

morações dos 35 anos do Código Civil e dos 25 anos da Reforma de 1977, Coimbra, Coimbra Editora, vol. 1, 2004, pp. 549-649.

Silva, Nuno Ascenção, "Desenvolvimentos recentes no direito europeu da família e das sucessões: algumas notas", *Lex familiae,* n.º 7 (2007), pp. 37 a 73 e n.º 8 (2007), pp. 41-64.

Soto Moya, M., *Uniones transfronterizas entre personas del mismo sexo,* Tirant lo Blanch, Valencia 2013.

Sousa, A. Frada de e Xavier, Rita Lobo, "Study on matrimonial property regimes and the property of unmarried couples in private international law and internal law (National Report/Portugal)", *Consortium Asser – UCL,* 2003.

Telles, Inocêncio Galvão, "Resolução do contrato de arrendamento/Residência permanente, residências alternadas e residência ocasional", *CJ,* XIV (1989).

Twardoch, Paulina, »Le règlement européen en matière de régimes matrimoniaux de la perspective du droit polonais», in *RCDIP,* n.º 3, 2016, pp. 465-514.

Vaquero Lopéz, Carmen, "Los regímenes matrimoniales en un espacio de libertad, seguridad y justicia. Apuntes sobre la codificación comunitaria de las normas sobre competencia judicial, conflicto de leyes y reconocimiento y ejecución de decisiones judiciales", *AEDIPr,* VI, Madrid, Iprolex, 2006, pp. 195-208.

Vareille, Bernard, «Le régime primaire» *in* Michel Grimaldi (dir.), *Droit patrimonial de la famille,* Paris, Dalloz, 2001-2002, p. 10-79.

Vargas Gómez-Urrutia, Marina, «El *puzzle* se complica. Efectos patrimoniales de las uniones registradas y el Reglamento (UE) 2016/1104. Problemas de calificación y coordinación entre los instrumentos europeos conexos", *in Persona y familia en el nuevo modelo español de derecho internacional privado,* [Mónica Guzmán Zapater e Carlos Esplugues Mota (Dir.) e Mónica Herranz Ballesteros e Marina Vargas Gómez-Urrutia (Coord.)], Valência, Tirant Lo Blanch, 2017, pp. 313-333.

Viarengo, Ilaria, "The EU proposal on matrimonial property regimes", *YPIL,* vol. XIII, 2011, pp. 199-215.

Vicente, Dário Moura, "Lei pessoal das pessoas singulares" in *Direito Internacional Privado: Ensaios,* vol.I, Coimbra, Almedina, 2002, pp. 61-85.

Vilela, Álavaro Machado, *Tratado elementar teórico e prático de Direito Internacional Privado,* Livro II – Aplicações, Coimbra, Coimbra Editora, 1922.

VINAIXA MICQUEL, MÓNICA, "La autonomía de la voluntad en los recientes reglamentos UE en materia de regímenes económicos matrimoniales (2016/1103) y efectos patrimoniales de las uniones registradas (2016/1104)", *InDret*, 2/2017, pp. 274-313.

VISMARA, FABRIZIO, "Legge applicabile in macanza di scelta e clausola di eccezione nel regolamento (UE) N.2016/1103 in materia di regimi patrimoniali tra i coniugi", *RDIPP*, 2/2017, pp. 356-371.

WAUTELET, PATRICK, "Private International Law Aspects of Same-Sex Marriages and Partnerships in Europe – Divided We Stand?" in KATHARINA BOELE-WOELKI e ANGELIKA FUCHS (eds.), *Legal-Recognition of Same-Sex Relationships in Europe*, Cambridge-Antwerp-Portland, Intersentia, 2.ª ed., 2012, pp. 143-189.

WAUTELET, PATRICK, "What's wrong with article 22? The unsolved mysteries of choice of law for matrimonial property", *Yearbook of Private International Law*, Volume 19 (2017/2018), pp. 213-231.

WYSOCKA-BAR, ANNA, "Enhanced cooperation in property matters in the EU and non-participating Member States", in Wysocka-Bar, A. ERA Forum (2019).

ÍNDICE